創新之父任正非

丁酉夏月 雷平

雷平书法家（中国书法家协会会员、乌海市青年书法家协会主席）

世界极客

李东洋　何　静◎著

SHIJIEJIKE
RENZHENGFEI

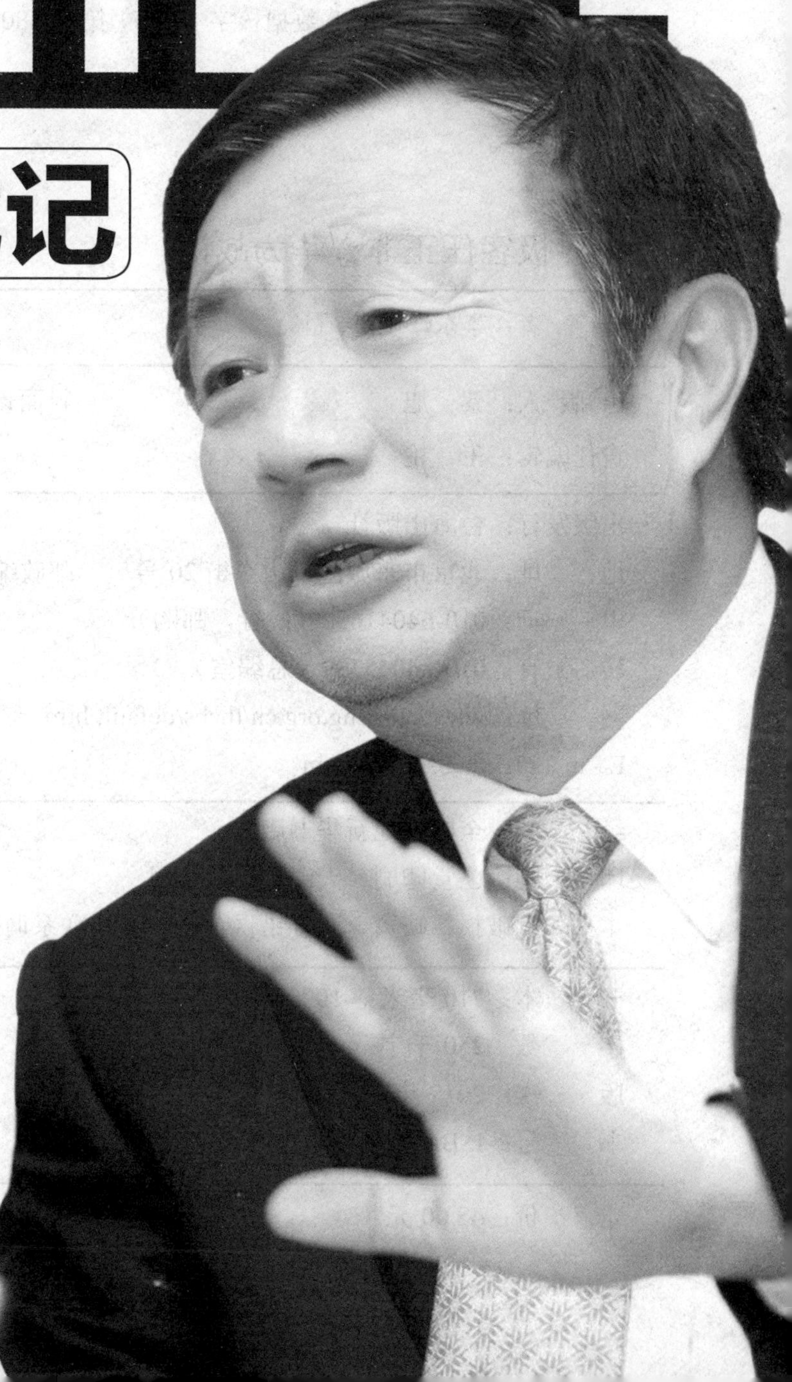

任正非

华为战记

台海出版社

图书在版编目（CIP）数据

世界极客任正非：华为战记 / 李东洋，何静著. -- 北京：台海出版社，2017.9（2021.7 重印）
ISBN 978-7-5168-1534-2

Ⅰ. ①世… Ⅱ. ①李… ②何… Ⅲ. ①任正非－生平事迹②通信－邮电企业－企业管理－经验－深圳 Ⅳ. ① K825.38 ② F632.765.3

中国版本图书馆 CIP 数据核字（2017）第 203806 号

世界极客任正非：华为战记

著　　者：李东洋　何　静

出 版 人：蔡　旭　　封面设计：方与圆
责任编辑：王　艳

出版发行：台海出版社
地　　址：北京市东城区景山东街 20 号　　邮政编码：100009
电　　话：010-64041652（发行，邮购）
传　　真：010-84045799（总编室）
网　　址：www.taimeng.org.cn/thcbs/default.htm
E-mail：thcbs@126.com

经　　销：全国各地新华书店
印　　刷：艺堂印刷（天津）有限公司
本书如有破损、缺页、装订错误，请与本社联系调换

开　　本：710 毫米 ×1000 毫米　1/16
字　　数：250 千字　　印　　张：17
版　　次：2017 年 12 月第 1 版　　印　　次：2021 年 7 月第 7 次印刷
书　　号：ISBN 978-7-5168-1534-2

定　　价：48.00 元

p r e f a c e

他 序

作者说他要写任正非的时候，我着实为他捏了一把汗。江湖传言，任正非是个极其低调的人，出行从不前呼后拥，自己一个人打车来去机场，乘飞机经常坐的还是经济舱。最要命的是，他和那些经常上头条的商界大佬们不一样，几乎不见媒体。这样的人，能挖掘出料来吗？

坦白说，我对任正非这个人还是非常有好感的，军人出身，历经沧桑过后，带领着华为由当年注册资金只有 2.1 万元的民营小公司，在强敌四伏的商场上杀出一条血路，一举成长为今天的世界五百强企业。在通信设备制造方面，华为创造了中国企业前所未有的辉煌。这几乎就是我心目中最完美的英雄形象！可是，当这个英雄的故事以文字形式呈现在我面前时，我突然感到又回到了上一次为他的《世界极客孙正义》写序时候的状况：一个不通经济不问科技的女子，该给这本书如何写序呢？

因为喜欢，我读起作者这第二部书来好像更认真了。也或者说，我不想错过这一个深入了解自己心目中的英雄的机会，哪怕只是细微之处：一家九口人实行分餐制，为了让每个人都活下去；上高中的时候饿到吃糠菜饼，也舍不得抓一把正对自己书桌的罐子里的苞谷；从军旅到商海，他为承担起一个男人的责任完成了一次华丽转身，并且认定，一个企业若想生存，必须要有自己的核心技术；为谋发展，他以壮士断腕一般的决心，拿着年息 24% 的高利贷，只为科研项目能够顺利进行；面对失败，知耻而后勇，带领华为人锐意进取，加强对对手产品的分析研究，发挥出一个成功企业之所以能够成功的造血功能；筛子式的用人机制，从重装旅到陆战队的组织架构，激发员工斗志的利器——持股制度，还有堪称太上老君炼丹炉的 CEO 轮值制，让华为由弱变强，更保证了华为可以于危难中实现绝地反击；几番沉浮，以身作则，凭借一腔热血与一身韧劲儿打造出一支狼性队伍、一个商业帝国，却不得不面对“子欲养而亲不待”的彻骨悲痛……

这样的任正非，无疑是令人心疼的，同时让我对这个习惯于居安思危且年已古稀的老人更添了一份敬仰。透过文字，我无从猜测，任正非现在的心里会想些什么，是少年时期那些历历在目的苦难，还是青年以后一直到现在的沧桑与荣耀？但我又在想，也或者这些都不是他所关注的。他的目光所及，是华为的明天，是中国经济发展的明天。那么，作者写这部书的目的，是不是也在于此呢？

其实，当我读完书稿之后，对作者也有了一个全新的了解，我似乎能感觉到，他通过这一场探索、这一次创作，一如既往地呈现出他致力于寻找中国未来发展道路的拳拳之心与改变家乡经济面貌的古道热肠。我想起我们从相识到现在，他写过关于资源枯竭的乌海，今天这本书又提到了草原的未来，似乎有一股永远也使不完的劲儿，有一团永远也熄不灭的火，领跑在时代的前面。

作者的这部《世界极客任正非》，但愿能够激起那些创业者们心中的狼性，让他们冲破樊篱，构筑起一个个屹立不倒的，既属于他们自己，更属于民族和世界的商业模式！中国，何愁不会强大？！

江　雁

2017年5月1日

江雁简介：宿迁市古琴学会副会长，曾为中学高级教师，因厌倦应试教育的功利性辞职，喜诗词歌赋，爱好书画欣赏，有散文诗歌见诸报端，以故乡为背景创作的系列小说《江庄轶事》，亦广受好评。

p r e f a c e

自序

转眼间，一年又过去了，笔者的第二本书《世界极客任正非》满载着模式的力量终于与大家见面了。坦白地说，我不是一个专业写手，书肯定有瑕疵，恳请读者朋友们理解。有人写书是为了生计，有人写书是为了爱好，而我呢，写书纯粹为了学习，为了探索，希望在探索中能解决一些问题。

我之所以要写这本书，是希望能够向读者传递完整的“华为模式”，了解任正非先生的思考力；选中任正非先生，源于他创造的“华为模式”。笔者认为这是 21 世纪的钻石模式，他为全社会填补了一个非常伟大的配套体系，让世界企业看到一个新的生产模式。

中国这些年来，引进了西方企业管理体制、管理模式、运营模式。60 多年过去了，中国的中小企业 3 年以上的成活率不到 3%，这是为什么呢？有人戏称中国的企业家是半夜起来做事的家伙，大部分创业者都在经历走向失败之路或是永不退休的成功之路。这个戏言让人唏嘘不已，同时引发人们对其出处的思考：它是因何而来的呢？笔者认为，一方面这些年中国在企业体制方面，依然沿用着几十年的老套路，没有创新；另一方面，就是我们缺乏对企业主体模式的重视与探索。这样的状况下，笔者以为解读“华为模式”，深刻理解任正非的企业思想结构，就显得尤为重要了，因为那将会对中国中小企业产生非常深远的影响。好的模式，才能代表一个企业对外界的吸引力，一个国家对世界的吸引力。这些年中国企业家赢在勤奋，但真真实实地输在模式创新和模式坚持上。通过对华为公司内部体系的梳理，笔者希望能为中国中小企业加一把油，送去一团火。也希望通过任正非先生的履历，给中国成片的创业者们带来启发和力量。我甚至相信：如果有一天任正非先生创办创客大学，一定是四方来贺，国家之幸。中国强大，是世界人民的一面和平旗帜！

本书出版之际，有乌海著名书法家王厚孝、雷平等多位中国书协会员为本书题字，有江苏省宿迁市女作家江雁老师为书作序，有帮笔者润色的北京汇智博达图书音像有限公司总编辑李广顺老师、编辑刘燕妮老师付出辛勤的劳动，以及可能在本书中引用了一些佚名者的图文资料，在这里一并致谢！

愿本书能为你了解华为提供一个新视角。

李东洋

2017 年 10 月 1 日

contents

目录

第三章　人才管理：华为的长青基石

第四章　产品一定要性感

第九章　扩张之旅

第十章　思考未来，华为每天都在危机中度过

第十一章　极客的世界里，任正非的真经与战记

第十二章 给极客一个新战场“让草原满血复活”

附 录

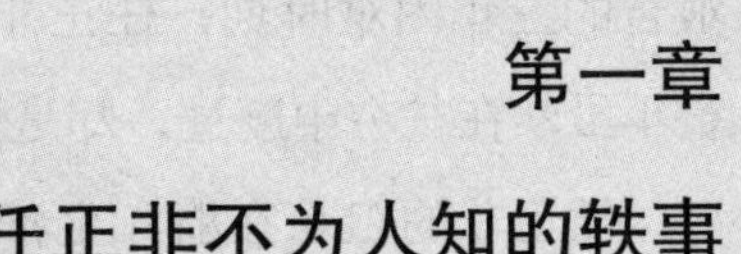

第一章

穿越任正非不为人知的轶事

一个人性格的形成，莫不与童年经历有关。如果说今天的任正非拥有超凡的思想能量与开阔的视野，那肯定离不开优良的家风和成长环境。因为父母是乡村教师，对知识的重视和追求，即使在最艰苦的三年困难时期，任正非的父母仍然坚持让孩子读书。所以，任正非的童年虽然在贫穷中度过，却是快乐美好的。

出生在山区的小孩任正非

任正非，这个出生于知识分子家庭的偏远乡村孩子，在家中排行老大，下面还有六个兄妹。因为父母是乡村教师，对知识的重视和追求，即使在最艰苦的三年困难时期，任正非的父母仍然坚持让孩子读书。所以，任正非的童年虽然在贫穷中度过，却是快乐美好的。

任正非的祖籍在浙江金华浦江县黄宅镇任店村。早在明清时期，黄宅镇就是浦江的第一大镇，这里虽然住户不多，但男耕女织，民风淳朴，邻里和谐。任店村人杰地灵，风景宜人，这里有清澈秀丽的浦江，狮蹲虎踞的官岩山，花香鸟语，景色优美。一个人性格的形成，莫不与童年经历有关。如果说今天的任正非拥有超凡的思想能量与开阔的视野，那肯定离不开优良的家风和成长环境，这就要从任正非的爷爷任三和说起了。

早在民国时期，任三和是金华一带颇有名气的火腿生产商。因为火腿生意不错，任家盖了一座气派十足的四合院，单单雕窗花，就花了三年时间。任三和心气高，给儿子起了个不俗的名字：任木生，字摩逊，大有任家“不逊于”任何人的派头。看任摩逊天资聪颖，勤奋好学，任三和把任摩逊送到北平上大学去了。任摩逊是村里唯一的大学生。在北平民大经济系就读期间，任摩逊与热血青年一道参加了共青团，积极参加抗日演讲、反对侵华的“田中奏折”等抗日救亡运动。可是，由于父母相继病逝，任摩逊差一年没有读完大学，辍学回家。1934~1936 年，任摩逊先后在浙江定海水产职业学校和南京农业职中任教。1937 年，当第二次国共合作掀起抗日高潮时，任摩逊在浙江同乡的介绍下，进入国民党 412 军工厂任会计。在抗战炮火中，这家军工厂从广州迁到广西融水，后来又辗转迁往贵州。

1944年，任摩逊做了对他一生有重大意义的选择：回学校教书，此后他就没有离开过教学。爱情是生命里的盐，也是在这一年，任摩逊遇到了17岁的程远昭女士，两个人相爱并结婚。说到任正非的母亲，这里有必要介绍下这个伟大的母亲的点滴精彩。任正非的母亲程远昭在山区里长大，性格开朗、朴实，贵州山区少女得以读书已是造化，能一直读到高中算是非常幸运了。她受丈夫影响，靠自学成为一名数学教师。她一共生下七个孩子，个个活泼可爱。老公一心扑在教育上。家里八口人的生活全仗着她支撑。战争时期的动乱，与二十世纪五六十年代生活的艰难，八口人的吃饭穿衣就给了她无与伦比的挑战。她的绝招是：舍己，时常忘了家里的第九个人——她自己。任正非清晰地记得，小时候每学期每人缴纳2~3元的学费时，母亲每次都发愁不已。每到月底，常见母亲到处向人借钱，而且常常走了几家都未必借到。

任正非出生于1944年10月25日，他是任摩逊和程远昭夫妇的第一个孩子。虽然当时任摩逊和程远昭两个人婚后的日子过得不宽裕，但这个男娃的到来，还是给他们带来无限的欢乐。任摩逊是受过高等教育之人，他怀里抱着哭声洪亮的男娃，对躺在床上坐月子的程远昭说：“我要给儿子起一个有意义的名字。”

程远昭说：“起什么名字呢？”

任摩逊想了想：“就叫他正非吧！”

“这个名字好！”程远昭从丈夫怀中接过爱子，怜爱地说：“你有名字了，你以后就叫任正非了！”

任正非听到这个属于自己的名字，一张红扑扑的小脸上露出了笑意。

任摩逊惊喜地道：“儿子，儿子竟能听懂我们的话！”

程远昭也连连点头。人世间充满了是是非非，究竟何为正，何为非？真需要一个人，用一辈子去探究、去领悟。只要将是是非非悟透，那么他就能成为一个对社会、对国家、对世界都有用的人。

任父任母虽然给了任正非兄妹们聪明的头脑，但无法给他们温饱的生活。任家父母为了让七个孩子都有书读，他们宁可省吃俭用，四处借钱，即使几个人合用一条被子，在地炕里做三餐，也不觉得苦。

抗战胜利后，任摩逊先后在黔江、镇远、关岭、豫章等中学任教。1949年后，任摩逊参加了土改工作队，随解放军剿匪部队一同进入贵州山区，筹建镇宁民族中学并担任校长。任摩逊在贵州从教近50年，为教育事业倾注了毕生的智慧和心血。

少年立志书相伴

小时候的任正非，是有些贪玩的个性。任正非的童年时代，乐于和小伙伴们在一起玩躲猫猫和丢沙包的游戏。他们从外界取得知识的途径，恐怕就是村里为数不多的几台收音机了。任正非和小伙伴们，每天都会准时地从收音机里听评书《隋唐演义》，评书中的盖世英雄——李元霸和宇文成都等人，逐鹿中原、争霸天下的故事，让任正非充满了无限的向往和倾慕。任正非的童年，虽然和其他小孩子没什么不同，但他确实比同龄的小伙伴要成熟、睿智得多。

任正非读书的第一所小学，就是离家最近的山村小学。山村小学不仅教室简陋，而且条件艰苦，夏天蚊虫乱飞，既闷又热。到了冬天，教室虽然有烧木材取暖的铁炉子，但屋子四处漏风，室温还是和冷库的温度差不多。任正非的母亲希望自己的儿子能够早明事理、勤求学、知上进，她给小任正非讲了一个大力神的故事。其实，说到大力神，有一个尽人皆知的寓意，那就是：当我们遇到困难时，不能只期望得到别人的帮助，而应该首先依靠自己的力量解决。任母通过讲故事，无疑向任正非传达了这样的意思。

在大力神的故事里，任正非的母亲讲道：万神之首就是宙斯，他和美丽的神女阿尔克墨涅生有一个儿子，名叫赫拉克勒斯。宙斯的妻子——赫拉准备除掉赫拉克勒斯。赫拉趁无人的时候，偷偷地将两条毒蛇，放进了小赫拉克勒斯的摇篮里。赫拉克勒斯从梦中醒来，看到毒蛇，正向他张口咬来，他伸出两只小手，猛地一下，就把两条毒蛇，全都握在了手里。当宙斯赶到时，毒蛇已经被赫拉克勒斯给捏死了。小赫拉克勒斯坚强地长大了，而且长得身材魁伟，仪表堂堂，力大无比，成了远近闻名的英雄，还赢得了“大力神”的美称。赫拉克勒斯长大成人后，母亲决定让他离开家，到很远的地方去闯荡，一是为了躲避狠心的赫拉，二是为了让赫拉克勒斯接受各种艰难困苦的磨炼。临行前，她还要求赫拉克勒斯必须完成12件别人无法做到的大事，用以磨炼赫拉克勒斯的意志，增长他的能力。赫拉克勒斯恋恋不舍地告别了亲人，凭着惊人的勇气和智慧，搭救了为人类盗火而被惩罚的普罗米修斯；在崇山峻岭中，捕杀残害人类的猛狮，为百姓除掉了大害……赫拉克勒斯在路过伊利斯城邦时，他还用智慧，引河水入牛棚，赢得了该国国王的300头牛，可是这个可恨的国王，却想毁约，赫拉克勒斯举起武器，将欺压老百姓的坏国王赶走……12件别人无法办到的大事，他终于一一完成了。赫拉克勒斯为了庆祝胜利，在奥林匹克举行了极其盛大的运动会。大力神的美名，传遍了世界的每一个角落……

任正非虽然年纪小，但他明白了母亲的意思：大力神之所以成名，是因他为人类做了很多有益的大事。任正非暗下决心，自已也一定要努力学习，长大才能像“大力神”一样，做有益于人类的大事，实现人生的价值，并获得荣耀。几十年后，任正非成立华为公司，他的“英雄”梦实现了。他领着自己的团队，披荆斩棘，开拓市场，终于成为中国最具影响力的商界领袖。诚然，困难会逼着人想办法，困难环境能锻炼出人才来。清贫和苦难就是任正非最“忠诚”的两个伙伴，一直如影子般伴随着他的童年和少年。任正非面对着太阳，胸怀理想，不忘初心，几十年来奋斗不已，努力展翅飞翔。

饥寒磨砺求学路

18岁的任正非，正在县城里念高中，虽然迫切的求知欲望，让他可以一头扎进书本里，尽情地汲取知识的“营养”，但书本中的“营养”，只能管精神上的贫乏，饿肚子的问题，书本却解决不了。

任家父母，不管生活条件多么艰苦，都坚持让七个孩子读书、深造、做社会的有用之才。程远昭为了让任正非考上大学，她踌躇再三，对家里实行了严格的分餐制。分餐制的好处是：虽然每个人都吃不饱，但是每个人都能活下去。困难总没有办法多。为了战胜饥饿，任母就领着孩子们上山，采来了一些红刺果，再把蕨菜根磨成浆，青杠子磨成粉，代替粮食。

任家为了度过饥荒，还在山上开了一块荒地，种了一些南瓜。播种南瓜的时候，他们还意外地发现，荒地旁边，美人蕉肥硕的根还可以煮熟解饿。每天晚上，任正非和弟弟妹妹们，围着火炉，等着母亲煮出一大锅美人蕉的根来充饥。虽然那东西没有什么营养，吃完之后，只管得了一时，过一会儿还饿，但和睦的家庭气氛还是让那些没有多少营养的食物吃到嘴里，充满了“香甜”的味道。

任正非正处在长身体的阶段，每天伴随着“咕咕咕”的肠鸣上课，他的学习成绩自然不稳定。初中的时候，任正非食量小，饥饿的感觉就没那么强烈，让他能安下心来学习，因此成绩优异，经常得到学校和老师的表扬。可是高中的时候，他的食量增加，经常被饿得昏昏沉沉，那种天旋地转的感觉让他的学习成绩忽上忽下，很不稳定。

任正非读高中的时候，穿得很简朴，三年求学的日子里，即使是很热的夏天，任正非也是穿着一件厚厚的外衣。任正非很懂事，他知道家庭的困难，没有找母亲索要衣衫。

高中二年级的时候，任正非多次补考才过关。高中三年，他在家里复习功课，那张简易的书桌，正对着墙边放着的一个瓦罐，瓦罐中装的就是他们全家的口粮。任正非即使再饿，也没去瓦罐中抓一把里面的“苞谷”吃。他这一把下去，虽然可以暂时解决肚子“咕咕”叫的问题，但“会有一两个弟妹活不到今天”。任正非为了能攒点力气，将高考的功课尽快复习完毕，他想出了一个办法，那就是用米糠和菜掺和一下，然后放在锅里，当饼一样烙着吃。

糠菜饼子不仅又苦又涩，而且粗糙得难以下咽，任正非吃“饼”充饥的时候，被任摩逊察觉了，他吃惊地说:“正非，你，你不能吃这个，会把身体吃坏的！”任正非装作若无其事地说:“没事，我年轻，身体好着呢！”任摩逊拉着懂事的任正非的手，心痛得连连摇头。程远昭女士，为了给任正非加强营养，每天早晨，都会塞给任正非一个小小的玉米饼，并叮嘱儿子，一定要安心复习功课，努力考上大学。

任正非每当回忆起这段辛酸往事，都感慨万千：每天早上一小块玉米饼，功劳巨大。如果不是这样，也许我就办不了华为这样的公司。这个小小的玉米饼，是从父母与弟妹的口中抠出来的，我无以报答他们……

功夫不负有心人。任正非这个任何困难都压不倒的年轻人，经过高考，终于被重庆建筑工程学院录取了。1963年，19岁的任正非带着父母的期望，来到了重庆读大学。重庆位于中国西南部，被长江、嘉陵江两江环抱，因为地处丘陵，故此又被称为山城。重庆建筑工程学院，是西南地区一所建筑工程学院，也是当时中央建筑工程部唯一一所直属高等院校，任正非读的是该校的暖通专业。暖通专业包括采暖、通风、空气调节这三个方面，从功能上讲，暖通则是建筑的一个重要的组成部分。任正非从偏僻的山区小县城读完高中，一下子来到了繁华的重庆求学，崭新的课堂知识、良好的学习氛围，让他有了一种遨游知识海洋的畅快感觉。

任正非还有一年就要大学毕业的时候，“文化大革命”开始了。在这场“火热”的“大运动”中，重庆建筑工程学院的课堂里，已经没有几个学生能坐得住板凳了。

任正非对自己的前途充满踌躇的时候，忽然接到了家里的一封信，信中说：任摩逊有在412军工厂工作的经历，造反派认为他历史不清，目前已经被打倒，正在接受批判。任正非得到消息，他想着父亲瘦弱的身体，不由得心急如焚，便离开了学校，偷偷扒上火车，不远千里地回家去探望父亲。当他匆匆赶到家里的时候，满身瘀青的任正非，竟将父母吓了一跳。

任摩逊问:“正非，你怎么回来了？你身上的伤是怎么一回事？”

任正非说："我不放心，所以回来看看，我身上的伤不碍事儿！"

任摩逊叮嘱儿子："记住，知识就是力量，别人不学，你要学，不要随大流，以后有能力要帮助弟弟妹妹。"

任父任母虽然心疼儿子，可是为了儿子的前途，他们还是做出了一个决定，让任正非明天一早，坐火车回重庆去念书。

一滴水，无法左右河流的清浊；一粒沙，更改变不了荒漠的温度。任正非在第二天天不亮，含着眼泪向父母告辞，任摩逊看儿子的鞋坏得不成样子，他就脱下脚上的一双旧翻毛皮鞋，非让儿子穿上不可。父命难违，任正非穿上鞋，直奔火车站而去。

任正非回到学校后，静下心来，什么派系斗争、文攻武卫，都成了他耳边的秋风、眼前的落叶和头顶的闲云。任正非重新回到了课堂，拿起了书本。他将亏欠的知识，都一点一滴地补了回来。他甚至将电子计算机、数字技术、自动控制这些看似没有用的课程，也都自学完毕。后来，他的家人都说：没什么用的东西也这么努力学，真是很佩服、感动。任正非还在校外认识了几个西安交大的老师，这些老师经常会给他一些油印的书看。他另外把高等数学习题集，从头到尾，一道不落地做了两遍，自修了哲学和逻辑学。

任正非最后还自学了英语、日语，并达到了可以阅读大学外语课本的程度。任正非现在去欧美市场考察，在和当地的客户洽谈业务的时候，可以不带翻译，直接用外语对话。任正非的知识渊博，见解独到，并能一针见血地戳中要害。他之所以能达到这个境界，和读大学时候的努力自学是分不开的。

任正非大学毕业后，最先就职于建筑工程单位。1974 年，国家为了尽快实现工业现代化，做出了一个决定：从法国引进一套先进的化纤项目，总投资 28 亿元人民币。并在东北的辽阳市建厂，为了保证辽阳化纤基地建设顺利完成，急需从全国各地调集优秀人才，参加这项重点工程的建设。任正非就在这种情况下，成为基建工程兵的一员，并远赴辽阳，参加了大辽化的施工建设。

戎装铁马的军旅岁月

一个书生和一个战士之间，就是一个理想的距离。任正非一步就轻松地跨越了过去。任正非 1974 年入伍，正式穿上了军装，成为辽阳化纤建设工地基建工程兵部队的一员。基建工程兵部队是我国独有的特殊兵种，承担着国家大中型工程建设的任务。

任正非入伍之初，从事石油裂解开始的油头八个装置的自动操纵工作。当时有 400~600 多个法国专家，在现场亲临指导。任正非在后来回答记者提问的时候，曾经这样回忆道：因为其时中国比较贫穷，国家的理想就是每一个老百姓都能穿上化纤的衣服。中国人那时认为化纤的衣服很挺，不打皱，很好看。那个化纤厂建好以后中国就改革开放了，改革开放后中国人认为棉布比化纤好。化纤有个缺点，不透气，一旦着火以后，沾在身上烧，会很危险。这个厂没有实现给每个中国人提供化纤打扮的梦想，后来转变为做包装袋质料，而不是做衣服了。

任正非入伍不久，由于技术突出，就当上了通信兵，随后被抽调到贵州安顺地区的一个飞机制造厂，参与一项军事通讯系统工程工作。任正非上进好学，刻苦钻研，有多项技术发明创造，还有两次曾经填补国家空白。由于任正非的出身问题，虽然他的发明不断，却从未受到过嘉奖。想要入党，更是奢谈。飞机制造厂的工作虽然艰苦，但火热的青春和艰苦环境的碰撞，更能激发起绚丽的火花。即使在条件艰苦的戈壁滩上，也能长出一朵爱情的小花来。任正非当兵期间结了婚，有家的男人，就好像一叶孤舟，终于找到了可以停泊的港湾。任正非结婚的时候，经济很拮据，但他的弟弟和妹妹们，还是努力为他凑了一百块钱。这一百块钱，虽然不多，但这是任家兄弟姐妹之间最浓、最真、最深的情谊！

1976 年，“文革”结束。社会生活、科学研究，一切都走上了正轨。任正非的各种荣誉，也随即接踵而来。1978 年 3 月，年仅 33 岁的任正非来到北京，出席了全国科学大会，6000人的代表中，仅有150多人在35岁以下，可见任正非当时很受重视，他的前途，应该是一片光明。任正非后来出席了党的第十二次全国代表大会。任摩逊也为儿子的成就感到自豪，他还做了一个相框，将任正非和党中央领导合影放进去，并将相框高高地挂在了自己家的墙上。可是随着1982年的到来，任正非的从军之路，终于走到了尽头。根据国民经济调整和国家体制、军队体制改革的要求，党中央最后决定，撤销中国人民解放军基本建设工程兵部队。

裁军，退伍？任正非没有想过，这个突如其来的消息，真的让他有些茫然了。任正非早已经熟悉了军队中研究室和军营这两点一线的生活，让他转业去地方，他一下子怎能适应得了。由于任正非是部队里的技术骨干，部队的领导也非常希望能将他留下来，并准备将他的工作单位转到另外一个科研基地。任正非先听取了爱人的意见，领着一双儿女先到基地参观一下，然后根据实际情况再做去留的决定。

任正非当时已经有一儿一女，小儿子被他抱在怀中，尚不懂事，可是他的大女儿，看完科研基地以及周围连绵的群山，却说了一句让他心情复杂的话:“爸爸，这地方好荒凉！”任正非婚后，夫妻双方长期两地分居。他可以留在军队的科研单位，继续自己的研究工作，但他的一双儿女也要陪着自己，在这个荒凉的山区生活和学习，这确实有些说不过去。任正非思前想后，最后做出了一个艰难的决定，那就是转业。为了孩子的前途，任正非只能和部队说再见了。

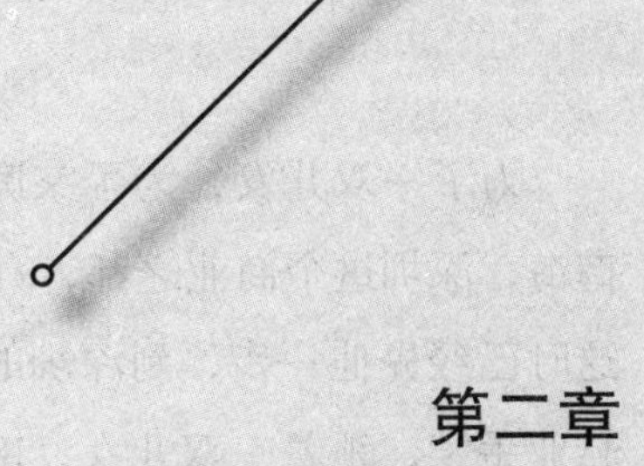

第二章

转战商海，华为诞生

任正非曾经说过：我们一定要做商人。科学家可以什么都不管，一辈子只研究蜘蛛腿的一根毛。但是我们呢？我们只研究蜘蛛腿，谁给我们饭吃？因此，不能光研究蜘蛛腿，要研究客户需求。任正非的成功绝对是有原因的，以奋斗者为本，帮助中国的成长者更好地创业。

深圳打拼，从军人到商人

为了一双儿女，为了家庭的责任，任正非还是选择了转业，从军旅转战商海，深圳这个商业之都，真的能容得下他的理想与现实吗？任正非的爱人，这时已经先他一步，到深圳的南油集团高层工作去了。随后，任正非办完了转业手续，领着一双儿女，南下广东，来到了湘江边上，这座最年轻最有活力的城市——深圳。

根据任正非之女孟晚舟后来回忆，当时任正非和妻子初到深圳，生活条件很艰苦，住在漏雨的房子里。深圳是多雨地区，外面下大雨，里面下小雨，在四面透风的屋子中，隔壁邻居说话都能听见。不久之后，孟晚舟要上初中了，为了不影响学习，任正非夫妇便把女儿送到了贵州的爷爷奶奶家。任正非军人出身，自然不怕艰苦，他摩拳擦掌，跃跃欲试，好比一张绷紧的弓，正在寻找着人生新的目标。他要实现自己的人生理想，他要让自己的家人都过上好日子。他冥冥中有一个感觉，这个目标，一定会在这座城市中实现。

深圳的城市史，虽然已有1673年，但最早的时候，这里只是一个小渔村。1980年8月26日，全国人大常委会批准在深圳设置经济特区，深圳建市后，毗邻香港，水陆运输方便，并连续25年创造了经济年均增长达28%的高速度。深圳堪称国内城市现代化建设的一个奇迹。

深圳市南油集团，创立于1984年，负责当时深圳西部南头半岛23平方公里土地的开发建设和综合经营管理工作，是深圳最大的工业园区。经过多年的开发建设，南油集团一度成为深圳市综合实力最强的企业集团，并为特区发展做出了巨大贡献。任正非加入南油集团，可是他却看不惯一些部门领导得过且过、不思进取的官僚作风。他曾豪情满怀地给老总立“军令状”，要求将旗下的一个公司交给他管理，然而热情换来的只是冷漠，他的请求没有获得批准。企业的老总为了安抚他，便让他去了该集团下属的一家电子公司，成了那家公司的副总经理。

多年的军营生活，除了发明创造，他还通读了马克思的《资本论》，对《毛泽东选集》也是有深刻的研究。《毛泽东选集》的精华，已经深深地印在了任正非的脑海中，以后他在华为的经营和管理中，借鉴了很多的毛泽东思想的精髓，并借此开创了独特的华为企业管理文化。

尽管人生磨难众多，但任正非并没有忘记报效自己的祖国，当初有人问任正非华为公司名字的含义时，任正非说，华为华为，中华有为。公司创立之初是如此，当任正非带领团队努力开拓市场，将华为的产品卖遍五大洲的时候，他心里依然把国家荣誉放在第一位。他将人生信念升华为“责任、荣誉、事业、国家”，并告诫员工必须永远铭记。当初谁也没有料到，仅靠一个个电子零件、一块块转港进口的电路板，在这个无比简陋的厂房中，经过十几名技术工人，十几把螺丝刀、电烙铁的拼拼装装，竟然最后“拼装”出了一个世界大公司的雏形。任正非绝对不是一个小富即安的人。挖到了人生第一桶金，他开始计划研制 BH01 型的 24 口小型程控交换机。

党的十一届三中全会后，人民的生活水平得到了很大改善，冰箱、电视机这些家用电器在城市中逐渐开始普及。而全国各地的商人都在忙着赚钱，谁掌握了第一手信息，谁就是商场的赢家，所以，国内电话市场异常火热。面对市场机遇，有人以港澳为跳板，将交换机等产品弄到内地进行倒卖，也有人从国外进口程控交换机的散件组装。这些代销、组装虽无风险，但都是短期行为，不是长久之计。况且，外国通讯业巨头已将“鼻子”伸了进来，并借助政府招商引资的机会，在国内市场站稳了脚跟。经过几年的发展后，我国的通信市场，就形成了七国八制时代，即日本 NEC 和富士通、美国朗讯、加拿大北电、瑞典爱立信、德国西门子、比利时贝尔和法国阿尔卡特八家产品共同瓜分了中国市场。这些外国厂商，因为掌握着交换机的核心技术，因此价格昂贵，且随时都有可能停止对国内代销和组装商人的散件供应，使后者面临灭顶之灾。还不只如此，因为它们是来自多个国家，制式不统一，交换机互不相通，使我国通信市场一片混乱。

没有自有核心技术，便没有中国商家在市场上的根基，也便没有老百姓用得起的商品。面对外国公司把控的严峻局面，任正非以报国为己任，打算与雄霸国内电信市场的外国品牌交换机争天下。他掷地有声地对华为的技术人员说："我们一定要生产出自己品牌的程控交换机！"当时的国内，还有不少企业家，也想将国外的电信巨头尽早赶出中国。可是研发程控交换机，有一个巨大的技术瓶颈，想要突破这个技术瓶颈，必须要下大力气，花大把的时间，最最要命的是，还要投进大量的金钱。这对名不见经传的华为来说，简直是蚍蜉撼树、自不量力。但任正非天生就有一股不服输的劲儿，他按照已经设定好的目标，将 BH01 型的 24 口小型程控交换机作为华为第一个品牌，纳入生死抉择的重要选项。在任正非的眼里，这个品牌就是他冲锋路上必须要攻克的一座碉堡。此时的任正非已今非昔比，他已经将销售套路摸得滚瓜烂熟，并且在当时还不算完善的市场面前确定了华为未来的发展思路。华为一路走来，任正非始终保持头脑清醒，因为技术开发不是个简单的事，而且他面对的主要对手是外国电信业巨头，不是国内的皮包公司，这条路能不能走，能走多远，任正非一直都在仔细思量。

成功要有撞墙精神

那座组装小型用户程控交换机的简易仓库，已经不能满足华为的发展需求了。1991 年 9 月，任正非领着五十多名年轻的员工，来到新租的、依然有些简陋的深圳宝安县蚝业村工业大厦三楼，开始了目标明确但风险极大的新征程。

之所以选定BH01型的24口小型程控交换机，是因为当时国内几家大企业都将目光对准了34口和49口的小型程控交换机，对电话接口少、功能简单、销量群体受限的24口小型程控交换机不屑一顾。任正非正是抓到了这个空隙，将研发出来的第一款华为产品成功打入医院、矿山和一些通话量不多的小型单位。因为功能适用、价格便宜，一经推出便出现了供不应求的局面。但BH01型交换机不是任正非的菜，一是因为散件容易断货，生产经常处于被动状态；二是因为技术含量不高，没有达到任正非的理想目标。为此，任正非一边让员工继续生产BH01型产品，一边花大力气让技术人员研发BH03型的新交换机。经过对BH01小型交换机的消化和吸收，华为的技术人员已经能够设计出具有华为知识产权的电路，并编写了只属于华为自己的软件产品，这是任正非敢于放手一搏的资本。

虽然华为公司搬到了新址，但工作条件依然很简陋，蚝业村工业大厦三楼被分为单板、电源、总测和准备四个车间。剩下的就是仓库、厨房和摆满单人床的宿舍了。但华为技术人员的热情被任正非充分调动起来了，他们在简陋的研发室中忘我地工作，累了趴在研发台上休息一下，一觉醒来接着再干。任正非也没有老板的架子，每天与技术人员吃住在厂房里，晚上为了犒劳大家，他还经常提议："今天改善伙食，咱们熬点猪尾巴汤啊！"创业初期条件苦啊，能美美地喝上一顿猪尾巴汤，已经是幸福无比了。

干事业光靠艰苦奋斗的精神不行，还必须得有大把大把的钱。技术研发是个高产出的好事，同时也是高付出的痛苦事。研发工作进行了半年多，任正非的钱花没了，连客户打过来的定金都被花得一分不剩，还欠着员工好几个月的工资。此时，任正非又来了撞南墙的劲头，咬牙借了年息24%的高利贷，继续维持着华为研发的正常运转。一边是研发投入的无底洞，一边是客户催发交换机的电话和传真，当时任正非肩膀上的压力之重是任何人都体会不到的。经过艰苦卓绝的努力，BH03型交换机技术被初步攻破了，但在产品性能测试环节又遇到了问题。原因是当时的华为根本就没有专业的测试设备，等于是想吃饭却没有下锅的米。设备是死的，没有也不能无中生有，而人却是活的，能把全部脑细胞开动起来想办法。他们举着放大镜，对着近万个焊点一点点地清查，确定没有一点虚焊，没有一点错焊之后，改用万用表一条条地测试电路，电路合格后，接着就要进行最后一项检查，即大话务量测试。

做大话务量测试时，华为员工集体上场，每人手里都握着两部电话，喊1、2、3同时摘机拨号，接通，然后再同时挂机，以测试交换机的大话务量处理能力。经过大家的对话显示，华为的这款新式交换机完全合格。这款被命名为BH03型的新交换机，突破了技术瓶颈，又通过了话务量测试，但能否迅速打开市场，还需要任正非和他的团队不忘初心，持续前行。

以信立世，打开市场突破口

一款新产品，能研发出来是硬功夫，能生产出来也是硬功夫，而最终能顺利卖出去，把真金白银换回来，同样是硬功夫。否则，生产出来的就是一堆搭钱搭精力的废物。第一批共三台、价值数十万的交换机通话清晰，工作流畅，很快得到了电信部门的入网许可证。在这种新型交换机的使用说明书上，这样写道：祝您早日走上成功之路，电子通讯是您发达的催化剂，一种优良的小程控交换机会使您的办公效率得到较大的提升。为了做好前期促销工作，任正非还刻意在产品说明书上写下一行小字：每月10~18日在深圳举办用户学习班，月月如此，不再另行通知，生活费用自理，技术培训免费，无论是否订货，一视同仁！万事俱备，只差一个合格的代理商。这时，陈康宁出现了。陈康宁原在重庆电信局工作，由于不甘心做一个早八晚五的平庸之人，他离开工作单位开了一家小型电信公司。1987年年底，任正非到重庆开拓市场时遇到了陈康宁。两个人相谈甚欢，大有一见如故之感。陈康宁对于任正非的经营理念极为认同，而任正非对陈康宁的市场运作能力也非常满意。

陈康宁发现，在华为这款交换机的资料封底处写着两段话，一段是：到农村去，到农村去，广阔天地大有作为；另一段是：凡购买华为产品，可以无条件退货，退货的客人和购货的客人一样受欢迎。第一段运用了毛泽东的农村包围城市的战略精华，也是后来被证明非常成功的华为营销战略。第二段则是诚信兴企战略，即视代理商为公司一分子，处处为代理商着想，尽最大努力解决代理商在销售过程中遇到的问题。作为一名商人，陈康宁在商海中遇见过太多的不诚信商家。卖产品时笑脸相迎，一旦顾客退换货，马上就变脸。不是推说顾客使用不当，就是找各种理由推脱，令代理商在中间极为尴尬。见到任正非如此诚恳，华为又开出了如此优厚的售后服务承诺，陈康宁再也没有顾虑，毅然成了华为公司第一个代理商。不出所料，在销售合作中，一旦遇到产品故障，华为马上返厂维修，同时还在备件供应之外多发了一套小型的交换机，以解客户通话的燃眉之急。虽然华为还是一家名不见经传的小公司，但陈康宁已经从任正非处处为自己着想、处处为顾客着想的经营理念中感知到了华为的光明前景，他认定，只要跟紧华为，一定能干出一番大事业。

1988 年，已心许华为的陈康宁拉到一个大客户，为了让客户顺利订购华为的产品，他决定和客户一起到深圳考察华为公司，并趁机将订单敲实。走进华为公司，陈康宁惊讶地发现，华为并不是他想象的那样豪华，而是极为朴素，甚至有一点儿寒酸。华为的员工也没有闲着无事的，都在不停地接电话、下单，解答客户的各种询问，繁忙之中不失秩序。看到如此务实的工作场面，陈康宁领来的客户也深受触动，本来对华为并不是十分信任的他，当即下了一笔大订单。然而他们只看到了表象，远远出乎他们意料的是，在喝罢接风酒后，任正非派出公司唯一的一辆小车载着陈康宁和客户去宾馆入住，而他自己却沿着马路一步步走着回家了。1989 年，陈康宁又领来一位重要客户，是四川一位地区局的局长。这次，任正非全天陪同，即使晚上只睡三四个小时，也会在早晨七点多钟准时赶到酒店陪客人吃早茶，并耐心地和客人探讨合同细节。虽然这次没有马上签下订单，但任正非的诚恳态度和敬业精神给这位客户留下了非常深刻的印象。所以，当第二年春天陈康宁再去拜访时，这位客户取消了另外一个厂家的订单，改与陈康宁签约，向华为下了

BH03 型程控交换机大订单。

通过多次接触，陈康宁认为任正非是能干大事的人，他非常想加盟华为，成为一个开创未来的华为人。以前苦于没有机会，四川地区局签订这笔大订单后，陈康宁加盟已是水到渠成。1990 年 4 月 1 日，陈康宁如愿以偿到华为公司上班。后来，又跟随任正非一起创业，在华为担任市场部、生产部、企业文化等多个部门负责人。水滴石穿，苦尽甘来。取得先期成绩后，任正非没有故步自封，而是将目光放得更加长远。1991 年 12 月 31 日晚，在庆祝 BH03 型的新交换机研发成功并顺利上市的庆祝会上，任正非站在纸箱子上，对华为公司所有员工大声喊出行动口号："不拼，就活不下去！每周工作 40 个小时，只能产生普通的劳动者，不可能产生科学家、工程师，更不可能完成产业升级……20 年后，全球通信产业三分天下，华为有其一！"

加盟华为，一起走过的精彩

1993 年以后，随着国家宏观经济政策调控，房地产迅速降温，大量房地产公司折戟沉沙。多数投资人血本无归，债务缠身，完全没有了当年的意气风发。此时的任正非，因为选择正确，不但没有受到影响，反而确定了引进高科技人才，研制更新型、拥有完全知识产权的小型程控交换机的远大目标。

任正非首先要做的是"请进来"，他亲自到华中科技大学（当年叫华中理工大学）、清华大学等高校，邀请校内的教授和学生们到华为公司参观、访问。在互动过程中，他领着技术人员给教授和学生讲解华为公司的产品、理念和经营方法。虽然此时的华为工厂简陋、工作繁重、食堂和宿舍也不配套，但华为人的工作热情和创新活力吸引了到访者，其中华中科技大学的老师郭平被任正非一眼相中。经过推心置腹的交谈，郭平决定加盟华为，让自己的青春在这片热土上生根、发芽，茁壮成长。

以金相交，金耗则忘；以势相交，势败则倾；以权相交，权失则弃；唯以心相交，方能成其久远。任正非以诚相待，令郭平深受感动。尽管当时的华为公司远没有大学的工作稳定，但郭平还是勇敢地选择了挑战。郭平这个人不简单，研究生毕业后，在华中科技大学留校任教，才华超众，屡受重用。任正非则知人善任，委派郭平担任华为公司第二款自主产品研发的项目经理。该产品是一台可以带 48 个用户的 HJD48 小型模拟空分式用户交换机。

任正非曾经说过，我们既要把社会责任感强烈的人培养成领袖，又要把个人成就感强烈的人培养成英雄。没有英雄，企业就没有活力、没有希望，所以我们既需领袖，也需要英雄。郭平果不负所托，领着公司的技术人员没日没夜地苦干，HJD48 小型模拟空分式用户交换机的研发进展非常迅速。郭平成了华中科技大学第一个下海"吃螃蟹"的人，没过多久，又经他引来了第二个人，这个人就是正在清华大学读博士的郑宝用。郑宝用是郭平在华中科技大学的同学，思维能力强、善于独立思考、学习成绩优秀，硕士毕业留校当了一段时间老师后，于 1989 年上了清华大学的博士。郑宝用的研究方向虽然集中在光电的领域，但对于通信领域也并不陌生。被郭平"勾引"来华为公司考察时，郑宝用的创业激情被任正非身上激情澎湃的进取精神和华为员工们忘我工作的场景点燃了起来。正当任正非一边当向导、一边热情地讲解华为的产品时，郑宝用上前一把握住了任正非的手说："任正非，我决定了，我不读博士了，我要到华为来工作！"

任正非早就相中了郑宝用的为人和才华，他当即兴奋地说："华为公司，以后就看你和郭平的了！"可以说，郭平如同三国演义里的徐庶，举荐了郑宝用。任正非则如同刘备，重用了郑宝用。当郑宝用正式到华为工作，并在 HJD48 小型用户交换机研究小组一显身手的时候，华为搞研发的人员不由得佩服，郑宝用绝对是技术天才，任正非绝对是用人天才。在郑宝用和郭平的参与下，HJD48 小型用户交换机的研发工作取得了成功，技术上取得了新的突破，容量比 BH03 型提高一倍。项目结束后，郑宝用被聘为华为公司的副总经理兼第一位总工，负责华为公司产品的战略规划，以及新产品研发的全部任务。

任正非曾经说过：我们一定要做商人。科学家可以什么都不管，一辈子只研究蜘蛛腿的一根毛。但是我们呢？我们只研究蜘蛛腿，谁给我们饭吃？因此，不能光研究蜘蛛腿，要研究客户需求。HJD48 小型用户交换机已经面世，很快就以优异的品质和低廉的价格打开了市场。随后，郑宝用带领科研人员再接再厉，又成功开发出了 100 门、200 门、400 门、500 门等系列化的用户交换机，填补了国内市场相关产品的空白。对于华为来说，1992 年是第一个丰收年，凭借自主研发的用户交换机，华为市场捷报频传。年底结算，总产值竟达到了一亿元，总利税超过 1000 万元。在年终总结大会上，满脸沉重、嗓音沧桑的任正非面对华为的 270 多名职工和科研人员，只讲了一句话，“我们活下来了”。此刻，只有和任正非一起创业一起打拼的员工才能深刻理解到这句话的分量。

华为活下来了，郑宝用功不可没。任正非对他赞赏有加，称他是一千年才会出现一个的天才。华为公司走上正轨后，郑宝用曾经先后担任过第一位中央研究部负责人，华为公司常务副总裁，华为公司副董事长等要职。而当初为华为举贤荐能的郭平，因为对管理很有一套办法，被提拔为生产制造部负责人，后来又任华为的常务副总裁，与郑宝用一起成为任正非的左膀右臂。有了这两员大将，作为“掌舵者”的任正非在具体的管理和研发方面省去了不少心思，他可以更专心地为华为做战略规划。此时的华为，已经由一架小舢板成长为一艘能够搏击市场风浪的轮船。任正非手握舵轮，沉着驾驶，向水域更加广阔的商业海洋驶去。

行进在商海搏击的路上，任正非做出了一个令华为公司所有人都惊破胆的决定：开发局用交换机，向国内电信巨头们挑战。任正非绝不是那种拍脑门做决策的人，他对交换机市场是有深入的了解。与组装和代销商家相比，华为的小型交换机虽有自己的知识产权，但小型交换机市场竞争激烈，市场份额有限，毕竟不是长久之计。而大型的局用交换机虽然被几家国外的电信巨头垄断，技术也更为复杂，但市场前景广阔，值得放手一搏。以任正非的性格，不会在已有的成绩面前裹足不前。

不了解交换机的人很难理解到任正非做出这个决定是多么的大胆。做个比喻，小型民用交换机就是自行车，而大型局用机则是一部高档汽车。以生产自行车的经验和技术去开发高档汽车，无异于痴人说梦。况且，技术还不是最大的问题，最大的问题是销售渠道。华为竭尽全力研发出大型局用机，也很有可能面临卖不出去的风险。也就是说，华为的销售渠道必须从小型矿山、医院和学校等单位转向门槛更高的省市县城的各级电信单位。技术是陌生的，市场是陌生的，任谁想下这个决心都是不容易的。任正非做出这个决策，还遭到了华为员工的普遍反对。面对困难，他态度异常坚决地说："华为想要生存下去，一定要进军局用大型交换机市场！"

李嘉诚先生曾说过一句至理名言：任何一种行业，如有一窝蜂的趋势，过度发展，就会造成摧残。华为要想生存下去，想做长做强，必然要避开一窝蜂的趋势，另辟蹊径。

莫贝尔公司，为华为赢得春天

另辟蹊径可以为公司赢得新的市场机遇，但前提是不仅要有最精锐的开发力量，还必须要有钱。JK1000 局用交换机是个超级"烧钱"的研发项目，工程只进展到一半，华为账上的钱已经全部用光了。一分钱难倒英雄汉，没有钱，华为研发局用交换机的计划就会搁浅，最后导致整个公司触礁沉没。华为缺钱，却没地方去弄钱。再这样下去，华为的资金链就会彻底断裂，从此沉入万劫不复的深渊。就在这千钧一发之际，一个叫孙亚芳的女中豪杰竟带着 200 万的资金来华为加盟了。

孙亚芳曾是北京一家机关处级干部，从事的也是通信工作，偶与任正非相识，便被任正非身上所独有的不达目的誓不罢休的气质深深地吸引住了。尽管华为还远不是一家像样的大公司，但孙亚芳早已从任正非的身上看到了华为辉煌的前景。孙亚芳带来的钱，有一部分是她的积蓄，更多的则是她的贷款。带着贷款加盟华为，孙亚芳令人刮目相看，但更令人刮目相看的事情还在后面。200 万“及时雨”一样的资金摆在任正非的面前，同时也给他出了一道难题。当时，华为正在全力以赴研发新产品，而员工已经好几个月没有领到工资了。这时候进来了一笔款子，人们自然翘首以盼。可是，钱毕竟有限，用于研发就不能给员工开工资，给员工开工资就没有钱继续搞研发。面对两难选择，任正非和公司的主要领导一起研究了半天，也没有做出决定。这时孙亚芳站出来帮任正非做了决定——先发放员工的工资再说！华为的员工们领到了拖欠已久的工资，一扫往日阴云，又表现出了十足的干劲，公司内部出现的一些问题也得以顺利地解决。但工资并不能全额发放，每个月只能拿到一半的现金，另一半记在账上，转换成公司股份，这就是华为“全员持股”的由来。这种被逼出来的政策，使企业与员工双方共同获益，企业得以渡过难关，而数以千计的员工得以成为百万富翁。

孙亚芳的第二个令人刮目相看之处在于，她向任正非建议，和电信局共同成立一个合资公司。JK1000 局用交换机一旦研制成功，客户首先是各地的电信公司。能和各地的电信公司共同组建合资公司，那么就等于建立了利益共同体，就能很顺利地达到拓展和占领市场的目的。任正非采纳了孙亚芳的建议，到各地的电信局展开了公关。经过他的努力，有 17 个省市的电信局领导同意合资成立一家名叫莫贝克的公司。莫贝克公司主要向华为提供配套，更多的意义体现在战略配合上，各地电信局和华为从以前的买卖关系变成了利益共同体的关系，并利用排他性阻止竞争对手进入，以长远市场目标代替了近期目标。莫贝克公司完成了对华为的融资后，任正非手里得到了 3900 万元。有了这笔巨款，华为有了新鲜血液，所有工作都驶上了快车道。好风凭借力，扬帆正当时。没过多久，华为又和铁通公司成立了北方华为、沈阳华为、河北华为和山东华为等 27 个合资公司。虽然这种官商一体化的模式，让电信局遭到了不少诟病，华为的触角却借此伸遍了全国。在华为最苦、最难、最无助的时候，孙亚芳凭一己之力挽救了华为。但是，与其说孙亚芳功德无量，不如说任正非待人有量、度人有方。毕竟，领袖人物选对方向和善于用人才是一个公司走向辉煌的根本。

只要路是对的，就不怕走远

在研发方面，任正非继续为郑宝用招兵买马，从附近的亿利达集团公司挖来了编写硬件的高手徐文伟，又请来了在软件开发上很有天赋的中国科技大学毕业生王文胜。郑宝用与这两个人组成了研发铁三角，与其他研发人员历经一年辛苦的努力，终于在1993年年初将JK1000研发成功。为打好一场漂亮的销售战，任正非在市场部经理会议上说："华为公司，今后一段时间的工作重点是，向市场大规模推销JK1000局用机。"他还特别强调，销售工作要抽出精兵强将，对电信局等用户进行新产品的现场演示和讲解。

1993年9月，《华为人》报刊登了一篇题为"有朋自远方来不亦乐乎——农村通信技术和市场研讨会在华为举行"的报道。当时参会的商丘地区邮电局农话科长张荣钧谈道："商丘地区也上了一些用户机，但是不尽如人意，尤其是雷击问题更是令人头痛。这几天来，看了华为的机器，觉得华为交换机的性能比较完善。"张荣钧科长参观完华为公司，他又说道："我们国家的通信技术正在发展，今后可能会采用数字微波，而现在我们用的是模拟中继板，到时不知可否换板，这样既可以更新我们的设备，又可以降低成本。"任正非听完张科长的话，当即风趣地说："对于使用了一两年之后的元器件已经老化的，正好是进入青壮年时期，又可以半价转让给其他地方，何乐而不为呢？或者也可以通过整个农话局的维修中心，在全省范围内调剂。另外根据我们的市场预测，JK1000到2000年是不会落后的。目前日本三分之一的交换机还是纵横制的，英国也将近三分之一。"

听完任正非的分析，参加华为技术交流会的各地电信局的用户们不由得连连点头。1993 年 7 月 4 日，江西乐安县邮电局公溪支局第一个正式开通了 JK1000 局用机。这台局用机开通之后，又有多家单位开通了华为的 JK1000 局用机。这一年，华为一共卖出去 200 多套 JK1000 模拟交换机。不管是海边渔村，还是荒漠高原、山区小镇，都留下了华为装机员工忙碌的身影。初入市场即见成效，JK1000 局用机前景看好。但此时技术不过关的问题却显露出来，最严重的缺憾是电源的防雷问题。打雷的时候，有好几台使用中的 JK1000 都起火了，差点儿把机房烧掉。当时邮电部有个严格的规定，电信网中断两小时，局长自动免职。发生了这么严重的事故，害得好几个与华为关系比较好的电信局长都丢了“乌纱帽”。

所谓的技术不过关，是因为 JK1000 型局用交换机应用的是即将被淘汰的模拟技术。随着通信技术的迅猛发展，数字交换机的应用技术也已经成熟，而且在功能和成本上都大大优于模拟交换机。也就是说，JK1000 模拟交换机价格和性能上的优势从一开始就被数字交换机夺得一干二净了。所谓的技术不过关，还因为任正非带领下的华为人在当时犯了一个战略性的错误，对中国的经济和电信业的快速发展认识不足，没有跟上时代步伐。当时数字交换机的技术日臻成熟，模拟交换技术已经处于被淘汰的边缘。华为公司闭门造车，根据当时本身的技术能力开发模拟局用交换机，不管开发本身成功与否，JK1000 都注定失败。当时的华为人虽然意识到了这一点，但他们却错误地认为，数字交换机的技术全面占领市场的日子不会即刻就到，市场会给 JK1000 一个开门红的时间，到时再研发数字技术通信，也一点都不晚。后来虽然确定了开发数字交换机与销售模拟技术的 JK1000 两条腿走路战略，但还是慢了一步。国外虎视眈眈的电信界巨商们像围捕猎物一样，对后来者布下了天罗地网。他们向电信局提出了“通信网建设一步到位”的超前思路。这个思路不仅包括要在城市建设光缆，即使在偏远的农村，也要逐步采用光缆进行数字信号传输。

这个看似“为人民服务”的光缆传输线路建设思路，实际的目的是要将手中刚刚研制成功的与光缆进行配套的数字交换机卖出去。随着中国经济的迅猛发展，国内装电话的浪潮一浪高过一浪，在通信设备上捉襟见肘的发达省份电信局领导，面对国外电信巨头勾画出的电信大发展的宏伟蓝图，再也坐不住了，而华为刚刚推出的JK1000模拟交换机则被他们弃之不顾。JK1000在市场上刚冒个泡就销声匿迹了，因为设计思路和市场需求等方面原因，最终成了华为公司和国外电信巨头们博弈的牺牲品。此次失败，对刚刚活下来的华为公司来说，无异于“当头一棒”。此后，任正非强烈意识到，没有过硬的产品品质和前瞻性的发展思路，华为就不可能有未来的发展空间。知耻而后勇。军人出身的任正非深刻地认识到了自己的不足，带领在残酷市场里锻炼出来的华为人，在开发局用数字程控交换机的“战役”中勠力同心，拼搏进取，加强了对竞争对手产品信息进行收集和分析的工作，终于赢得胜利并走在了时代前列。

让奋斗者一直保持斗志的秘密

华为的意义是什么呢？早在《华为基本法》制定的时候就提出，要探索中国世界级高技术企业之路。《华为基本法》还提到，写基本法的商业意义在以客户为中心，中国要取得在世界上应有的地位，应该是每一个华为人奋斗的真正的意义。我们对生活的期望不重要，生活对我们的期望才是最重要的。正是华为的追求和它在中国的成长发展中所做的贡献，赋予了每个华为人存在的意义，促使他们奔向海外，在非洲、中东等艰苦的、被长期制裁的地方坚持奋斗。一个企业要做好，就要给它奋斗目标，要给它意义，就是人生存在的意义，为这家企业付出最好的青春，付出最好的时光是值得的，他在这家企业没有白活。

另外，在企业经营发展中，在短期看不到成果的情况下企业家如何管理是一个难题，需要有一个企业家的价值判断在里面起作用，关键是其立场和表现。日本在海啸的时候大家都在跑，但是，华为电信的维护人员在对着人流往前冲。大家知道海啸发生最需要的是通信设备，这是企业持有的客户立场。

其实以客户为中心、以奋斗者为本，长期坚持奋斗的逻辑关系是这样的，华为永远做乙方，以客户为中心，以奋斗者为本，奋斗的方向就是客户，为客户创造价值才会有价值。怎样让奋斗者继续奋斗，就是长期坚持艰苦奋斗。这和华为的狼性是非常契合的。华为狼性的三个标志：第一敏锐的嗅觉（客户导向），第二强烈的进攻意识（奋斗者），第三长期坚持艰苦奋斗，团队精神。这个机制很重要的是，万事由心衰，人的惰怠是从思想开始的，不是行为上。中国企业也高速发展很多年了，华为遇到的最大的挑战，就是华为文化的变异，狼变异成了“喜羊羊”。用任正非的话来讲，就是在坂田漂亮的草地上，架着二郎腿欣赏着美好的风光，晒着太阳，听着下属 PPT 的汇报，那就不是奋斗了。如果这样，下一个倒下的一定是华为。任正非的成功绝对是有原因的，以奋斗者为本，帮助中国的成长者更好地创业。华为对中国企业最大的贡献是奋斗者寻找梦想，能够保持奋斗精神。马云在成功之前忍受了巨大的痛苦，不要相信不奋斗就会有结果，华为的成功就是一种中西结合的文化体系。小米每周六天上班，腾讯每天工作都到 12 点，这个时代如果不奋斗，就没有未来，以奋斗者为本就是比别人奋斗得更多，中国企业持续的发展就是我们的企业家在不断地奋斗，在没有技术缺品牌的时候就是需要积极的奋斗，华为公司凭什么超过爱立信？任正非说道：“不喝咖啡。”所以乌龟超越了兔子。

第三章

人才管理：华为的长青基石

华为的人才是“之”字形成长过程，也就是一个员工必须在研发、财经、人力资源等部门做过管理，又在市场一线、代表处做过项目，有着较为丰富的工作经历，经过层层历练，才能全流程地考虑问题，才能带动团队，形成一个有力的作战群。

说到人才观，华为的高管提到，华为需要的人才必须具有全球视野和洞察力，可以预见更多的未来。现在，华为已经有 18000 多名员工派驻世界各地，研发中心海外已经超过 16 个。华为希望员工胸怀世界，首先要有管理世界的能力，然后再回来管理公司。华为希望每个人都能够更好地了解这个世界，知道各个民族、各个地区的文化差异。当他们在全球工作的时候能够很容易融入当地的生活。

筛子式的用人机制

一直以来，华为始终坚持人才雇佣资本，不拘一格用人才。只要你够牛，就一定能在这里快速成长，脱颖而出。英雄不问出处，贡献必有回报。华为奉行“干部能上能下”“人岗匹配，易岗易薪”等人力资源政策，培养了很多人，也淘汰了很多人。华为是坚持实行“末位淘汰”制的企业，每年要保持 5% 的自然淘汰率。末位淘汰制是一种强势管理，给予了员工压力，也激发了他们的积极性，通过有力竞争使整个企业处于一种积极向上的氛围，进而提高工作的效率和部门的效益。华为就是通过这个制度催赶着员工不断进步。自由雇佣制度，在中国基本都是这么操作的。华为的“自由雇佣制”，比一般企业实施得更彻底。华为淘汰掉的一般都是不能吃苦受累、接受不了企业文化、不思进取之人，那些能上不能下的、不活跃的、发挥不了作用的队伍会被轻易解雇掉。必须让最明白的人、最有能力的人承担最大的责任。

华为还有一个比较突出的是它的“轮岗制”，“轮岗制”是华为实行的一种体验式的快速学习方式。华为干部轮换有两种，一是业务轮换，如让研发人员去搞中试、生产、服务，使他真正理解什么叫作商品；另一种是岗位轮换，即让高中级干部的职务发生变动。几乎所有的华为员工都有轮岗的经历，通过轮岗使员工更直接地了解各个部门与工作环节的工作，可以很好地改进工作及提高工作效率，调动员工积极性;同时也促使员工和干部掌握多种技能。通过岗位轮换，华为实现了人力资源的合理配置和潜力的激活，促进了人才的合理流动，使人力资本的价值发挥到最大。这和华为提倡的另一种思想有关，那就是“优秀的人在哪里都能做起来，干部必须能上能下”。

在华为，曾有过两次较大的人事变革。一次是1995年的“市场部集体大辞职”，完成了新老干部的接替；一次是2007年“7000人集体辞职事件”，规避了新劳动法的风险，也消除了华为的“工号文化”。这两次变革，是典型的“自由雇佣制”的体现，改变了企业的老旧文化，消除了公司的“沉淀层”，为新人发展创造了更大的空间，实现了企业的“更新换代”。

从重装旅到陆战队的组织架构

早在2002年，华为在强烈的危机意识影响下，提前洞察了产业环境的变化，及早进行了与企业同步发展的组织变革，走在了产业演进的前沿。华为以本土市场为核心，组织结构以集权为主要特征，专业化、规范化程度高；2003年集权结构向产品线结构改变，以应对快速变化的市场；2007年地区部升级为片区总部，成立七大片区，各大片区拆分为20多个地区部，指挥作战中心进一步向一线转移；2010年按照业务类型变为按照客户类型划分，成立面向企业、运营商和消费者三个客户群的组织架构。2014年，华为新成立“ICT融合的产品和解决方案组织”以适应ICT（信息通信技术）行业技术融合趋势。至此，华为已经形成了完善的矩阵式结构，以实现全方位的信息沟通。横向是按照职能专业化原则设立的区域组织，为业务单位提供支持、服务和监管，使各业务群BG，在区域平台上以客户为中心开展各自的经营活动。纵向是按照业务专业化原则设立的四大业务群，并分别设置经营管理团队EMT，按照其对应客户需求的规律确定相应的目标、考核和管理运作机制。这种纵横组合在各级组织都是层层嵌套的，形成了业务和能力建设的双轮驱动。

公司最高的权力机构是股东会。华为股东会只有两名股东，工会和任正非，华为是通过工会实行员工持股，截至2014年12月31日，员工持股人数为82471人。工会由持股员工代表51人和候补持股员工代表9人组成的员工持股代表会控制。股东会通过董事会对公司的整体业务运作进行指导和监督，对公司战略和运作过程中的重大事项进行决策。董事会下设人力资源、财经、战略规划、审计四大委员会，主任分别是胡厚崑、郭平、徐直军、梁华。审计委员会按季度进行例会，其他委员会按月度进行，可按讨论议题需要邀请相关领域专家列席参加。

在实际运作中，华为被称为EMT的最高权力决策组织的经营管理团队负责日常经营。EMT主席由各大佬轮值，集体议事。2011年后，EMT下沉到华为的各个业务中心BG，即运营商网络、企业、消费者和服务型业务四个BG都成立了自己的EMT团队，进行各BG的经营决策。从华为的组织演进路线就能看出，华为“以客户为中心”持续改善公司治理结构、组织、流程、考核机制的思想，尤其是面向不同客户群的BG模式的落实。在这种指导思想下，华为历经行业冬天、产业环境变化依然实现了长期可持续的增长，在公司内部实现了跨界业务的发展。

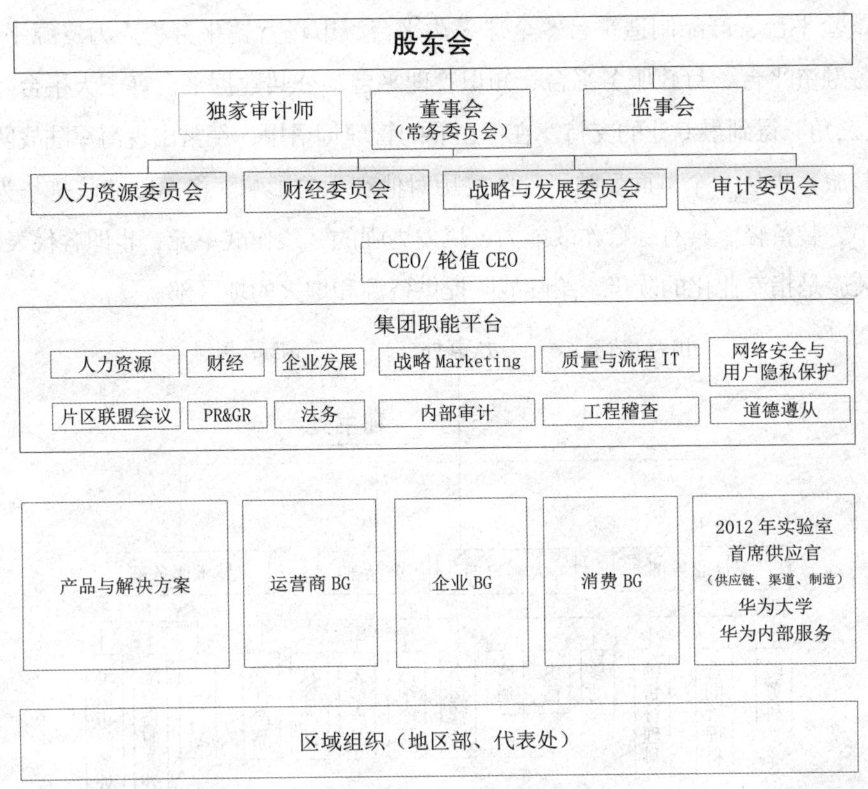

图 3-1　华为公司整体架构

华为强调以客户为中心，其组织建设特点是组织跟着客户走，目标是与客户建立更紧密的联系和伙伴关系，分为客户线和产品线运作。华为建设了覆盖全球的矩阵性组织，片区、地区、办事处、代表处管理职能垂直落地。但这种设计的弊端是在繁杂的业务中流程变得过长，需要协调的“婆婆”太多。所以，任正非在 2007 年以后提出了让听得见炮火的人去做决策，即在地区部组建“重装旅”，在一线建立“陆战队”，前端综合化、后端专业化，形成“铁三角”的组织模式，真正面向客户端的是客户经理、解决方案专家、交付专家，前端一切事务都依据这三类人来做决策。

当然，“铁三角”的组织模式是有前提的，即后台必须专业化。华为之所以敢于把权力授予“铁三角”，是因为提前花了几十亿，建造了技术研发平台、中间试验平台、产品制造平台、全球采购平台、市场营销平台、人力资源平台、财务融资平台、行政服务平台、知识管理平台、公共数据平台等十大平台，让“铁三角”得到最专业的支持。在任正非的管理词语里，经常出现海军陆战队与重装旅，也从一个侧面反映了部队经历对他产生的影响。海军陆战队是华为规模小、装备轻、具有综合作战能力、爆发力强的一线作战单元，也即各代表处。重装旅是指专业化的队伍，给陆战队提供资源和炮火的地区部。

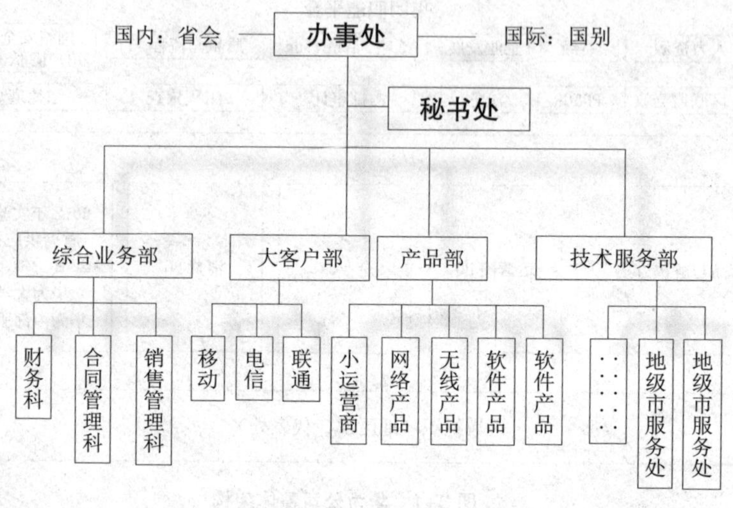

图 3-2 华为公司办事处架构

对于这两者的关系，任正非曾有非常形象的比喻：“海军陆战队在沙滩撕开一个口子，但它在纵深上是展不开的，因为它没有这么多能力，但它不撕开一个口子，重装部队是登陆不上去的。没有重装部队的投入，阵地是守不住，也扩展不了的。”“地区部重装旅的建设，是重视各种平台的建设，共享中心的建设，经验的总结，人员的培训。同时，根据代表处组织配置中缺少的能力，在地区部补上。不管是解决方案、服务、投标……各种业务要集中一批尖子，随时像蜂群一样，一窝蜂地对重要项目实施支持。这些尖子可以是物理式的集中，也可以是逻辑上的集中。他们要定期人员流动，实行纵向循环、横向循环，以促使各方面作战能力的提升。”

与陆战队、重装旅对应的，则是“班长的战争”。任正非不止一次地强调，现代战争不是人海战术，而是班长作为一线现场作战指挥，在强大科技网络的支撑下破袭成功。任正非强调“让听得见炮声的人来呼唤炮火”，就是让最清楚市场形势的“班长”指挥，提高反应速度，抓住机会，取得成果。它要求上级对战略方向正确把握，平台部门对一线组织有效支持，班长们具有调度资源、及时决策的授权。所以，作为在一线指挥作战的班长，是华为精英中的精英，对他们的培养，华为不惜本钱。

激发斗志的持股制度

华为能够保持高速运转的另一利器是其独特的全员持股制度。2014 年 4 月份英国《金融时报》探访华为总部后发布的数据表明，华为员工持股比例已达 99%，覆盖人数近 8 万人。这种员工持股制度已在华为推行达 13 年，伴随着华为成为国际性的公司，而成为全世界关注的话题。

尽管华为对基数庞大的持股计划中所涉及的资金流动、相关分配的算法一直避而不谈，但在代表着任正非管理思想，并且是华为纲领性和制度性文件的《华为基本法》中，关于员工持股的价值分配内容却有着深刻精准的阐述。在《华为基本法》第一章第四部分第十七条中，可以找到华为关于员工持股的纲领性的陈述：我们实行员工持股制度。一方面，普惠认同华为的模范员工，结成公司与员工的利益与命运共同体。另一方面，将不断地使最有责任心与才能的人进入公司的中坚层。

按照这个表述理解，华为就像是个大的合伙人组织，员工持股计划将优秀人才与公司发展置于共享利益、共进退的层面。华为由一个默默无闻的小公司发展成为一家 15 万名员工、全世界拥有 150 多个办事处、年销售收入达 5200 亿美元 (2016 年 12 月 31 日，华为集团轮值 CEO 徐直军通过发布新年献词宣布，预计华为 2016 年销售收入将达到 5200 亿美元，同比增长 32%) 的大公司，全员持股制度发挥了巨大作用。这也是华为在经历了创业期、网络经济泡沫时期、非典时期、全球性金融危机时期的四次“紧要关头”，依然能屹立不倒的秘密所在。

对于做出了突出贡献的员工，在员工持股计划中获益颇丰。2014 年数据表明，当年员工持股计划对华为公司股票的定价为每股 5.42 元人民币，员工购买数万股需要几十万元。2010 年每股分红 2.98 元，2011 年为 1.46 元。据悉，2013 年每股分得的红利为 1.41 元人民币，相当于以当前价格买入将获得 26% 的收益率。

有人认为，“员工持股计划把所有的人都聚集到了一个平台上，人心不是散的，风吹过来才有效果。”这也就是员工持股计划的根基作用，有了这个根基，阐释和强调华为的奋斗精神就有了逻辑上的自我说服的基础。而员工持股计划这一“共享”华为的理念并不是一成不变的，按照华为公司董事、首席财务官（CFO）孟晚舟的说法，名为“时间单位计划”的外籍员工持股计划已于 2014 年在中国区全面推广。该计划的基本轮廓是：每年根据员工的岗位及级别、绩效，给员工配一定数量的期权，期权不需要员工花钱购买，5 年为一个结算周期。这一计划与此前已经运行了 13 年的虚拟股受限股制度相比，员工持股的本质没有改变。尽管要完成从虚拟股有限股制度到该计划的全员性的过渡将会带来一定的风险，也曾一度陷入舆论的旋涡之中，但该计划有望解决此前虚拟股制度设计所带来的问题，比如最近这几年愈发严重，也被任正非多次批评的财富过度集中到部分人手中的问题，在虚拟股制度的架构中，随着工作年限的提高、职位的晋升，财富已经越来越集中在华为的中层手中，导致基层员工无法公平分享利益。所以，就长远来看，“时间单位计划”对于华为不是动摇了根基，而是促进了发展。

在现代社会里，企业时刻面临着残酷的竞争，想生存发展，就必须拥有强劲的内驱动力。

动力从哪里来？高工资就是华为的第一推动力，所谓重赏之下必有勇夫。任正非用一种教父似的执着与坚忍，调教出一群凶猛的土狼。他们迅猛地发展，不断蚕食狮子的领地，然后发挥全员持股制度的独特功效，各取所需，分享收益。全员持股制度的推行，使员工与企业由通常意义上的雇佣关系变成了合作关系，员工将自己视为企业的真正主人，在成功时举杯相庆，失败时拼死相救，而且在华为发展最为艰难的时期也成为一种非常重要的融资渠道。

CEO轮值制是太上老君的炼丹炉

2002年，IT泡沫的破灭，华为差点儿因此崩溃，当时公司内忧外困。2004年，美国顾问公司帮助华为设计公司组织结构，认为没有中枢机构是问题症结之一，提出要建立EMT（经营管理团队）。由于任正非不愿做主席，就施行了董事会领导下的轮值CEO制度。轮值CEO由三位高管郭平、胡厚崑和徐直军轮流担任首席执行长一职，轮值期为6个月。这是一种利益分配机制，华为不但有物质分享，更有权力分享。轮值的好处是，每个轮值者，在一段时间里，担负了公司COO的职责，不仅要处理日常事务，而且要为高层会议准备起草文件，大大地锻炼了能力。同时，他不得不削小他的"屁股"，否则就达不到别人对他决议的拥护。这样他就将他管辖的部门，带入了全局利益的平衡，公司的山头无意中在这几年削平了。

实践证明，这种方式既有利于培养接班人，又能避免个人长期执政带来的个人化、极端化。这种无意中的轮值制度，平衡了公司各方面的矛盾，避免问题累积过重不得解决，使华为得以均衡成长。这种轮值CEO制度颇有民主化的意味。如果当值CEO走偏了，下一任看得很清楚，会在自己的任期内加以修正，这样就保证了避免华为这艘大船严重偏离航线。在华为官网上，任正非在一则解释轮值CEO制度的声明中称，轮值CEO制度比"将公司的成败系于一人的制度要好"。

还有一个值得人们注意的是，在三位轮值CEO之外，华为依然保留了任正非的 CEO 职务，不同的是，任正非对董事会决议拥有一票否决权，虽然他从来没有行使过该项权力。而轮值 CEO 虽然比其他高管权重，却没有这项权力。但这也并不等于轮值 CEO 是傀儡，因为在公司的经营活动中，任正非没有具体的施政权和行政建议权，也就从制度设计上确保了轮值 CEO 能够放手工作。从中也可以看出，任正非主要扮演教父的角色，他花了大量的时间来教导、培养这三位轮值 CEO。

但对于一般企业来说，轮值 CEO 制度是不可盲目学习的。如果没有统一思想、没有个人权威，这个制度就会沦为表象，导致企业混乱。华为轮值 CEO 制度背后是一个高度严密的决策机制，是在以任正非为权威的、价值观统一前提下的轮值，而不是简单的“轮流执政”，一旦经营管理团队形成决议，执行时非常强硬，当值 CEO 必须遵从。任正非构建的轮值 CEO 制度，真正的用意在于解决公司接班人的问题。2011 年年底，以“狼性军人”性格著称的任正非，在年近七旬时忽然被悬而未决的接班人问题搅动了内心。

任正非在自撰文章《一江春水向东流》中谈到，死亡是会到来的，这是历史规律，我们的责任是不断延长我们的生命。而延长华为生命仅靠“相信华为的惯性，相信接班人们的智慧”是不够的，华为需要的是一整套确保华为持续成长的接班人保障方案。

纵观国内著名企业的发展轨迹，在创始人执掌企业 20 多年后，都面临着寻找合适接班人的问题。而中国企业缺失的不仅仅是一个合适的接班人，更是一整套接班人选拔体系。而华为的轮值 CEO 制度，将接班人选拔和培养纳入企业的总体发展计划之中，可以对公司未来领导人有足够的锻炼期、试验期、考察期，不至于到最后追悔莫及。所以，这种轮值 CEO 制度也可以被视为任正非在重大决策面前的一种谨慎的妥协。

轮值 CEO 制度的优势是显而易见的，但其劣势也不能被忽视。由于这种制度是董事会成员轮流担任 CEO，公司重大决策均由董事会与轮值 CEO 共同协商完成，CEO 轮值则是董事会成员轮番登场的一个名目，往往使得决策风险分散，因而造成了华为“真正的 CEO 缺失”，而轮值 CEO 在半年任期内也注定在战略制定与战略决策上不会有很大的作为。此外，在授权合理性、权责范围、决策机制、冲突解决方案、考核与激励机制等方面，也会给企业的管理和风险控制带来较大的挑战。从治理的角度来说，轮值 CEO 使华为的治理结构一直处于一种不稳定状态。由于企业的重大事情从决策到执行到后评价的时间往往会超过半年，甚至其跨度会在一年以上，轮值 CEO 制度容易朝令夕改，影响运行效率，给华为的快速稳健发展带来了潜在的治理结构风险。同时在权责定位方面也存在模糊性，由于在企业重大事件中轮值 CEO 并不是最终决策者，实际控制权仍旧掌握在企业董事会手中，甚至是由董事会投票决策。这种两个集体的决策方式，会直接影响到企业发展方向和运营绩效。对于一种先进的管理思想的实施运用，则更无法在短期内落地生根。

所以，与其说是 CEO 轮值制度，不如说是 CEO 实习、选拔制度更贴切，是任正非选拔接班人的实验班、练兵场。虽然华为并没有明确这种轮值制度是暂时性的还是永久设置的，但明眼人不难看出，一旦有合适的人选出现，CEO 轮值制度将退出华为的舞台，任正非也就完成了一项重要历史使命。

末位淘汰制消灭“夹心阶层”

末位淘汰是从西点军校学来的，它的目的是用来挤压队伍，激活组织，鼓励先进，鞭策后进，形成选拔领袖的一种方式。通过末位淘汰制，坚决要把“夹心阶层”消灭掉，这是任正非从苹果公司惨痛的教训中总结出来的。“夹心阶层”指的是那些既没有实践经验，又不理解华为企业文化，还要把他们安置在较高职位上的人员。“夹心阶层”的存在必然会形成不良文化，这种文化最后将导致公司失败。对他们，要压到基层去锻炼，成为自然领袖从而确立他们在华为的地位。干部能上能下一定要成为永恒的制度，成为公司的优良传统。

任正非指出：公司一定要铲除沉淀层，铲除落后层，铲除不负责任的人，一定要整饬吏治。对于一个不负责任而且在岗位上的人，一定要把他的正职撤掉，等到有新的正职来时，副职也不能让他干。对于长期在岗位上不负责的人，可以立即辞退。若不辞退，这个队伍还有什么希望呢？若你不能认识到这个问题，你就不会有希望。没有一个很好的干部队伍，一个企业肯定会死亡。不能坐下来讨论干部队伍建设问题，应在战争中调整，不合适的就要下去，包括对所有的高级干部，我们都不会姑息养奸，大树底下并不好乘凉。整改干部队伍的目的，是要公司活下去。要想活下去，只有让那些阻碍公司发展的人下去，或者说把那些不利于我们发展的作风彻底消灭，公司才能得以生存。这也是我们整改的宗旨。我们的干部不是终身制，高级干部也要能上能下。在任期届满，干部要通过自己的述职报告，以及下一阶段的任职申请，接受组织与群众评议以及重新讨论薪酬。长江一浪推一浪，没有新陈代谢就没有生命。必要的淘汰是需要的，任期制就是一种温和的方式。

所以我们建立了一个机制，就是说你跟不上了，身体不行了，职位调整下去了，你的股票不会动。如果我们不能形成一种有利于优秀人才成长的机制，高速前进的列车不能有上有下，那么列车的运行就不能脱离生命的束缚，我们必将走在盛极必衰的路上。所以要加强新干部的提拔，特别是艰苦地区，新干部不提拔，我们的商业模式就继续不下去了。

我们提倡能上能下，在实践活动的大浪淘沙中，我们要把确有作为的同志放在岗位上来，不管他的资历深浅。我们要把有希望的干部转入培训，以便能担负起更大的重任。我们也坚定不移地淘汰不称职者。为了保护高效益，我们绝不心软、手软。一切希望进步的同志，唯有奋斗一条出路。

所有部门都要在快速发展中调整、巩固、充实、提高。所有的调整都要围绕做实。各部门一定要清理一些干部，从科以上干部开始。要把有强烈责任心、使命感，敢于负责，踏实努力，维护公司利益，善于团结同志的干部提上来。把得过且过，不懂原则、钻空子、不做实的干部撤下去，这是动真格的，坚决贯彻淘汰机制。只有把土夯实了，才能大发展。要保持公司长治久安，就是要保持正确的干部淘汰机制。不管你是高级干部还是创始人，都有可能被淘汰掉，包括我，不然公司就不会有希望。公司不迁就任何人，高级干部为什么不能做一般员工呢？因此，原来的高级干部干累了，是可以转做机关一般员工，他们也就不用漂泊了。

要严格地确定流程责任制，充分调动中下层必须承担责任，在职权范围内正确及时决策；把不能承担责任、不敢承担责任的干部，调整到操作岗位上去；把明哲保身或技能不足的干部从管理岗位上换下来；要去除论资排辈，把责任心、能力、品德以及人际沟通能力、团队组织协调能力……作为选拔干部的导向。将末位淘汰融入日常绩效考核工作体系，实现末位淘汰日常化。已经降职的干部，一年之内不准提拔使用，更不能跨部门地提拔使用，我们要防止“非血缘”的裙带之风。一年以后卓有成绩的要严格考核。对于连续两年绩效不能达到公司要求的部门 / 团队，不仅仅一把手要降职使用，全体下属干部和员工也要负连带责任。

不合格干部的末位清理绝不能只停留在基层主管层面，对于不合格的中高层干部同样要动真格的，要实行末位淘汰，每个层级不合格干部的末位淘汰率要达到 10%，对于未完成年度任务的部门或团队，干部的末位淘汰比例还可适当提高。

公司的末位淘汰制度主要针对行政管理者，而不是针对员工。要强化落实对干部群体分层级的末位淘汰，重点抓好对年度排序在后 10% 的中基层管理者的末位淘汰。对 12 级及以下人员的考核是绝对考核，但对 13 级及以上的“奋斗者”，我们实行相对考核，特别是担任行政管理职务的人，我们要坚定不移地实行末位淘汰制，不淘汰你就可以得到更多的利益，我们不能让你坐享其成，责任和权力、贡献和利益是对等的，不可能只有利益没有贡献。

华为要坚持以有效增长、利润、现金流、提高人均效益为起点的考核，凡不能达到公司人均效益提升改进平均线以上的，体系团队负责人，片区、产品线、部门、地区部、代表处等各级一把手，要进行问责。超越平均线的部门，要对正利润、正现金流、战略目标的实现进行排序，对不适合担任管理岗位的人员，可以调整到其适合的业务岗位上工作。不合格干部清理和员工末位淘汰要形成制度和量化的方法，立足于绩效，用数据说话。面向未来，要逐步把不合格干部清理和员工末位淘汰工作融入日常绩效管理工作体系中，以形成一体化的工作模式，而不是独立开展的工作。在淘汰过程中，考核要简单，导向要清晰，只有标准基线，没有人和人的相对比例。我们实行 ABC 评价的目的之一是为了选拔领袖，不能为了选拔领袖，而进行全员挤压。我们 360 度考核也是为了寻找加西亚、寻找贡献者、寻找奋斗者的，怎么会变成了专门去找缺点呢？我们又不是婆婆。我们对基层员工的管理方法和对高端员工的管理方法一定要有区别，基层员工首先要各尽所能，按劳分配，多劳多得。

为了适应公司大市场、大科研、大结构、大系统的发展需要，2009 年市场部全体正职在递交述职报告的同时，将全部递交辞职报告，接受组织的评审，表现了大无畏的英雄气概。在中国通信市场如此错综复杂、艰难困苦的发展时期，此举措，真是惊天地泣鬼神，将会震动整个中国。“一将功成万骨枯”，我衷心感谢那些在华为发展史上，强渡过大渡河，爬过雪山草地，至今还默默无闻的英雄儿女。我们要求降职的干部，要调整好心态，正确地反思，在新的工作岗位上振作起来，不要自怨自艾，也不要牢骚满腹。在什么地方跌倒就在什么地方爬起来。特别是那些受委屈而降职的干部，无怨无悔地继续努力，以实际行动来证明自己，这些人是公司宝贵的财富，是将来继大业的可贵人才。组织也会犯错误的，一时对一个人评价不公是存在的。总会有一部分人受委屈，这些人的正确对待会给我们的进步带来十倍的力量。由于你的正确对待，也给组织将来给你以更大的信任提供了支持。真正绝对的公平是没有的，你不能对这方面期望太高。但在努力者面前，机会总是均等的，只要你不懈地努力，你的主管会了解你的。要承受得起做好事反受委屈。

“烧不死的鸟是凤凰”，这是华为人对待委屈和挫折的态度和挑选干部的准则。没有一定的承受能力，今后如何能做大梁。其实一个人的命运，就掌握在自己手上。生活的评价，是会有误差的，但绝不至于黑白颠倒，差之千里。要深信，在华为，是太阳总会升起，哪怕暂时还在地平线下。干部要以平常心面对变革导致的岗位调整，要以大局为重。清理下来的干部不要患得患失，可以在基层岗位上创造新的成绩，随时欢迎你上升到你能胜任的岗位。下去，也不能取代底下干得好的人，否则队伍全乱了，已经正确的队伍不能乱动。

新陈代谢的干部任免

多年来，华为的很多干部经过多位中高级主管的变动，但无论主管如何变化，业务依然稳定健康地向前！相比于很多公司一朝天子一朝臣，华为的干部管理体系很大程度上降低了个体对业务的影响，只要价值观不变、系统流程能支撑、作战队伍战斗力不下降，这个仗迟早能打赢。华为的人力资源价值链设计是围绕"价值创造""价值评价""价值分配"的循环而展开的，通俗点讲，就是攻下更多的山头，收获更多的粮食，养活更多更强的队伍，再去攻下更多的山头。这样一个良性循环的机制，关键的抓手是干部管理。"唯有打造一支理念上高度一致，行为上率先垂范的干部队伍，才能实现人力资源导向冲锋。"公司战略制定好了，但如果没有能将战略坚决执行到位的中坚层，华丽的战略也只是空中楼阁而已。作为公司中流砥柱的干部，在困难时期能点燃自己"用微光照亮队伍前进的道路"，能四海为家、能上能下、身先士卒、有序流动……在很多公司难以做到的神话，华为的干部体系是如何做到的呢？经过多年的发展，华为形成了一套成熟的干部管理体系，其中干部的选拔机制设计最为关键。

华为的干部很有特点，他们既能干活，同时也不会很把自己当回事，在华为很少看到外面常见的官僚习气、摆架子。一是大家确实忙，"顾不上"摆架子；二是华为干部清晰的文化和绩效标准导向，让干部摆不了架子。在华为不同的业务部门、不同的管理层级，在进行干部选拔的时候，大家采用的是同一套标准，这套干部选拔的标准，包括 4 个核心内容：

首先越是高层的人员，越需要对于公司核心价值观的认同、践行和传承。也就是华为所说的同心人。华为认为："我们要求干部认同公司的核心价值观，并比其他员工卓有贡献。干部一定要吃苦在前、享乐在后，冲锋在前、退却在后，以身作则，严格要求自己。"

华为的核心价值观主要是三个内容：以客户为中心，以奋斗者为本，长期坚持艰苦奋斗。因此华为在进行干部选拔的时候，在价值观的判断方面，也着重从这三个方面进行判断。当然这是通过关键事件来对价值观进行判断。员工不一定要认同公司的核心价值观，你只要贡献高于成本就可以了，但是干部就完全不一样了。反观很多企业干部唯业务论，干部拥兵自重屡见不鲜。但是华为一定要求干部要传承践行公司的价值观。比如海外哪个艰苦地区不去，那你就不能做干部，你下来，让跟公司价值观比较一致的人去参加管理岗位，你就做基层员工，所以对华为干部而言，这确实是需要有更高层次平衡能力的。

华为认为："干部要看品德，不能唯才是举。品德的含义是广泛的，敢于到艰苦地区工作、敢于吃苦耐劳、敢于承担责任等也是品德的一部分。高的道德情操，忠于公司、忠于集体利益是我们选拔干部的重要基础。艰苦朴素的工作作风是成为建军的最起码条件。华为公司倡导的干部作风包括：无私、用人五湖四海、不拉帮结派；实事求是，敢讲真话，不捂盖子，对事负责；耐得寂寞，受得委屈，懂得灰色。"华为在选拔干部的时候，不符合品德要求的干部是要一票否决的，在这方面的考核也是通过关键事件来进行考核。

大家应该听说过华为的赛马文化，也就是说所有的人加入到华为之后，他过去的所有的学历、工作经历都是一笔勾销，每一个人都是站在相同的起跑线上。因此就像一个巨大的马群，万马齐喑，一定会有跑得最快的人。华为要求，只有绩效前 25% 的人可以被选拔为干部，这也是华为的"绩效是必要条件和分水岭"这个条件的意思。什么是华为认可的绩效？有三条标准：第一条是最终对客户产生贡献才是真正的绩效；第二条是关键行为过程要以结果为导向；第三条是素质能力不等于绩效。也就是不承认茶壶里的饺子，只有真正表现出绩效的结果才是公司所认可的绩效。在华为，绩效是评价一个员工非常重要的标准，绩效的结果会影响到员工很多方面，包括薪酬、奖金、股票、晋升的机会等。

华为早在 1996 年就开始跟合益进行合作，2005 年华为再度和合益合作，开发了华为领导力模型。其中包括了 9 个关键素质，这 9 项关键素质后来被衍生为华为在干部选拔的时候会进行的干部评价，叫作“干部九条”。华为的干部九条经过实践之后，慢慢地演化成了干部四力，也就是:决断力、理解力、执行力和人际连接力。干部四力是对所有干部的牵引标准，但重点又有不同，高级干部要求具有比较强的决断力和人际连接力，中层干部要有理解力，基层干部要有执行力。

华为认为，以干部四力为核心标准，强调从成功实践经验中挑选干部，能力是从过去的关键绩效行为中验证出来的，华为的干部队伍非常庞大，在 2014 年大约就有 12000 多名干部，有非常多的具有全面综合能力的人才。华为在干部选拔过程中有一句话叫作：猛将必发于卒伍，宰相必取于州郡。就是说华为的干部一定是从基层一线来的，没有基层一线成功实践经验的人员是不能被选拔成为干部的。

一般来讲，一个干部不到 3 年的时间就要进行岗位调整，而且干部之字形的发展是华为提倡的。一个干部在自己的领域里一直往上走，这是烟囱式的发展，华为是之字形的发展，是在干部的周边领域发展，比如说研发的干部去到市场，去到供应链，再到采购，经过多个业务领域的历练，综合的管理素质、对业务及端到端流程的理解都会很深刻。华为坚决不允许干部形成小利益团体，坚决不允许干部只在某个部门或者系统里面循环，华为特别对于中高级的干部，会在公司总部层面来进行统一的管理。华为最早有一个“601 干部”，属于这个岗位清单之内的干部，都是由公司统一来进行管理的，这样能保证干部跨领域、跨体系的进行调配。1997 年，华为曾经发生过一次大事件：市场部的集体大辞职，在之后的两三年，华为又举办“烧不死的鸟是凤凰”，从此奠定了华为能上能下的精神和文化。

能上能下涉及的范围很大，涉及的人员非常广，现在在华为已经是大家能够普遍接受和认可的文化现象。能上能下是彻底的能上能下，岗位发生变化之后会易岗易薪。华为每年都会对干部进行淘汰，末位淘汰是分层进行的，高层、中高层和基层都是分层来淘汰10%的干部。如果说不分层的话，可能最后被淘汰的会集中在基层。高层的干部同样也需要进行淘汰，这在华为都是强势执行的。

今天华为在全球攻城略地所取得的成就，与华为产出一批批能打仗善用兵践行公司价值观的各级干部息息相关，在干部的导向上，华为保持了很好的一致性，这种强执行力的干部文化成为华为成功的重要法宝。但从华为干部的机制上，我们还没有看到任何一个全球化的高管进入华为的核心队伍。土狼战胜狮子的华为干部之道能否成为开放、包容、创造之道？全球化的华为、工业4.0时代的华为、从华为的世界到世界的华为，还有很长的路要走！相信具有强大的自我批判和改进能力的华为能够做到！

保鲜企业的岗位轮换

作为一名优秀的企业家，任正非总能在繁荣时看到危机。在华为快速发展的时候，任正非也总能够清醒地提醒华为人："华为公司总有一天是要沉淀的。现在华为公司是一个发展很快的公司，长江大浪推着走的时候，长江边上的沙子都洗得没有泥，干干净净的。但是，你们会发现水流得非常慢的地方就充满了淤泥。因为有了淤泥，水就流得更慢了，由于更慢了，就沉淀了很多淤泥。华为公司有一天也会充满了淤泥的，那么华为公司就开始走向死亡了。"对于企业可能出现沉淀层的问题，任正非也提出了解决方案。他说：为了使我们的淤泥永远不会产生，华为公司在管理中不会产生一个沉淀层，华为公司要加强内部劳动力市场的循环和流动，要推进岗位轮换制度。在考核评价中确定对人的价值评价……华为公司一定要有一种制度化的程序来保证这个企业不会产生一个沉淀层。这不是靠领导人，靠一个人领导一个人，然后一个人盯一个人能够解决的。如果我们不加强干部的考核、评价和循环流动的体系，公司总有一天谁都愿意留在空调房间里，享受舒舒服服的日子，谁都不愿意去艰苦奋斗，那么我们这个公司就死定了。我们至少在二三十年内保持一定比例的速度发展，不能降低这个速度，一旦降低速度发展，我们内部就没有机会了。

怎样治理这个公司，是作为高层管理者首先要考虑的问题，任正非也把它当成一项重要的工作来抓。任正非认为，“无为而治”是企业追求的最高管理境界，达到这个境界，必须要有一个制度化流程来保证企业的正常运营，通过对领导干部进行评价考核来保证企业之水永远流动。任正非在针对高级副总裁以上干部就公司治理的讲话中说：“我希望大家来写认识，也是对你们职业素养的一次考试，考不好怎么办呢？考不好你还可以学习，我们是托福式考试，以最好的一次为准。学不好怎么办呢？学不好你还可以调整，你辞去高级职务往下走。因此要深刻理解公司制定三、四、五级干部任职资格标准的深远意义，我们坚持这个干部考核标准可能在相当长的时间内不会改变，每年大家都要提交述职报告，要填任职资格表格。同时要选一些填得好的任职资格表格、述职报告公开印刷，让下面人看看，让年轻人找到灯塔，找到目标，学会做人。”

在IBM，定期或不定期的轮岗已经形成了一种企业文化，不管是中层经理还是普通员工，都已经习惯了无论在哪个上司的领导下都有条不紊地工作，也没有人会为上司的频繁更换而无所适从。IBM有一个“2—2—3”的规则，也就是在一个职位上工作两年，上一年的绩效考核是2（即良好）以上，用3个月时间处理完原职位的遗留事务之后，就可以轮岗。在学习和借鉴了西方先进大公司的经验之后，华为也就开始实行职位轮换和岗位轮换的制度。在华为，最初提出岗位轮换的是前副总裁李一男，他当时给任正非写了一个报告，建议高层领导一年一换，这样不容易形成个人权力圈，造成公司发展整体不平衡。任正非对这个建议立即表示了认可并推广开来。华为公司明确规定，为干部提供机会，创造能担当重任的条件，高中级干部必须强制轮换。随着公司的发展，华为的岗位轮换制日益成熟起来。

华为实现岗位轮换的制度主要有三种作用：

（1）促使员工掌握多种技能，以适应环境的变化；

（2）帮助员工顺利完成职业生涯中必须经历的职业路径；

（3）避免员工因在同一岗位所处时间太长，导致官僚主义等弊病丛生。

华为的干部轮换有两种：一种是业务轮换，另一种是岗位轮换。现在，华为的人事管理中又引入了竞争和选择机制，形成了内部劳动力市场，通过岗位调换，实现了人力资源的合理配置和潜力的激活，促进了人才的合理流动，这样才能达到人尽其才、物尽其用。

锦上添花的绩效管理

华为是一家大公司，它的成功，更加重了它的神秘感。早在 2009 年，华为以销售收入 218 亿美元，一举超越诺基亚–西门子、阿尔卡特–朗讯两大巨头，跃居全球设备商老二之位。华为在世界上 140 多个国家设有分支机构，2010 年销售收入 1850 亿元，员工 11.5 万，营业收入复合增长率为 40%。按照 2009 年可以找到的数字，华为全球员工共计 87500 人，研发人员 37432 人（42.78%），市场人员 25943 人（29.65%），管理人员 6020 人（6.88%），生产人员 18104 人（20.69%）。

来到 2015 年，华为实现全球销售收入 3950 亿元人民币，同比增长 37%，净利润 369 亿元人民币（57 亿美元）。值得注意的是：2016 年，最新的《财富》世界 500 强排行榜出炉。华为以 628.55 亿美元营业收入再度上榜，排名第 129 位，跨越式飙升近百名。而由世界品牌实验室 (World Brand Lab) 发布的 2016 年（第十三届）《中国 500 最具价值品牌》基于财务、消费者行为和品牌强度的监测报告中，华为以 2196.45 亿元的品牌价值荣登本年度品牌价值第六。这意味着华为这家民营高科技企业迈进了世界级“国民品牌”阵营。

然而，这样一个庞大的行业标杆性企业，从上至下都笼罩在神秘光环里。坊间曾流传一个段子：据说某日，任正非和柳传志共乘一机，落地后，其一受到夹道欢迎，仰慕者众，鲜花掌声簇拥而出；而另一则自己拉着行李，踽踽独行。想见这场面，不禁莞尔。倒也不是任正非缺乏仰慕者，实在是“不识庐山真面目”的人太多了，当然不如电视上常见的柳总那么贴近。不止“领袖”如此，华为上下通常都是不接受媒体采访的。一部《华为基本法》，很多关注管理的人从 20 世纪 90 年代学到现在，却鲜见华为内部的管理者来分享。数年前某次培训上，有前华为的高管更是坦率告知，他们禁止与其他企业做相关交流，当时闻者莫不表示不解，或者也有某种不忿吧。

多年后，华为的持续发展更增加了它对于其他企业的吸引力，“学华为”依然长久不衰。华为用不俗的业绩和事实证明，它的行为你或许不理解，但是能够通向成功。这对所有企业来说难以企及，而对于所有管理者来说，是最实际的。华为成功的最关键的因素在于持续稳健的绩效管理体系。在华为，绩效管理之所以愈加重要，是华为与十几万员工的惰性作斗争。早在 1990 年，华为就实行员工内部持股，2001 年实行名为“虚拟受限股”的期权改革，即新员工不再派发长期不变一元一股的股票，而老员工的股票也逐渐转化为期股。2009 年年底员工持股 98.58%，任正非持股 1.42%，9.5 万员工有 6.1 万名拥有股份。

这里举例说明：对于一名 1995 年之前进入华为的总监级管理者而言，2001 年前后，他的累计股权会超过 100 万股，如果按照 80% 的分红比例计算，他在 2001 年一年的个人分红收入约 80 万元。华为基层员工平均年收入为 16 万元，全员占比约 88%；四级经理年薪 50 万元；三级主管年薪 100 万元；二级总监年薪 350 万元；一级总裁年薪约为 1500 万元。任正非的的确确为中国培养了一批“中产阶层员工”，毫不夸张地说，华为是中国企业的“全员中产阶层”典范。在员工达到了“富裕”的基础上，如何引导员工进行二次创业，激发并保持员工的斗志，继续把华为带领向前？综合各方面因素考虑，必须依靠绩效管理。

在华为内部，员工一提起企业文化，都会想到狼文化，其实华为本身定义是“以客户为中心，以奋斗者为本”的企业文化。在华为，执行的是“员工持股、风险共担、利益共享”的分配政策，按照核心层、中坚层、骨干层，实行普惠制，员工广泛持股。要想更科学地分配利益，就必须建立科学的评价制度。在定性上，确定谁是奉献者，谁是偷懒者；在定量上，要明确每一个人的价值贡献。其中的关键是由人评价人，转向制度评价人。企业必须通过公正的分配制度，给予不同价值贡献者以不同的回报，并通过回报体系的设计，激励员工的价值创造行为。

如改革的总设计师邓小平所说：制度好可以使坏人无法任意横行，制度不好可以使好人无法充分做好事，甚至会走向反面。另外，华为非常重视制度建设，多层次的价值评价体系能够以制度形式确立下来，互相制约，破除人为干扰。一是企业绩效管理——公司绩效、部门绩效；二是职位评价——决定基本工资；三是任职资格——职位晋升；四是工作绩效——调薪和奖金；五是累计贡献——员工持股；六是能力评价；七是态度评价。

截至现在，大体可以把华为绩效管理发展历程分为三段：

第一阶段：1995~1997 年，人事考核阶段。（1）将考核作为一个单一的过程；（2）考核内容包括工作态度、能力和业绩三个方面，先在市场部进行试点；（3）目的在于强化管理意识，推动管理观念的普及，进而提高管理水平。

第二阶段：1998~2001 年，绩效考核阶段。（1）将考核作为绩效评价的工具；（2）考核内容以绩效为中心；（3）目的在于强化成果导向，推动员工务实、做实，不断提高工作水平。

第三阶段：2002 年至今，绩效管理阶段。（1）将考核作为目标导向，考核是一个管理过程；（2）增加了跨部门团队考核的新内容；（3）推动员工在目标指引下自我管理，形成自我激励和约束机制，不断提高工作效率。

华为认为，绩效管理就是管理者与员工的双赢。第一，就目标及如何达到目标而达成共识，并增强员工成功地达到目标的管理方法；第二，绩效管理不是简单的任务管理，它特别强调沟通、辅导及员工能力的提高；第三，绩效管理不仅强调结果导向，而且重视达到目标的过程。

在华为的绩效观念里，第一，绩效管理＝管理；第二，绩效管理是“绩效改进管理”；第三，管理者的绩效，核心是部门和流程的绩效。

企业重器——《华为基本法》

从一个旧体制的“养子”成长为中国制造的楷模、典范和标杆，成为国际知名的电信制造商，成为改变世界通信制造业竞争格局的中国力量，华为已经探索出一条在中国发展和管理高科技企业的道路。这也是人们对华为趋之若鹜，想一探究竟的重要原因。

第一，作为本土企业，华为建立起了可复制、可延展、可持续、可衡量、可视的管理平台体系，包括商业模式、经营模式、运营流程、内在机制和管理体系，这是个管理平台体系，而非管理体系。第二，华为成功探索出IT企业的企业价值观体系、战略管理体系、研发管理体系、市场营销体系、干部管理体系、人力资源管理体系、财务管控体系、供应链体系。关于这部分内容，在本书的文化篇章都有重点阐述。第三，华为走出了一条国际化的道路，由“活下去”“走出去”“走上去”，到追求一种境界、一种影响力，创造性地解决了国际先进企业管理模式如何在中国成功落地的课题，实现国外先进管理体系的中国化，并由此改变了世界竞争的格局。第四，知识经济刚刚起步之际，华为已在管理知识员工、激励和约束知识员工、回报知识员工和建立分享知识的管理平台中，真正实现对知识员工高效有效的管理。第五，也是非常重要的一点，华为在中国企业文化建设上开启了先河。1998年出台的《华为基本法》是中国企业在改革开放初期的第一部企业管理宪章，它引领了中国企业的文化建设、机制建设、纲领性的愿景、使命建设实践。

1997 年后，公司内部的思想混乱、主义林立，“各路诸侯”都显示出他们的实力，公司往何处去，不得要领。任正非请人民大学的教授们一起讨论制定《华为基本法》，用于集合一下大家发散的思维，经过几上几下的讨论，“各路诸侯”都无声无息了。从此开始形成了所谓的华为企业文化。任正非也从一个“甩手掌柜”变成了一个“文化教员”。随着《华为基本法》的完成，华为进入了高速增长和野蛮增长阶段，在经历了“两个冬天”之后，华为管理平台体系愈发显示出独特作用。通过与国内外知名公司、院校合作，华为成功地将自己从不规范、不简约、孤岛式的管理状态拯救出来，形成了规范、简约、高效的管理模式。其中的有效做法是“你有多大鞋我就有多大脚”，用改变自己的方式去适应引进的先进管理模式。在商业模式上，华为坚守客户化导向；在内部运作模式上，坚守流程导向；在企业文化上，坚持高绩效导向。有了这套跟国际接轨的世界级管理体系，华为的战略就能落地，形成了一个强有力的、相互支撑的、有链接的、可循环的管理平台，并成功地超越了北电、阿尔卡特、朗讯、摩托罗拉等电信巨头，成为真正的世界老二。

如今的华为，又有了一些新的变化，主要体现在组织结构和商业作战方式上。任正非在 2010 年新年献词中强调了一个新理念：各个国家代表处及系统部采用海军陆战队的作战队形，目的是在沙滩上撕开口子，让大部队登陆。让听得见炮声的人，来呼唤炮火，发现机会，咬住机会，将作战规划前移，呼唤与组织力量，实现目标的完成。地区部采用高度专业化的重装旅队伍，支持代表处的成功。地区部进行各种作战平台的建设、共享中心的建设、经验的总结和人员的培训，他们随时像蜂群一样，一窝蜂地对重要项目实施支持。片区联席会议借用了美军参谋长联席会议的组织模式，站在全球市场的高度来看待战略，有合纵连横的目标，在需要胜利时，要胜利；在不需要胜利时，要敢于战略放弃。片区联席会议直接代表了公司进行干部选拔、组织建设、决策与执行。供应链体系，包括研发的产品解决方案体系采用联勤化后勤体系。后方的支持，依据前方的指令，联合所有业务，统一平台，提供联合后勤服务。

华为的管理经历了管理启蒙、理念建立，管理体系与平台的建立，管理落地、体系转轨，管理验证、效果显现，管理成熟、正常运作五个阶段，离世界一流企业目标越来越近。但即便如此，任正非还是很清楚地看到了自己的不足，比如2008年爱立信的人均效率为32万美元，思科59万美元，华为21万美元。知己知彼而后勇，华为将无往不胜。

量化管理，打磨高品质匠人

对于华为来说，生产系统无论从产值上、质量上都有了很大的进步，但能不能百尺竿头更进一步，把产品做得更精良、更能满足顾客需求，这就需要拿出工匠精神。对于一个企业来说，生产与研发设计、市场销售同样重要，但任正非很清醒地意识到，华为产品生产还远没达到日本、德国那样对工艺与制造环节的精益求精，远没体现出现代工匠精神。原因是华为太专注于市场开发和技术创新，而在生产环节上能够称得上工匠的人太少。因此，任正非要花大力气培养一支精良的工匠队伍。

总结起来说就是要苦练基本功，强化量化管理。首先是在生产系统的管理上，任正非认为华为的生产还处在一个很不成熟，甚至是非常幼稚的状态。这种状态长期存在，严重制约了企业发展，他要求从上到下每一个员工都要苦练基本功，就是要开展比武竞赛，让真正有生产能力的人脱颖而出，同时要在质量控制、遵守规章、处理问题的能力方面加以考察。对生产人才要大胆树榜样，要敢于破格晋升。

在苦练基本功的同时，任正非还强调要加强同周边流程、相关工作岗位的协调，同步前进。一个人的进步没有多大意义，要把个人的进步放在整个流程的大环境里加以量化，只有整个周边环境都动起来，才能产生协同效应、叠加效应，才能推动企业快速发展。任正非相信，中国人和西方人在工作能力上没有本质差距，西方人能做到的，中国人同样能够做到，关键就是有没有一个真正的量化考核机制。所谓量化，既是对普通员工的量化，也是对管理人员的量化。如果在评价某一名生产员工时，管理人员拿不出量化数据，他就是一名不合格的管理人员，就需要整改。整改管理队伍的目的，是要华为更好地活下去。要想活下去，就必须把不合格的那些阻碍公司发展的管理人员拿下去。但拿下去了也不意味着就不能上来，不能一下打入地狱，如果解决自身存在的问题，还会有机会再上来。

对干部的教育不能急，我们不能期望一天就使我们的干部能达到日本信华那样的严格标准，应该给他们一个逐步认识错误、改正错误的机会，如果他们不改正，可以辞退他们。但对干部的错误也不能只批评两句，说两句就算过去了。相反，不应该，也没有必要把他们打到最底下。因为人的毛病不是一天就能治好的，工资要降，职务要撤，但不能降太多。我们要不断地加重处理的分量，每一次处理都留下机会，把我们应该做的事做完，听不听就是他自已的问题了。

这种针对管理人员的整改，虽然不是暴风骤雨式的将其打入最底层，但一定要真正触及灵魂。对那些心里根本就没有装着公司的利益，也不是为了提高核心竞争力而努力奋斗的人，要从消除投机的思想层面去整改，真正触及灵魂深处，从根本上下药才能消除病灶。诚然，工匠精神的另一种体现是责任心、使命感。做好事不要怕伤害了其他部门的利益、周边员工的利益。对公司利好而对周边不利，恰恰暴露了以前的管理问题。一个工匠，他只会专注于工作本身，专注于公司发展，因而任正非提倡一切要以工作为导向，敢于纠偏，而不是事不关己、听之任之。这些，都是个人的基本功，也是华为要练的基本功。把工匠精神体现在每一个细节上，量化生产、量化管理，华为的危机就会晚来几天。这是任正非一直在提醒众人的关键词。

取经之路上的奖与罚

经过 30 年来的不断摸索，向西方发达国家企业学习，华为已经形成一套行之有效的人才模式，并广为业内所借鉴和学习。华为大规模人力资源体系建设，始于 1996 年。为了解决创业期大批管理干部无法跟上企业快速发展的问题，1996 年 1 月，华为发生了一件被内部人称为“惊天地、泣鬼神”的大事——市场部集体辞职。当时华为市场部所有正职干部，重新进行竞聘。在竞聘考核中，包括市场部代总裁毛生江在内的大约 30% 的干部被替换下来。自此，华为的人力资源体系建设开始了。为了鼓励员工不断提高职业技能，首先要让他们明确知道自己职业发展的上行通道。为此，华为在借鉴英国模式的基础上，设计了“五级双通道”模式。

即先梳理出“管理”和“专业”两个基本通道，再按照职位划分的原则，将专业通道进行细分，衍生出技术、营销、服务与支持、采购、生产、财务、人力资源等子通道。这些专业通道的纵向再划分出五个职业能力等级阶梯，如技术通道就由助理工程师、工程师、高级工程师、技术专家、资深技术专家五大台阶构成，而管理通道是从三级开始，分为监督者（三级）、管理者（四级）和领导者（五级）。

在这个多通道模式中，每个员工都可以根据自身特长和意愿，选择向管理方向或技术方向发展。两条通道的资格要求不同，技术过硬但领导或管理能力相对欠缺的员工，即可选择在技术通道发展，一旦成长为资深技术专家，即使不担任管理职位，也可以享受公司副总裁级的薪酬，并有权调动资源。这在华为叫“有职、有权、有责”，企业也得以保留一批具有丰富经验的技术人才。很多员工还可以选择两个通道分别进行认证，企业采取“就高不就低”的原则来确定员工的职等待遇。

华为不但有系统的职业发展通道，还会对员工进行职业发展等级资格的评价认证。认证分为初次认证与周期性认证两种。初次认证就好比是“一个萝卜一个坑”。职业发展等级资格标准规定了职业发展路径上不同能力等级的要求，即“坑”的大小，而人的实际能力决定了“萝卜”的尺寸。资格认证就是比照行为标准将相应尺寸的“萝卜”放入大小匹配的“坑”中。员工的胜任情况和其静态薪酬范围相对应。初次认证之后，每隔 1~2 年，华为都会对员工职业发展状况进行周期性认证，根据认证的结果，将“萝卜”向更匹配的“坑”里迁移。“萝卜”可能向大“坑”也可能向小“坑”迁移。华为由此实现了“干部能上能下”的制度化管理。在华为，管理者职业发展等级资格标准的设计，是根据任职者取得高绩效应该具备的关键行为提炼而成的，其直接的目的是为了提高管理者的职业化工作水准，但最终目的还是提高管理者的绩效水平。

在华为，在移到想去的“坑”之前，你还必须参加任职资格培训。而且参加这个培训有一个前提条件，就是绩效考核一共15分，必须达到12分以上，这就避免有的人一味把精力放在晋升上，本职工作的业绩却做不出来。现在不少企业考核任职资格、绩效、培训都各干各的不配套，华为则是责、权、利、能四位一体。华为的“能上能下”还体现在轮岗制度上。这源于华为认为人才应是全面的、适应力强、综合素质高的，而非专才。轮岗有助于促进人才的合理流动，通过岗位轮换来激活员工的潜力，实现人力资源的合理配置。同时华为还明确规定，中高级干部必须强制轮岗。

这种制度的最大好处在于，组织的整体性得到最大程度的保障。有员工评价华为的这种制度，就像每个人都是这台庞大机器上的一枚螺丝钉，你的离去不会对这台机器的运转带来任何影响，随时会有合适的人补充你的岗位。所以这个制度在某种意义上保证了华为在动荡的外部环境里高速前进，而不会受到任何内部的干扰。

华为在对人才的重视和激励上也力度空前，是深圳企业中最早将人才作为战略性资源的企业，任正非很早就提出了“人才是第一资源、是企业最重要的资本”的观念，而很多企业当时乃至现在还停留在人力成本控制上。华为在实践中探索出了一条集聚高科技人才的成功之道，并建立起一套行之有效的激励机制。物质激励是必不可少的，近年来华为在国内各大名牌大学招聘到了大量优秀学生，完全归功于“撒手锏”——起薪点高，也就是华为所说的有竞争力的薪酬。这种竞争力体现在，华为员工的薪资一般要高于行业平均水平，所需人才一旦被聘用，就能享受优于同行业外资企业的薪资待遇，这与华为的高效率、高压力一致。任正非深信，高工资是第一推动力，重金之下必有勇夫。另外，华为实行基于能力的职能工资制，员工的工资不仅与其业绩挂钩，还与其工作态度、责任心和能力挂钩。

华为一方面利用高工资进行短期的物质激励，另一方面也注重长期的物质激励。华为所推行的员工持股制是其公司价值分配体系中最核心、最有激励作用的。华为的员工普遍具备持有公司股份的机会，每一个年度，员工可根据对其评定的结果，认购公司一定数量的股份。股金的评定以责任心、敬业精神、发展潜力、做出贡献为主要标准，在此基础上，股权分配强调持续性贡献，主张向核心层和中间层倾斜。通过股权的安排，使最有能力和责任心的人成为公司剩余价值的获得者，使得知识被转化为资本。华为这个以知识为生存根本的公司，也由此得到了源源不绝的生命力。

在精神激励方面，从普及整个华为的《华为基本法》就可窥见一斑。基本法从 1995 年萌芽，到 1996 年正式定位为华为“管理大纲”，到 1998 年 3 月审议通过，历时数年。其第一条就是“华为的追求是在电子信息领域实现顾客的梦想，并依靠点点滴滴、锲而不舍的艰苦追求，使我们成为世界级领先企业”，梦想的实现靠人；第二条就是“认真负责和管理有效的员工是华为最大的财富，尊重知识、尊重个性、集体奋斗和不迁就有功的员工，是我们事业可持续成长的内在要求”，尊重人才、培养人才、激励人才，让人才在华为能够得到自我实现等高层次的精神满足，是华为长期的探索和追求。

凝聚血狼兵团的智慧集

在人才使用上，任正非发明创造了“给火车头加满油”“狼狈组织”“少将连长”“之形人才培养战略”“歪瓜裂枣”等词汇，道出了华为管理的核心与本质。所谓“给火车头加满油”，是要按价值贡献和责任大小来确定个人待遇，资源向优秀的奋斗者倾斜，让他们如火车头一样起到带动作用，同时让惰怠者感受到被淘汰的压力。任正非说："有成效的奋斗者是公司事业的中坚，是我们前进路上的火车头、千里马。我们要让火车头、千里马跑起来，促进对后面队伍的影响；我们要使公司15万优秀员工组成的队伍生机勃勃，英姿风发，你追我赶。"

所谓"狼狈组织"，是针对办事处的组织建设提出的，即发挥狼的敏锐嗅觉、团队合作的精神和狈的聪明、细心策划能力，两种人才搭配使用，同时也体现了华为市场开拓者的合作精神。

"饿狼逼饱狼"策略。竞争上岗的基本条件是任职资格，这就导致了任何一个岗位都会有3~4个达到任职资格的人等着，潜台词就是你在这个岗位就必须好好干，否则马上就有接替者。不得不提的是华为的绩效管理体系、薪酬分配体系和任职资格评价体系互通互联，三位一体形成动态的结构，迫使员工必须自觉努力。

而"少将连长"则是任正非在人才管理上的又一发明，他说："少将有两种，一是少将同志当了连长，二是连长配了个少将衔。"也就是说，公司高级管理人员下到基层一线当主管，带小团队冲锋陷阵，或者充分发挥高管的优势到一线协调指挥重大项目、建立高层客户关系、建设商业生态环境。而从另一个方面看，则是优秀的一线人员被破格提拔，职级、待遇大幅提高，从而引导优秀人才到一线建功立业。

"之形人才培养战略"。在一些公司，人才成长之路通常过窄，在某一部门或某一领域做出突出成绩即被快速提拔，待其走上领导岗位后才发现，因为缺乏全局观导致出现本位主义。华为的人才是"之"字形成长过程，也就是一个员工必须在研发、财经、人力资源等部门做过管理，又在市场一线、代表处做过项目，有着较为丰富的工作经历，经过层层历练，才能全流程地考虑问题，才能带动团队，形成一个有力的作战群。

对"歪瓜裂枣"似的人才，任正非说："公司要宽容'歪瓜裂枣'的奇思异想，以前一说歪瓜裂枣，就把'裂'写成劣等的'劣'。你们搞错了，枣是裂的最甜，瓜是歪的最甜，他们虽然不被大家看好，但我们从战略眼光上看好这些人。我们要理解这些‘歪瓜裂枣’，并支持他们，他们可能超前了时代，令人不可理解。你怎么知道他们就不是这个时代的梵高，这个时代的贝多芬，未来的谷歌？”如何合理地评价这些人，让这些“歪瓜裂枣”真正发挥自己的价值并获得与其贡献相符合的回报？华为《管理优化》中提出：“作为管理者，要在公司价值观和导向的指引下，基于政策和制度实事求是地去评价一个人，在价值分配方面要敢于为有缺点的奋斗者说话，要抓住贡献这个主要矛盾，不求全责备。”

建立主动式人才流。任正非说，干部和人才不流动就会出现板结，会让机关和现场脱节，如果形成阶级，华为迟早会分裂。所以这是他不拘一格地从有成功实践经验的人中选拔优秀专家及干部的初衷。华为最关键的核心：让雷锋不吃亏，让小人不得志。用制度培养雷锋，让偷懒者受到惩罚；机制有活力的表现：干部能上能下，工资能高能低，员工能进能出。

剥茧抽丝奖励人。可以说，近年来华为不缺钱，但也绝不会把一分钱花在没有积极意义的地方。在 2013 年的市场表彰大会上，任正非出其不意地给徐文伟、张平安、陈军、余承东、万飚等高管颁发了一项“从零起飞奖”，这也就意味着，这些获奖的人员上一年年终奖金为“零”。颁发此奖，并不是说他们工作业绩很差，相反是取得了重大突破，但结果不如人意。而在当初，这些人在带领团队时都曾立下“不达底线目标，团队负责人零奖金”的承诺。任正非在颁发“从零起飞奖”后发表讲话说：“我很兴奋给他们颁发了‘从零起飞奖’，因为他们 5 个人都是在做出重大贡献后自愿放弃年终奖的，他们的这种行为就是英雄。他们的英雄行为和我们刚才获奖的那些人，再加上公司全体员工的努力，我们除了胜利还有什么路可走？”实际上，徐文伟、张平安、陈军、余承东、万飚等之所以能“获得”“从零起飞奖”，一个重要原因是工作结网没结好，所以尽管工作有突破，但结局不理想。这就是任正非经常说的结网原理。如果你手里拿的是丝线，即使再多也无法捕鱼。要想捕到鱼，必须把线结成网，也就是人生要通过不断的总结，将工作中的一个个点结成一张大网，终将捕到大鱼。

归纳总结常态化。任正非说："每个人要想进步，就要善于不断归纳总结。如果没有平时的归纳总结，结成这种思维的网，那就无法解决随时出现的问题。不归纳就不能前进，不前进就不能上台阶。人是一小步一小步前进的，过几年当你回首总结时，你就会发现你前进了一大步。在善于归纳总结时，也要重视向别人学习，取长补短。别人对你提意见，批评你的缺点那是在帮助你，你拒绝别人的批评，就等于是放弃别人的帮助，那岂不是太吃亏？"在近三十年的成长，以及三大业务集团的发展中，华为出现过危机，但最终并没有偏离航道，这与任正非的管理思想有关系，更多地与华为的体系有关系。无论今天我们讨论华为决策层的轮值 CEO 制度，还是华为近期所阐述的"蜂巢"结构，最终都可以归结为一点，通过全员持股形成的类似"众包 + 众筹"的制度体系，从而保证了华为高效的自我纠错能力和容错机制。任正非一次次刷新了大家的用人思想，他让更多的人理解了公司对高级干部的要求。

华为不断地给企业、给员工提出新目标新要求。他们经常将这些目标和要求转化成一种文化或一次次演讲，下面这段话，可以全面感受到华为的用人观。

我们既重视有社会责任感的人，也支持有个人成就感的人。什么叫社会责任感？什么叫个人成就感？先天下之忧而忧，后天下之乐而乐，这是政治家的社会责任感，我们所讲的社会责任感是狭义的，是指对我们企业目标的实现有强烈的使命感和责任感，以实现公司目标为中心为导向，去向周边提供更多更好的服务。还有许多人有强烈的个人成就感，我们也支持。我们既要把有社会责任感强烈的人培养成领袖，又要把个人成就感强烈的人培养成英雄，没有英雄，企业就没有活力、没有希望，所以我们既需要领袖，也需要英雄。但我们不能让英雄没有经过社会责任感的改造就进入公司高层，因为他们一进入高层，将很可能导致公司内部矛盾和分裂。因此，领导者的责任就是要使自己的部下成为英雄，而自己成为领袖。当然，英雄也可转化成领袖，领袖就是我们的项目经理、科长、处长、办事处主任等。领袖不重视个人成就感，只注重组织目标的成就感，大家想一想谁给毛主席发奖章？谁给邓小平发奖章？就是因为领袖没有个人成就感，只有社会责任感，不需要大奖励。我们有非常多的无名英雄，他们是我们未来的一切，我们要依靠他们团结奋斗，充分发挥个人能力。我们要构建干部体系，通过价值评价体系发扬我们所需要的优良作风。

我们要摆脱对人的依赖，要摆脱对技术的依赖，要摆脱对资金的依赖，使我们公司制定的所有政策都比较合理、实事求是。华为公司已经确立了企业核心价值观，经过十年的努力，我们的核心价值观已经被广大员工所接受。我们以前说的做不到？就不能接班，因为他们不可能带领公司很好前进。我相信，从现在起，我们只要三年，我们的公司就很有希望，我的《从必然王国走向自由王国》一文里有一段话，讲一个企业长治久安的基础正是其核心价值观被其接班人所接受，而且接班人必须具有自我批判能力。只要努力地去实践我们所确定的核心价值观，只要实事求是地去批判自己、优化自己，我们的公司必将长盛不衰。

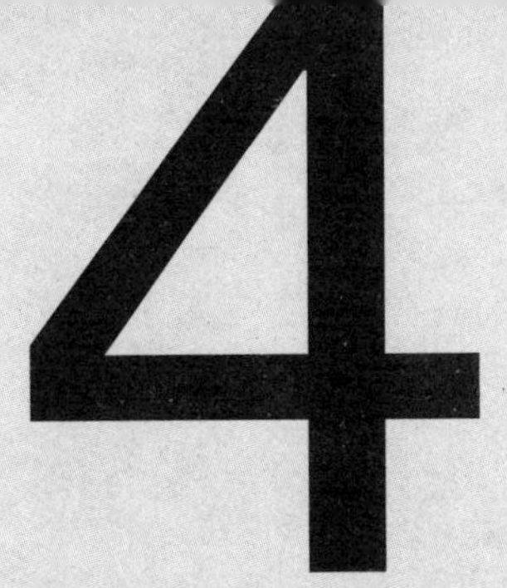

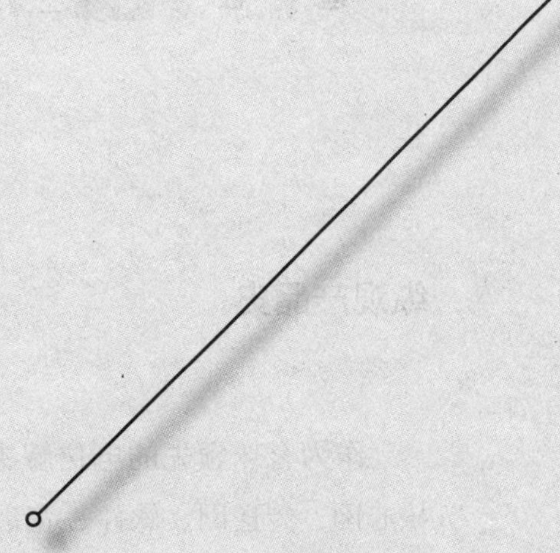

第四章

产品一定要性感

华为大力倡导创新，创新的目的是什么呢？创新的目的在于所创新的产品的高技术、高质量、高效率、高效益。华为从对科研成果负责转变为对产品负责，以全心全意对产品负责实现为顾客服务的企业宗旨。

纵观产品史

作为全球领先的电信解决方案供应商，华为的产品覆盖了无线接入网、核心网、传送网、软件、宽带接入、数据通信及服务等各个领域，那么具体来讲华为从初创到现在的主要产品有哪些呢？

一、路由器产品系列

Quidway系列路由器提供从核心、骨干、接入端到端解决方案，产品系列、业务特性及解决方案能力业界领先，已经成为全球最重要的路由器供应商之一，全面满足运营商骨干网和企业网组网的需要，产品系列包含：Quidway NetEngine 5000，万兆核心路由器Quidway NetEngine 80，核心路由器Quidway NetEngine 40，系列通用交换路由器Quidway NetEngine 16E/08E/05，骨干路由器Quidway R1700/2600/3600系列模块化多业务路由器，Quidway R2500系列远程分支路由器，Quidway R1600系列SOHO路由器。

其中，华为第一台万兆IPv6核心路由器——Quidway NetEngine 5000E（以下简称NE5000E），秉承第五代路由器理念，基于先进的网络处理器技术、IPv6技术、ASIC技术和光背板互连技术，采用分布式和可扩展性设计，实现IPv4、IPv6、MPLS等业务的线速转发；并在增加ACL、QoS和流量统计等复杂业务处理后，IPv4和IPv6仍能保持恒定线速转发性能。NE5000E核心路由器，是华为公司面向IP核心骨干网络节点、城域网核心节点以及数据互联中心节点推出的顶级核心路由器产品。NE5000E单机框接口容量1.28Tbps，单槽位可提供40G接口，无阻塞交换；单机框转发性能1600Mpps；支持通过光背板互连技术进行多机框扩展，整机接口容量平滑扩展到80T。NE5000E所具有的超高转发性能和海量交换容量，全面满足新一代网络对带宽性能、服务质量、业务提供能力的需要。由于NE5000E核心路由器采用最新的第五代路由器的设计技术，具备了高品质的QoS能力，全面支持MPLS，提供MPLS VPN业务，支持MPLS TE/FRR功能，完全胜任高性能P和PE应用；另一方面，该设备支持大容量组播线速转发，能够与MPLS VPN、QoS等各种特性配合应用。

作为面对下一代网络的先进设备，NE5000E核心路由器全面支持IPv4/IPv6。该设备基于硬件方式实现IPv6转发处理，支持IPv6静态路由，支持BGP4/BGP4+、RIPng、OSPFv3、ISISv6等动态路由协议；支持ICMPv6 MIB、UDP6 MIB、TCP6 MIB、IPv6 MIB等，支持IPv4和IPv6双协议栈，全面支持IPv6的各种特性和各项业务。针对目前IPv6技术逐步发展的趋势，NE5000E支持丰富IPv4向IPv6的过渡技术：手工配置隧道、自动配置隧道、6to4隧道。并能通过硬件实现千兆NAT–PT等，处理能力达到线速，这一点在国际领域都是处于领先地位。此外，华为公司还同期推出Quidway NetEngine 80E核心路由器，接口容量320G，单槽位提供线速10G POS接口，该产品同样具备线速的IPv4/IPv6的线速转发性能，并可轻松升级到NE5000E核心路由器。作为网络核心节点，包括NE5000E在内的Quidway NetEngine系列核心路由器已在国内商用，并得到客户的广泛认可。相信在今后建设中，NE5000E万兆IPv6核心路由器所具备的高性能、丰富业务特性、高可靠性和模块化扩展性，将为用户提供更多价值。

二、以太网交换机产品系列

Quidway S系列可管理、可运营、全线速、全业务智能以太网交换机，产品的系统设计、扩展能力以及丰富的业务特性满足宽带城域网络的需求，能提供更加高效、安全、易于扩展的客户化解决方案。产品涵盖核心层、边缘层及接入层，能够提供端到端的以太网交换机解决方案，能够为城域网、园区网、企业网提供端到端解决方案。其中，Quidway S 8500 系列万兆核心交换机是由华为 3com 公司自主开发的新代高性能万兆核心路由交换机产品，可广泛应用于电子政务网核心层、校园网及教育城域网核心层，园区网和企业网核心层以及运营商 IP 城域网核心层、汇聚层。

三、安全网关产品系列

随着“三网合一”“Web2.0”“P2P 视频”“高清宽带”等一系列理念的推出，网络带宽的需求成几何级别增长，“千兆到桌面、万兆做骨干”已经不是新概念，很多交换机和路由器都拥有多万兆大容量端口，并且运营商等大型企业面临业务融合和网络扩容，传统防火墙不可避免地成为网络的瓶颈，无法真正适用于高速网络中。华为公司凭借多年的硬件设计经验，结合专用的 NP 网络处理芯片以及分布式硬件平台，打造出了“NP ＋多核＋分布式”的专业安全网关设备 Eudemon8000E。Eudemon8000E 提供业界的防火墙 /VPN 性能，在确保用户对高可靠性和高性能要求的同时，以较低的投资成本就能满足运营商高速网络、金融大型数据中心、大型 Web 网站和大型企业纵向网络等高端应用的安全防护要求。

那么，华为究竟是一家什么样的公司？在通信设备行业（华为称运营商业务），华为在全球已领跑两年。2014 年华为以 310 亿美元的总营收微超爱立信的 293 亿美元营收，成为全球第一，之后通过 2015 年 21.4% 的增长，到 2015 年年末，华为的运营商业务便以 358 亿美元（2323 亿元人民币）的总量与爱立信 294 亿美元营收拉开距离。

正如思科钱伯斯所言，“对于为中国带来数字化，以及数字化带来的好处的理解是一致的”。华为不仅是在中国，通过自己对运营商业务的深入研究，正在以 ROADS 模式，推动全球运营商业务的数字化转型。如果我们跳出运营商业务的数据层面，变换一下角度，站在全球个人化通信方式变化的角度，会惊讶地发现，华为超越爱立信的时间，正好与全球 4G 网络普及的时间点相吻合。这绝对不是巧合。在 3G 时代，虽然标准是爱立信、诺基亚等企业制定的，但真正的核心专利却掌握在高通手里，后面欧洲演变出的 WCDMA 的标准和中国的 TD-SCDMA 标准，也正是针对高通专利垄断而产生的必然反弹。

华为的研发 2002 年开始起步，不久便迅速加快，早在 3G 未普及的时代就开展了 4G 核心专利的研究。到目前，华为为 LTE 网络提交了 500 多件核心标准专利，占到了 LTE 标准专利的 25%。事实上在 4G 标准的最核心专利上，华为拥有足以和高通等专利大户对抗的能力，只是这一点并不被外人所知。而这些技术和专利的储备，在设备制造和网络覆盖上，帮助华为进入全球 140 个首都城市，几年时间里成功部署了 400 多张 LTE 商用网络和 180 多张 EPC 商用网络。而在全球 4G 建设方面，华为目前占到了 46% 的市场份额，全球领先。可以说 4G 的商用，让华为长久积累的技术优势得以迅速释放，同样随着 4G 及 4.5G（华为倡导的这一技术得到了 3GPP 的正式命名）网络市场的进一步放大，华为也将进一步拉大与爱立信、阿朗、诺基亚之间的距离。

在 2015 年 IEEE（电气和电子工程师协会）发布的全球专利实力排名中，在通信和互联网设备领域，华为以 365 的专利指数排名第 12，爱立信以 1297 指数排名第 4，阿朗以 469 的指数排名第 11。同样，在 2015 美国专利服务机构（IFI Claims）发布的 2015 年度美国专利授权量排名中，华为以 800 件的数量排名第 44 位（这是华为第二次进入 TOP50 的榜单），在这份榜单上，思科以 960 件名列第 36 位，而爱立信以 1407 件名列第 20 位。从专利授权数量上看，华为已与爱立信、思科处在同一量级上。从这个意义上讲，我们大致可以理解华为所说的，“不在非战略机会点上消耗战略竞争力量”的意义，虽然在技术总量上华为可能还存在差距，但在关键领域，比如 4G、未来的 5G 等核心技术方面，华为远远走在了行业的前面。根据 GSMA 的预测，到 2020 年全球 LTE 用户数将从现在的 10 亿增长到 38 亿，而 LTE 在无线技术中所占的份额将从现在的 15% 增长到 44%。如此看来，华为在运营商业务方面的增长潜力仍然巨大。

未来的 5G，华为已经开始与爱立信等行业巨擘们合作，这是否意味着未来华为将成为主导全球通信领域的一支重要力量？中国的技术性企业是否会带领全球步入数字化时代呢？华为二十多年来无论是在无线网络还是固网、通信标准以及产品方面的技术研究，都聚焦在了“全联接”这个细分领域，从而构建起了足够强的技术体系和能力，而这种技术能力的释放，不仅会表现在运营商的数字化转型过程，同样也会在行业和企业的ICT基础业务上为企业提供更为高效的联接。所以华为企业业务的快速增长，同样得益于华为长久的技术投入和技术积累。

四、智能手机系列

在2013年华为P6出世之前，尽管当时华为的手机销量也不小，但媒体和行业普遍认为，华为是做不出像苹果iPhone类似的产品的，华为手机也不可能成为一个独立的品牌存在。两三年过去了，随着身边用华为手机的人越来越多，华为是什么的问题早就不是问题，对于普通的电子消费品用户而言，华为手机不错的认知已然形成。华为从一家依靠运营商生存的手机厂商成长为一家可以和苹果、三星相提并论的国际大厂。无论是P系列、Mate系列还是麦芒产品，每一款旗舰产品都印刻着华为蜕变的痕迹。在读完本文之后，或许我们更能够看出这家国产厂商的努力和远见，也相信在未来它将会为我们带来更好的产品。

五、华为PC

4年前，华为就瞄上了笔记本电脑市场，只是要等待一个最合适的时机。“我们每年会跟踪行业趋势以及技术的成熟度，每年也会跟英特尔见面两次，讨论芯片技术的进展。”移动宽带与家庭事业部的总裁杨志荣告诉《中国经营报》记者。一个产品的体验好坏，最关键的一点是技术的成熟度。华为认为二合一电脑是一个趋势，但如果推出的产品体验不好，很可能形成负面作用。两年前，华为启动了MateBook的设计，直到2016年年初才推出产品，这是一个漫长的过程。4年前，联想还不是全球PC业的老大，苹果还没有形成今天的优势，平板电脑开始席卷全球。4年后，全球PC出现衰退的迹象，平板电脑热潮快速消退，行业需要一个新的平衡。

“希望我们这款产品出来以后，能成为二合一产品里的第一名。我们进入这个新领域，就是要做第一。”华为进军PC领域的首款产品，华为在西班牙巴塞罗那举行的MWC（世界移动通信大会）2016上正式发布了全新二合一笔记本——MateBook。余承东在业内被称为“大嘴”，这次也不例外，刚刚闯入PC圈子就放言第一。“我说话确实不谦虚，别人说我吹牛，我吹完以后都要搞定。这是给自己断了一切后路，目标定在那，大家只有背水一战。”余承东提到，这次产品的发布只是华为进军PC的第一步，接下来还会有系列的产品推出。华为进入PC跟当年进入手机一样，是做了长远的战略规划。“我们自己弱的地方就是渠道、零售、品牌营销，以前华为是做B2B生意的，跟终端的模式差别太大。现在做终端相当于变换了赛道，方式不一样了，我们需要学习。”

这款产品的发布，在业内引起极大关注：一方面是PC似乎正在衰退，华为为什么要逆势而上？二是华为手机快速崛起成为中国手机第一，这种势能会对PC业务有帮助吗？华为什么时候能如愿成为第一很难讲，但业内普遍认为华为的闯入，会在死气沉沉的PC市场起到鲇鱼作用。此次二合一笔记本，延用Mate品牌，命名为MateBook，可见华为有意借势手机，让PC业务有一个较高的起点，MateBook搭载了英特尔的第六代酷睿M处理器和采用可插拔、无风扇设计，配备12英寸屏幕的金属机身重量为640克，厚度为6.9毫米，这两个数据创下当前笔记本的最小数值。记者在展场采访多位消费者，大家对华为这款产品的外观表示“很精致”“很吸引人”，但也均表示笔记本产品需要软硬件的完美配合，这款产品到底如何还需要真正用过才知道。

英特尔中国区总经理夏乐蓓在接受采访时表示，“现在是最需要重新定义什么叫作个人计算机的时候了。”她认为，未来的PC将不再是孤立的产品，除其本身在外观设计、硬件性能方面的创新之外，个人数据服务、云端连接、设备互联互通等才是未来创新的方向，消费者可以期待在设备使用模式、应用等各方面的体验刷新。华为也有着同样的认知，“当终端、网络、云和数据中心彼此连为一体、相互制约，我们已经无法再用孤立的传统视角去看待某个独立的领域。借助‘端到端’的解决方案，为用户提供一致的计算和连接体验。”杨志荣表示。也有人说，目前智能手机增长正在放缓，平板电脑也在下降。二合一电脑的出现给终端设备厂商带来了增长机会，Gartner（高德纳咨询公司）预测 2015~2019 年间其复合年均增长率可达 32.5%，将成为增长最快的消费类终端设备细分市场之一。

Gartner 首席研究分析师 CK Lu 认为，当消费者用上 6 英寸甚至更大屏幕的终端设备时，手机厂商便可以稳稳地将他们留在这个平台 / 生态系统上，并同时可以提供其他不同屏幕尺寸的设备。像华为等中国品牌正在努力培养高端客户群，通过其二合一电脑留住这些客户将是一个很好的延伸策略。CK Lu 的观点让人们更容易理解，为了生态，华为也必须要进军 PC 领域。易观智库入口终端研究中心分析师朱大林认为，“目前，PC 市场处于一个缩水的状态，市场逐渐冷了下来，一些新的玩家进入这个市场，会增加市场的热度。”PC 厂商目前所面临的挑战在于如何留住消费者。微软 Surface 平板电脑已取得了很大成功，且随着诸如东芝和富士通等传统 PC 厂商都在相应减少其消费类产品业务，终端设备市场需要新的厂商加入。因此手机制造商可以抓住这一机会，充分发挥他们在移动产品领域设计、新产品和新商业模式开发方面的优势。

GFK（全球五大市场研究公司之一）平板分析师余游认为，PC 行业几个大佬好像有一种默契，在利润上保持着很好的状态，没有出现恶意的价格厮杀，而手机厂商都进入到赤膊的状态了。手机厂商的打法，进入到 PC 行业来可能起到鲇鱼的作用。“英特尔一直在努力推二合一的概念，但 PC 厂商没有太多动作，华为这个产品出来以后，的确会有一定的影响。”将手机的设计理念带入 PC，这或许会打破 PC 设计的局限性。比如 MateBook 首次在笔记本中引入了触摸式指纹识别技术，PC 厂商没有一家想到这样做。为了这个功能的创新，春节期间，余承东还在跟微软的高层开会，倒逼着他们把软件功能做出来。

“华为在全球有很多设计中心，专门研究手机的创新，这些研发的基础对于华为做二合一产品是一个优势。”行业资深人士孙永杰认为，华为短期内并不会对 PC 市场造成大的冲击，但长期看还是一个很可怕的竞争对手。“它在智能手机上的设计能力确实很牛，不会像传统 PC 厂商那样把产品做得很粗糙。未来是一个拼颜值的时代，这是华为的优势。”

发力物联网

近几年，一个叫物联网的新名词逐渐被人所熟知，继计算机、互联网和移动通信之后，物联网驱动了新一轮的工业革命，无论是德国工业 4.0、美国的工业互联网，还是中国制造 2025，物联网都会成为社会经济增长的引擎。2010 年 6 月 22 日，中国国际物联网大会在上海开幕。会议指出，物联网将成为全球信息通信行业的万亿元级新兴产业。到 2020 年，全球接入物联网的终端将达到 500 亿个。我国作为全球互联网大国，未来将围绕物联网产业链，在政策市场、技术标准、商业应用等方面重点突破，打造全球产业高地。不过，几年过去，人们发现物联网的发展速度远非当初想象的那样迅猛，也面临着诸多瓶颈，包括安全与隐私泄露的防范、碎片化数据对于客户价值的有效提升、互操作性和标准的统一、面向物联网的传统基础架构替换、IT/OT 控制系统的集成……这些涉及几个层面：传感控制层、网络融合层、管理控制层和业务应用层，需要从云管端入手。

面对物联网的发展态势，华为在谷歌发布物联网操作系统之前推出了敏捷网络 3.0，将华为的敏捷网络延伸到物联网领域。敏捷网关支持超过 17 种以上物联网接口，能够接入各种差异化终端和传感器；它还能集成本地计算和存储等功能，具备分布式智能业务处理能力；同时支持路由、交换和安全等功能，可抗强电磁干扰、宽温工作、防尘防水和振动冲击。

而敏捷控制器支持 1000 多万节点的管理，通过敏捷控制器和云平台协同各种 ICT 资源，可实现基于云和分布式部署及运维，IT 管理员可获取虚拟网络和物理网络的信息，灵活定义面向应用的网络，以全网络视角统一管理虚拟和物理网络，进行全局信息选路和调度流量，大幅降低 WAN 网络使用成本。当网络发生故障时，可以及时定位故障节点。

此前，在 2015 年分析师大会上，华为便提出了“1+2+1”（即一个物联网平台，两种接入方式，一种操作系统）的物联网架构，其中，接入方式分为两类：广域无线接入和物联网关汇聚接入，而物联网平台可对连接、感知、接入、应用和系统状态进行统一的集中控制和智能管理。自2013年起，华为先后推出了敏捷网络1.0/2.0解决方案，逐步将敏捷网络延伸至园区、广域、数据中心和企业分支等领域，耳熟能详的案例包括，在阿贾克斯的主场，敏捷网络满足了5万余人在体育场同时接入高密WiFi网络的需求，未来在北京的工体等场馆，用户也将体验到这样的网络快感。除夕，微信经受了10亿次用户抢微信红包的海量数据冲击，得益于敏捷网络的保障，敏捷网络的应用还将腾讯的网络带宽利用率由35%提升至80%。这一次，华为将SDN（软件定义网络）架构引入物联网，提供端到端的物联网解决方案。华为技术有限公司常务董事战略Marketing总裁徐文伟认为，到2025年整个连接数量将会超过1000亿，“在1000亿的连接中，其中有55%是在商业领域”。

在物联网时代没有到来时，华为曾有过这样一段烦恼。据说，在深圳坂田基地，华为每年为能源开支支出费用超过6亿元，为了节省能源，空调、照明及IT设备等主要耗能设备均由物业人工断电。不幸的是，断电让员工写了几千行的代码化为乌有，此举遭到了大量员工投诉。华为总部在部署敏捷物联解决方案之后，位于深圳的坂田基地相关办公楼的照明能耗节省了26.4%，通过亮度运动传感器、智能开关、物联网关，纳入统一平台管理，实现照明系统的智能控制。这不仅改变了人工定时开关模式，降低了成本，让投诉直线下降为零，最为根本的是让能耗信息透明化、精确到每一条照明线路上。

任正非在华为企业产品线的讲话中曾提及，未来的3~5年是华为抓住“大数据”机遇、抢占战略制高点的关键时期。“你们想去占领全世界，你们兵分多路最后就必然死亡”，“我们作战面上不需要展开得那么宽，还是要聚焦，取得突破”，“当你们取得一个点的突破的时候，这个胜利产生的榜样作用和示范作用是巨大的，这个点在同一行业复制，你可能有数倍的利润。我们要踏踏实实沿着有价值的点撕开口子”。

如今，华为将敏捷物联网解决方案应用于智能楼宇、远程抄表、智能家电管理、智能交通、智能电力配网、智慧健身等多个领域。当家中的热水器即将发生故障时，敏捷网络能够实现远程监控并告知用户，减少事故发生的几率；当智能健身房需要节省大量开销支出时，能够完全前台无人值守，以及智能健康管理、环境检测、健身器械实时数据分析与维护。在澳洲墨尔本大学智能楼宇能效项目中，华为敏捷物联解决方案帮助客户节能能耗超过30%。

不过，全球的物联网应用大多在特定行业或企业的闭环中。但在华为企业BG总裁阎力大看来，基于开放的敏捷物联网架构，只有携手上下游合作伙伴，共建物联应用生态圈，才能打造出以业务驱动的ICT基础架构，有效推动物联网技术在行业的发展和应用，使物联网技术惠及生活生产制造各个领域。

对于企业间的业务合作，任正非有一个非常形象的比喻，有时候我的汽车没油了，我就蹭他的车坐一坐，总比我走路好，总比我骑毛驴好。“只有开放合作，坚持被集成的战略，才会建立多种伙伴群，用伙伴群把产品卖给客户。”在企业业务中，华为也一直将“被集成”战略聚焦于所擅长的数据通信和安全领域。但物联网无论从物理安全还是系统安全漏洞方面，都存在安全短板，通过安全隐患的物联网终端，可成为侵入核心系统的APT（黑客攻击）跳板。有第三方数据证实，目前70%的物联网终端存在安全漏洞，而且漏洞数量平均每台高达25个。

试想，当2020年，250亿的物联终端中70%存在漏洞成为被攻击的目标时，用户是否还信赖物联网？物联网给人带来了极大便利，但是如果安全上存在漏洞，一旦黑客侵入智能系统，无人驾驶汽车将被玩弄于股掌之间，家中的热水器频频报警，智能健身数据失真，人们对物联网是不是信心不足而惊恐有余？更为可怕的是，未来工业互联网如果没有安全防护，整个社会将乱成一团，后果不堪设想。

对于物联网的安全，同样是华为对未来的思考重点，同样是机会中的危机。因此，华为提供了APT大数据安全解决方案，通过SDN技术使安全能力作为虚拟化的逻辑资源，按需定义和调用。APT解决方案中沙箱组件通过还原交换机或者传统安全设备镜像的网络流量，在虚拟的环境内对网络中传输的文件进行检测，实现对未知恶意文件的检测，CIS（企业形象识别系统）组件利用大数据技术采集流量、日志和事件，通过基于行为和内容的异常检测方法，发现高级威胁和未知威胁，以使人们在使用物联网时用得安心。

华为未来产品线

通信过程中，终端通过数据的采集、加工，通过智能设备的自动化，机器会产生自我意识，就是云脑。些许的数据连接传达错误，智能家居就会做出错误的判断和操作。乐视、小米、华为，包括一众厂商都在手机红海里血拼，但是前两者、传统电视机厂商都早早从智能电视入手布局智能家居，唯独华为，在手机市场已经杀出一条血路近乎拔得头筹，但对电视机市场却不急不躁，这是为何？

手机市场与智能家居市场不同，手机可以作为控制端、操作端，智能家居则是各个厂商的设备实现互联互通，最大的痛点在于底层的互通连接协议。简单来讲，一组智能家居系统由硬件产品、云、终端应用平台构成，而物联网的终极成熟形态，不是单个智能产品联网，也不是众多智能产品联网的产品系统，而是智能产品联网“系统的系统”，这种系统是跨产品的、跨网络的。这就需要有一个整合者把不同的产品（如手机）、系统、云联系起来，数据共享。荣耀总裁赵明在两周年期间接受采访时指出，智能家居存在“封闭的生态、破碎的场景、复杂的操作”等三大痛点。智能手机之后，下一个中心要以家庭为核心来构建，华为 & 荣耀发布智能家居战略并推出 HiLink 协议，希望能解决智能家居的痛点。

多数的厂商其实是在做封闭的生态，而在体验中，场景是破碎割裂的，这就直接导致了用户对多数产品都不感兴趣，但这些产品与用户的日常生活密切相关。从连接设备到底层协议搭建好后，生态就有了开放的基础。在战略上，赵明称华为 & 荣耀的智能家居战略将专注做底层，把更多的厂商团结起来，在将蛋糕做大之后，华为在自己擅长领域所争取到的市场空间显然会比去和传统厂商争抢市场份额的情况下大得多。赵明表示，当前国内智能家居的生态特别多，每个智能家居厂商都在构建端到端的体系，但实际情况是，不可能有任何一家厂商能做到让所有的用户家中都只用自家的产品，所以这种所谓的生态并不能成为真正意义上的“生态”。这句话表示华为是开放的，华为的概念是智能生态优化，而不是做生态。它不单打独斗，而是为合作伙伴增强补弱，存在合作的可能，既然有要做的可能，加上时间成本、研发成本来看，采取合作形式概率很大。

华为不会进入包括冰箱、洗衣机等专业智能家居领域，但会做一些连接类产品，包括路由器、电视盒子等，至于电视机领域则正在研究。间接的，在战术上，不再正面死磕小米这样的对手，而是团结了敌人的敌人，共同把蛋糕做大。其实，不做冰箱、洗衣机显然是华为考虑到自己的品牌调性，而电视机产品，更加贴近用户、更娱乐化，与华为的品牌定位是否贴合也值得考虑。哪些电视机品牌是华为可能的合作对象？TCL、创维、LG 等都在布局智能家居，但是乐视刚刚投资了 TCL，LG 也已经推出了自己的智能家居系统和传感器，跟其他厂商合作的可能性都很小。剩下创维的可能性比较大。酷开是 2015 年 4 月份从创维独立出的电视品牌，定位是“互联网公司”，2013 年就打造了酷开 TV、酷开系统、电视派、酷开影棒等多种产品。截至 2015 年 11 月，酷开玩 + 发布会公布数据，酷开可运营终端达 1400 万，日活跃用户达 400 万人次，具有全新的互联网属性，同时也兼具了智能家居雏形。物联网、智能家居是巨大的蓝海市场，互联网思维多数只是营销手段，而华为这样有技术底蕴的公司与创维酷开这样有产品积淀的电视厂商合作，可能是开拓这个蓝海更好的途径。所以可以推断，华为会继续拿荣耀品牌来和创维的互联网品牌酷开合作，门当户对，既能主打互联网，又能兼顾智能家居。

2016 年 11 月 24 日，全球移动宽带论坛（2016GMBBF）正式在日本东京拉开大幕，来自世界各地产业界近 1500 人参加了本次论坛。论坛上，华为副董事长兼轮值 CEO 胡厚崑在表达对未来移动通信的看法时表示，移动网络、传感器、人机界面、云、大数据和人工智能这五大使能技术，未来将不断融合，创造出视频业务、家庭应用和垂直行业三大主要机会。伴随移动网络不断发展，会实现万物永远在线。这是颠覆性的变化，彻底改变服务模式、运作模式和消费行为。同时传感器会无处不在，云变得更加普及、成本更低，未来人机交互更加自然、逼真、智能。

以下为胡厚崑的演讲实录：

如果用一句话来概括移动通信的发展，我想说我们正处于移动应用时代。移动应用正在重塑世界——重塑我们的生活，重塑商业运作、社会运行。移动应用正以惊人的速度增长。八年前苹果商店 (App Store) 刚上线时，仅有 500 个应用。之后的六年里，应用数量增至 100 万。再之后的两年里，这一数字翻番。今天，苹果商店有 200 多万应用，而谷歌应用商店则有高达 500 万应用。移动应用在爆炸式增长。移动应用已成为我们生活中不可或缺的一部分，为我们的工作、旅行、教育、娱乐，甚至睡眠提供帮助。面向物的移动应用如雨后春笋般冒出来，增长潜力惊人。智能终端、智能家居、行业应用 (如智能泊车、智能抄表等) 正引领我们走向更加智能的全联接世界。几天前，Airbnb（爱彼迎）宣布，除了房屋出租服务，将利用新技术升级现有平台，将其打造为综合旅游平台，为用户提供沉浸式体验。下次你身处东京街头，只需打开 Airbnb APP，就能听到导游的讲解，并通过人工智能挑选房东，请他帮你预订附近最好的餐馆。

我相信，未来所有服务都将通过移动应用交付。“移动化”对所有人来说都是非常大的机会。很难预测未来究竟会有多少移动应用，但我们可以识别关键技术驱动要素，如移动网络、传感器、人机界面、云、大数据和人工智能。通过这些驱动要素，我们可以了解未来移动应用的发展方向。移动网络不断发展，会实现万物永远在线。这是颠覆性的变化，彻底改变我们的服务模式、运作模式和消费行为。传感器会无处不在。例如，一台智能手机就安装了 20 个传感器；未来一家智能工厂安装的传感器数量将超过 12 万个。传感器体积将越来越小、价格越来越低、性能越来越好，这将驱动物理世界向数字世界转型。

人机界面的潜力有待充分挖掘。我们预测，人工智能技术的突破，将使未来人机交互更加自然、逼真、智能。云变得更加普及、成本更低。我们可以更高效地在云上开发、发布各种应用。所有应用最终都将在云端运行。大数据和人工智能是当前的热点话题。科幻小说中描写的场景已成为现实。大数据和人工智能驱动的应用不断涌现，如机器学习、视觉识别、诊断辅助等。我们认为，这五大技术将继续以非常快的速度发展。更重要的是，这些技术相互之间会产生化学反应，不断融合以产生新的应用，支持产品和服务。通用电气的“数字双胞胎”就是一个很好的例子。通过将人工智能、大数据和传感器结合起来，可以构建物理机的数字版本。基于从物体上收集的传感器数据，“数字双胞胎”可以帮助通用电气更好地了解环境、应对变化、优化运作，创造更大价值。这是一个大趋势。未来几年，这些技术的融合将以多种方式推动数字化转型。

第一，视频业务。视频已成为媒体、社交和营销等专业沟通中最常见的内容传播形式。

目前，视频占网络流量的60%以上，人们超过23%的时间在上网。视频市场空间巨大，预计到2020年，市场规模将高达7000亿美元。娱乐视频是视频市场的主要组成部分，运营商在这个市场可以做很多事情。例如，AT&T（美国电话电报公司）最近宣布了收购时代华纳的计划。我们认为，要首先从内容聚合做起。然后你们可以努力提升网络性能，并与内容提供商一起探索新的商业模式。移动视频在垂直行业也会有很多机会，例如公共安全、交通监控、物流等领域。所有行业视频应用都需要强大的无线网络支撑。最后是通信视频。除了传统的视频通话，很多新形式的通信视频正在出现，如通过移动终端观看直播已成为流行趋势。我们来看一个例子：在不到两年的时间内，中国的视频用户突破3亿人。最近，一名中国奥运会奖牌得主直播了自己吃杯形蛋糕和闲聊的视频。这个视频没什么重要的，但却吸引了1000多万人实时观看，时间长达一小时。观众给她送了各种各样的虚拟礼物，价值约1.5万美元。直播会产生巨大的数据流量，也会提供巨大的机会，发展新的商业模式。这一现象在全球引起轰动。韩国、日本、美国等地也有类似的例子。

第二，家庭应用。目前，在全球约 20 亿家庭中，13 亿没有宽带连接，3 亿连接速度低于 10 兆每秒。总体看，这 16 亿家庭将是无线宽带的蓝海市场。华为提供 WTTx(无线到 x) 解决方案。目前，100 多家运营商部署了 WTTx，覆盖 3000 万家庭。WTTx 的投资回报周期令人很满意——仅需两年左右，远远低于固定宽带的八年投资回报周期。我们相信，WTTx 将成为第一个主要的 5G 商用案例。全球垂直行业都在进行数字化转型。我认为，移动网络可能成为数字化转型的关键使能器，将带来大量的新机会。华为与客户一起，积极在全球开展试点项目。我们有两点经验可供借鉴。一是要识别出特定的机会，充分发挥移动通信的潜能。例如，在这一波浪潮中，我们的目标市场应是广域物联网、公共安全、车联网。二是要有新的合作思路。服务提供商和行业伙伴应密切合作，探索应用场景、解决方案和商业模式。密切合作对开发垂直行业应用至关重要。如上所述，我们目前面临三大机会：视频、家庭应用、垂直行业。这些市场巨大，尚未开发，相对容易进入，而且这都需要新应用。

要抓住这些机会，我们就要将我们的网络从技术驱动升级为应用驱动。过程中要考虑三大要素：联接、架构和服务使能平台。要支持各类面向人、面向物的应用，我们就要提升网络性能，采用新技术，支持新服务。例如，要支持高清视频，我们就要提供 10 兆每秒的移动连接，并且将时延控制在 50 毫秒以内。谷歌地球的 VR 版是一款很酷的新应用。通过这款应用，你可以如临现场地在城市街头漫步，或在城市上空飞行。但是我们现有的网络尚不支持这类应用。5G 时代，这类实时、大数据流量的应用将成为现实。除了更好地支撑视频服务，我们应引入广域 NB-IoT 技术，支持物联网；引入 LTE-V 技术，支持车联网。除了增强联接能力，我们还要建设端到端的云架构，支持网络敏捷化。这样，网络可以按需接入资源，更好支撑快速变化的应用，并快速推出新服务。在云化过程中，除了核心网和 IT 系统之外，我还要特别强调空口（空中接口。手机与基站之间的协议）云化（将云计算技术运用于手机）的重要性。这是实现核心网络资产价值最大化的最佳途径。当然，这还需要大量的技术创新，华为在这一领域已经取得了激动人心的进步。论坛期间，我们将和大家分享更多详细信息。

第三，应用驱动网络需要强大的应用使能平台。应用使能平台应提供API(应用软件编程接口)、数据存储与分析能力、云管理服务。这有助于第三方更高效地开发场景化应用，助力服务提供商更好地开放网络能力。我们认为，在网络云化过程中，应重点考虑PaaS(平台即服务)。华为聚焦两件事，技术创新和生态建设。我们的创新聚焦在从核心网到接入网的整个移动网络的端到端云化。我们将继续实施全面云化战略，推动技术创新。无线产品线总裁邓泰华明天将为大家分享更详细的信息。此外，我们还开发了场景化解决方案，应用于视频、游戏、智慧家庭、物联网和车联网等场景。我们的目标是帮助客户提升网络性能、降低成本，更好地把握新的商业机会。除了技术创新，我们认为，要抓住未来机会，建立协作的生态系统至关重要。很高兴地看到，来自垂直行业的很多公司已经加入到我们当中来，进行跨行业合作，汽车行业的5GAA（5G汽车联盟）就是一个例子。此外，很多技术提供商也与我们携手开发更好的解决方案。我们也很高兴地看到，越来越多类似TechCity的试点项目在不同的国家做起来了。所有这些努力将助力构建更为多样性的、开放的生态系统。华为的目标是：成为这一生态系统的支撑者和使能者。我们已经取得了很大进步，但我们想做得更多。

成立无线应用场景实验室X Labs。所以，我想利用今天这个机会宣布一个新举措。华为无线已专门成立无线应用场景实验室，即Wireless X Labs(下面简称X Labs)。X Labs，是一个全新的平台，旨在汇聚运营商、技术提供商、垂直行业合作伙伴，共同探索未来移动应用场景，推动商业和技术创新，建设开放的生态系统。我们可以进一步探讨三大领域：人与人的联接、垂直行业应用和家庭应用。我们针对这三个领域设立了专门的实验室。mLab致力于通过新的移动应用提供浸入式用户体验，包括视频、直播、VR和AR等，并探讨如何构建更强大的网络支持这种体验。值得一提的是，我们将与合作伙伴一起，共同开发场景化应用。vLab 聚焦垂直行业应用的开发。这个领域有很多机会，vLab 有助于我们更好地了解，如何利用移动技术使能垂直行业的数字化转型。hLab 致力于连接更多家庭。通过 hLab，我们可以更好地探索如何利用家庭宽带开发智慧家庭应用，包括家庭健康、安全和家用机器人。我们希望所有利益相关人通力合作，期待您的加入。

有温度的服务

近年来，华为消费者业务发展得如此迅猛，很大程度上归功于华为以用户为中心的核心价值观和经营理念，方便、快捷、贴心的服务宗旨，充分消除了消费者的购买顾虑，让消费者在选购电子产品的时候优先选择华为品牌。目前，华为已构建了“现场服务、寄修服务、热线服务、互联网服务、APP 自助服务”等多元化服务平台，足见其对消费者的关注、尊重和打造专业、有温度服务的实际行动。

作为全球领先的智能手机品牌，华为在北京、上海、广州、深圳、南京、杭州、成都等重点城市建立超 300 家客户服务中心。与此同时，还联合合作伙伴建成超过 1000 个受理点，实现全国服务网络的覆盖，为全国消费者享受华为的快速、便捷服务体验提供了强有力支持。未来，华为还将继续加强客户服务中心的建设，进一步完善基础服务的细节，强化服务人员的培训，全面的售后服务网络及高素质的服务人才支持，将为消费者源源不断提供便捷、高效和贴心的优质服务。

针对维修服务，华为提供亲临门店服务和寄修服务两种方式供选择，消费者可根据自身情况择优进行选择。预约维修：消费者可通过拨打热线、登陆华为官网或 APP 进行快速预约。选择服务中心、到店时间及服务类型后，在预约时间段前往服务中心，即可避免长时间排队，享受快捷优质的维修服务了；寄修服务：消费者拨打热线，或者按照华为官网提示填写寄修申请，信息确认后物流会上门取件，消费者就可以高枕无忧等修好的手机送还手中。在维修的过程中，消费者可以通过寄修申请单号进行查询，实时了解手机维修进度，十分便捷。至门店维修的消费者，还可享受到手机维修受理后无须在店内等待，维修完毕免费寄还的服务。另外，无论是亲临门店服务还是寄修服务，消费者都可以查询到保外维修参考价格，以及详细的收费说明和标准，真正做到了公开透明化，杜绝一切维修黑幕，为消费者权益提供的充分保障。

经过多年的不断进取磨炼，华为在全国拥有了多支年轻、充满热情、技术过硬、服务精良的售后服务团队，而在这其中不乏众多获得华为专业认证的服务顾问、维修技师等各个领域、部门的专业人才，正是他们确保了每一位接受华为服务的消费者都可以享受到最专业、最高效和最便捷的服务。未来，华为将继续秉承“方便、快捷、贴心”的服务理念，不断优化流程、完善服务，“以消费者为中心”稳步提升用户服务满意度，向消费者提供更多优质的产品和专业、有温度的售后服务。

有要求的科研成果

在华为公司，博士当工人已不是新鲜事。黄埔军校第一期学员不是最优秀的，延安抗大第一期学员也不是最优秀的，最优秀的都是第四期。后来人比先行者更优秀，在于后来人是踏着先行者探索的足迹前进，更容易成功。

“神奇化易是坦途，易化神奇不足提。”数学家华罗庚这一名言告诫我们不要把简单的东西复杂化，而要把复杂的东西简单化。那种刻意为创新而创新，为标新立异而创新，是幼稚的表现。华为大力倡导创新，创新的目的是什么呢？创新的目的在于所创新的产品的高技术、高质量、高效率、高效益。从事新产品研发未必就是创新，从事老产品优化未必不能创新，关键在于华为一定要从对科研成果负责转变为对产品负责，要以全心全意对产品负责实现为顾客服务的企业宗旨。

“从对科研成果负责转变为对产品负责”这个口号是怎么来的呢？从华为龙岗基地建设中，我们确知外国设计院的设计费虽然很贵，但他们是对工程负责，而我们国内的设计院只对图纸负责。华为公司的研发人员以前正是由于只重视对科研成果负责而缺少对产品负责才造成不少问题，所以华为人明确地提出了这个口号。后来华为人到 IBM 等公司去考察，发现西方公司的产品经理也是深入到产品过程的每个环节中去，也是对产品负责。一个产品能生存下来，最重要的可能不是它的功能，而只是一个螺丝钉、一根线条，甚至一个电阻。因此，只要你对待产品像对待你的孩子一样，没有什么产品是做不好的。以前华为走了不少弯路，现在已采取了对产品负责的方针。华为人曾经的失误导致华为损失了 6000 万 ~1 亿元！当然，这一代价换来了 C&C08 交换机的成功，创造了巨大的市场。华为拿出几个亿用于培训，几个亿报废了，但培养了一大批人，这大批人在什么时候发挥作用呢？下一个世纪。社会上，包括一些世界著名公司，说华为浪费太大，但正是浪费造就了华为。华为出过一本书叫《炼狱》，炼狱就是要把博士前、博士后放到太上老君的炼丹炉里去炼一炼，让他们去反思华为过去所走过的道路，永远铭记我们走过的曲折道路。IBM 在 PC 机的开发上损失了几十亿美金，在通信网络的收购上，又损失了几十亿美金，“一朝被蛇咬，十年怕井绳”，他们面对通信领域，战战兢兢，不敢进入。华为公司是不是也要等到损失几十亿元之后才能找到正确的道路呢？不应该！“前车之鉴，后事之师”，华为人善于向世界各国成功的优秀企业学习。

华为人继承、发扬了二十世纪五六十年代党的优良作风，那时毛主席提出科技人员要走与工农相结合、与生产实践相结合的道路，如今华为公司的工人农民就是生产线上的博士、硕士。为什么那时的优良作风没有发扬到今天？就是因为没有形成一个正确的价值评价体系。华为公司现在的任职资格评议系统就是一种价值评价体系。华为要通过价值评价体系把优良作风固化下来，使之像长江之水一样奔流不息。

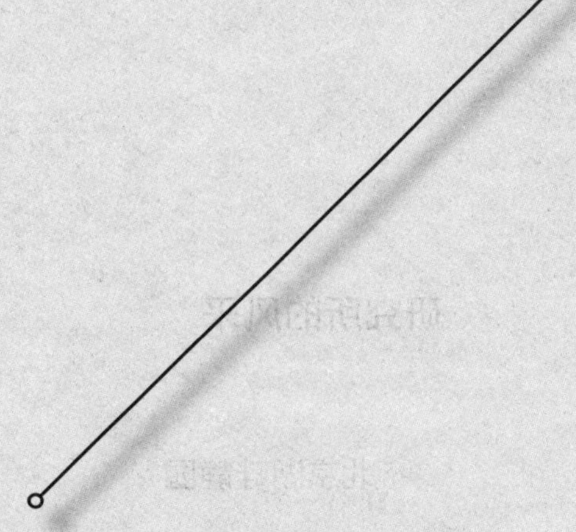

第五章
从封闭到向外开放的管理研究院

现阶段的华为，一方面还要采取“拿来主义”的兼收并蓄策略向世界领先的跨国公司学习，特别要学习它们的全球资源整合能力和驾驭全球性公司的能力，学习它们随时代变化不断变革和持续创新的能力；另一方面，作为中国领先企业的代表，还需要光大其“奉献精神”，向其他中国企业分享华为阶段性成功的管理经验。

研究所的风采

北京湖畔静园

北京研究所成立于 1995 年，业务范围包括 IP 研发、手机核心研发、高端研发。20 多年来，从华为第一款路由器 Quidway R2501 诞生到 NE5000E 400G 核心路由器成功抢占超宽带时代制高点，引领全球 IP 骨干网进入 400G 时代；从华为第一款 Android 智能手机 U8220，到荣耀 & 麦芒系列中高端档位旗舰机，NEXUS 6P 被美国媒体评为“有史以来最好的 Android 手机”。这里云集了数百位高端专家，他们正在以开放的心态拥抱世界、挑战未来。西山脚下、稻香湖畔的北京研究所四季风物宜人，秀美壮阔的自然景观与园区内丰富的娱乐、健身设施，为北京研究所 8000 多名研发员工营造出充满活力的办公生活环境。

西安古都新装

西安研究所成立于 2000 年，经过 16 年的持续发展，业务涵盖云计算、大数据、无线网络、固定网络、手机手表手环等领域。在这里，有华为公司引以为豪的第一款自主研发程控交换机 C&C08，也有 GSM、CDMA、软交换、铜线和 Cable 等多个现金牛的产品，更有“以千万定义自己”的发货均超过千万台的终端产品。随着 ALLCloud（全面云化）时代的到来，西研将引发新一轮的创新和发展。2016 年刚刚亮相的西安研究所新园区，以优于三星级景区的自然环境、舒适而人性化的人文配置和智能化的办公设备，于古城西安之中散发出别样的时尚魅力。

南京天下文枢

1999年成立，目前拥有9000余名员工的南京研究所，业务涉及电信软件研发、企业网络研发、IP能力研发等。与南京大学、东南大学等高校开展技术合作，推动基础材料、芯片设计、5G无线通信技术的进程；各业务领域与全球合作伙伴开展技术合作，在各大标准组织中任职并做出贡献，积极构建共赢生态，研发产品享誉世界。同时积极投入精英力量到未来各领域产品的研发当中。南京研究所新园区位于南京雨花台软件大道，紧邻地铁口却又难得闹中取静。“一步一窗，一窗一景”，工作倦了抬头远眺，便看得见天鹅闲庭信步游走于园区中。秉承着华为公司“3+1”快乐工作的秘诀，南研人成立了25个协会和8个健康圈，并积极组织各类大型比赛、文娱活动。充满活力与梦想的近万名年轻人，在这里高效快乐地创造着。

华为上海研究所

上海研究所成立于1996年，包括无线网络设备、终端旗舰智能机、海思移动芯片产品及新能源等业务。从1997年北京通信展出“中国人自己的GSM”，到2002年中国第一套WCDMA系统问世；从分布式基站的开创，敲开欧洲市场大门，到SingleRAN解决方案成为无线事实标准、确立了华为4G领先地位……上研人不断创造着无线领域发展的新突破，致力于构建万物互联移动信息社会。2010年，上海研究所乔迁新址，入驻金桥路研发基地。由美国SOM公司设计的延续性园林布置穿梭于整个园区，把生产区建筑和餐厅及其他园区的主要设施连接成一体，形成了浑然天成的“自然生态湖”。

大家每天都能看到各种手机新闻、评测，但限于厂商保密等原因，一部手机的研发、测试等细节却很少被人关注，也极少有人了解这个位于上海研发中心规模宏大的神秘华为。

上海研究所是华为无线网络设备全球12个研究机构的中枢，基地面积27.7万平方米，建筑面积31.7万平方米，容纳9000~10000人。分布式基站、

SingleRAN 等华为史上最成功的解决方案就诞生于上海研究所。此外，海思芯片团队安家于此，2012 实验室的主体也在这里，同时这里还是华为旗舰智能机的诞生之地。

上海研究所现有 9000 名研发人员，其中 60% 的研发人员拥有硕士、博士学位，上海研究所拥有华为最高级别专家。上海研究所拥有全球最尖端、最昂贵的实验室，其中与终端产品研发紧密相关的实验室有 9 个，例如通信协议测试实验室、可靠性实验室、人体辐射安全实验室、音频实验室等。巨型独栋高科技办公楼建筑面积达 36 万平方米，接近上海环球金融中心的建筑面积。采用超长高层建筑，长度 770 米，相当于两个放倒的上海金茂大厦的长度。充满设计感的“呼吸式”幕墙，堪称世界上最昂贵的光控双层外玻璃幕墙。上研所的空中水溪流花园由两个 3000 平方米的玻璃天窗屋顶水溪流花园组成，包含 2000 平方米屋顶无边水池和 60 米宽入口景观瀑布。

成都天府雅园

2000 年，成都研究所注册成立。十余年间，无线、海思、中研相继搬迁落户成都研究所，存储研发、无线第二研发、传送研发等业务助力成都研究所腾飞式发展。融合存储方面，处于绝对领跑中国市场、全球市场增长率第一的龙头位置；无线网络服务方面，荣膺“无线服务全球 TOP50 强运营商”；微传送网络服务方面，收获光网 & 微波市场份额的全球双冠，于全球搭建波分、微波研发中心十余个。2012 年 7 月，位于成都高新西区的成都研究所新基地正式投入使用，占地面积达 515 亩。园区内景可谓尽取天府之国的精华，清新雅逸；办公区被布置成为一个个主题乐园，别具一格。

武汉集萃学堂

武汉研究所，业务范围包括光能力研发与终端研发等。传送网波分产品连续 10 年全球份额第一；家庭终端领域收入增长迅猛，平板领域市场份额全球第三。满载荣誉的华为武汉研究所新基地，于东湖新技术开发区未来科技城正式落成。完善的交通、生活配备，给武汉研究所注入了新的发展动力，满足员工工作和学习的需求。平均年龄只有28.9岁的武汉研究所，在华为七大研究所中彰显着无敌的青春活力。

杭州云领未来

杭州研究所成立于2005年，以"打造计算研发中心，领航ICT，建立更美好的全联接世界"为愿景。杭研所提供面向全球的研发服务器与云计算软件，形成云计算数据中心解决方案；坐拥众多面向未来的实验室，构建计算领域核心竞争力；网络安全研发方向，构筑起性能和成本领先的基础设施安全解决方案。面向风头正盛的云计算产业兴起，杭州研究所势必引发新一轮业务蓬勃大发展。未来杭研员工规模将不断壮大，共同以科技改变世界，打造全新的"人间天堂"。

苏州活力殿堂

苏州研究所成立于2012年，致力于打造华为最贴近客户、最注重体验、最开放创新、最强行业能力的研发基地，同时也是华为最年轻的研究所。企业网络WLAN（无线局域网）在高密、长距等特性上领跑业界；控制器业务快速发展，奠定SDN产业格局；企业通信连续三年国内市场份额第一，全球市场TOP3，成为云通信时代的行业领导者；eSDK成为华为开发者生态圈构建的统一门户。随着苏研业务快速发展，苏研所桑田岛基地也已火热开工，建筑面积76万平方米，规划容纳12000人，预计2019年建成投入使用。

华为的研究院所，在国外分布也非常广泛，如在日本、美国、欧洲等地都有相当规模的研发基地。华为的研究院，实际上还是蛮神秘的，即使普通的参观，也要严格地遵守预约程序，业界很多人呼吁，希望华为能开放研究院所的资源。时至今日这些院所已经成为华为的核心资源，为华为发展立下了汗马功劳。

呼吁敞开胸怀向外界开放

经过30多年的改革开放，中国已经涌现出一大批优秀企业，许多企业要么营销和管理做得好，但是技术研发方面却欠缺，要么技术研发做得好，但营销和管理却欠缺。清华大学经济管理学院胡左浩教授认为，华为恰恰这两方面都很硬。但是，目前华为最为人所知的仍是其尖端技术研发。胡左浩教授为此发表了一封致华为的公开信，希望华为能向外界开放其管理研究，向社会贡献卓越的管理智慧。

尊敬的华为公司领导:

你们好!

作为一名管理领域的学者，我对中国的领先企业一直保持关注，特别是华为。我最早到华为访问是2005年4月。清华经管学院与法国HEC合作准备写一本有关中国跨国企业经营的著作，我与清华经管学院的王以华教授陪同法国HEC的Larcon教授和Dussauge教授一行来深圳华为总部参观和访谈。当时参观了华为技术展厅、研究部门和数据中心，并听取了华为大学校长的介绍。这次访问给我们一行留下深刻的印象，调研成果也在《Chinese Multinationals》书中体现。其后，我分别于2008年1月在巴黎访谈了法国华为的负责人以及2011年7月在新德里访谈了印度华为的负责人。

促使我写这封信的动因是一位在华为工作的我院MBA学生今年4月送给我的一套《华为文摘》(一共6册)。之前，在去年年底我购买了一本刚刚公开出版的黄卫伟教授主编的《以奋斗者为本：华为公司人力资源管理纲要》。该书基于华为高管讲话和公司文件按主题进行归类摘录和语录汇总，系统全面成体系地阐述了华为文化和价值观。在我拿到这套内部汇编《华为文摘》之后，文章内容深深地吸引了我，花时间快速翻看了一遍。该套资料基本上按时间顺序编排并以完整的文章呈现。

该文摘不仅反映华为企业文化的发展过程，更具特色的是可读性强。一篇篇栩栩如生的故事生动地体现出华为文化的形成过程与效果。《华为管理纲要》与《华为文摘》对全面深入理解华为文化是互为补充相得益彰。因此，非常感谢那位送我资料的 MBA 学生。但是对于许多研究华为文化、华为核心竞争能力及华为经营管理的人来说，就可能没有那么幸运了。要么就不知道该套资料的存在，要么即使知道也难以获得。这对于研究华为的经营、对于研究中国企业的管理是一个不小的遗憾。同时，当我在 EMBA 课堂上介绍该套资料时，许多学员也表现出极大的兴趣。当时我就想如果《华为文摘》能公开出版的话，不仅有利于学术界对华为文化的深入研究，而且有利于其他中国企业的学习和借鉴。

我在清华经管学院担任 EMBA 和 MBA 的营销管理课程的主讲教授。课堂上经常有学员问：你认为当前中国最优秀的企业是谁？我回答：中国经过 30 来年的改革开放，已经涌现出一大批具有国际竞争力的优秀企业。虽然目前中国优秀的企业有许多，但要谈到“最”字，就不多，无疑具有代表性的就是华为。因为在这些优秀企业中，许多企业要么营销和管理做得好，但是技术研发方面却欠缺，要么技术研发做得好，但营销和管理却欠缺。恰恰华为这两方面都很硬。有两组数据可以证明这一论点。在营销和管理方面，全球知名品牌咨询公司 Interbrand 自 2000 年开始每年发布全球品牌 100 强排行榜，直到 2014 年中国品牌才第一次出现在这张榜单上，就是华为，位列第 94 位。2016 年华为在该排行榜上名列第 72 位。在技术研发方面，依据世界知识产权组织 (WIPO) 发布的统计，2015 年华为以 3898 件专利申请案数量连续两年排名全球第一。当然，我们这里谈的是作为中国领先企业代表的华为，而要成为全球领先的企业，特别是长期持续领先的全球企业，华为还有很长的路要走。我认为要成为全球领先的企业需要满足四个条件：一、能够给全球客户创造价值、持续引导和满足客户需求。二、经历了相当长的时期之后，仍然占有全球领先的行业地位，尤其在一个全球性的行业，并受到国际社会的认可和尊重。三、能够依据国际市场环境变化动态调整企业的战略和组织，通过持续的管理和技术创新引领行业未来发展和推动社会文明进步。四、能够拥有颠覆自我、永不满足的企业文化；面对内外部挑战，能够进行方向明确的自我变革。华为能否成为全球持续领先的跨国企业，还需要时间来检验。

现阶段的华为，一方面还要采取“拿来主义”的兼收并蓄策略向世界领先的跨国公司学习，特别要学习它们的全球资源整合能力和驾驭全球性公司的能力，学习它们随时代变化不断变革和持续创新的能力；另一方面，作为中国领先企业的代表，还需要光大其“奉献精神”，向其他中国企业分享华为阶段性成功的管理经验。今天，作为中国领先企业代表的华为，到了敞开胸怀向外界开放其管理研究的时候了。对于华为来说，向外界开放其管理研究具有四个方面的理由。

一是作为中国领先企业的代表，华为一路走到今天，基本形成了具有自己特色的企业文化和价值观，有经过实践检验的市场拓展和客户关系管理方式、业务经营方式、组织管理体系、运营管理体系和核心竞争能力。也就是说有相对成熟的管理体系可以总结。二是积极主动地向外界开放其管理研究，不仅是领先企业社会责任的具体体现，也是社会的期盼。一个具有社会责任的领先企业不仅需要通过其产品和服务贡献社会，还需要通过分享其管理经验来促进中国企业管理水平的普遍提升。三是通过公开分享管理经验也将逼迫自己不断变革和创新，促进自己管理方法和手段的持续领先。四是向外界开放其管理研究也是企业开放文化的具体体现。开放不仅体现为“拿来主义”的兼收并蓄，也体现为基于“奉献精神”的社会化分享。

华为不仅需要向社会贡献卓越的产品，还需要向社会贡献卓越的管理智慧。这不仅是对华为的期待，也是对所有中国领先企业的期待。最后，衷心祝愿华为像美国 GE（通用电气）那样引领世界上百年，基业长青。

此致

敬礼

清华大学经济管理学院市场营销系教授胡左浩

2016 年 12 月 16 日

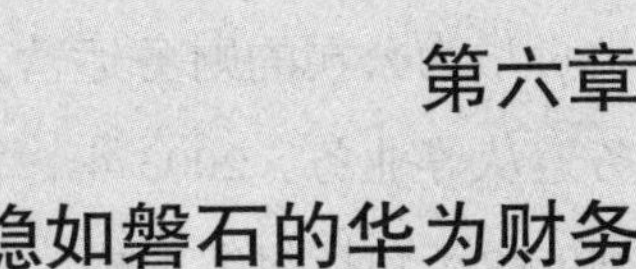

第六章 稳如磐石的华为财务

在经济不济的当下，华为逆势上扬，年销售、利润增长均超过30%。这样的显著成绩离不开优于很多企业的理念和管理。财务理念一向超前的华为，在15年前就已经做到了“账务集中管理”，打破了法人实体概念，重新建构了公司运行逻辑。

孟晚舟与华为的财务团队

孟晚舟女士出生于1972年，毕业于华中理工大学（现华中科技大学），硕士。1993年加入华为，历任公司国际会计部总监、华为香港公司首席财务官、账务管理部总裁、销售融资与资金管理部总裁等。现任华为集团公司CFO，负责华为公司的财务运营及管理，包括财务策略、风险管理、融资筹划、税务遵从等业务。2003年，孟晚舟负责建立全球统一的华为财务组织，这一系列的改革包括组织架构、业务流程、财务制度和IT平台，使得全球的财务组织以更高的效率和更低的成本运作。2005~2009年，在华为全球账务系统的统一化和标准化建设中，孟晚舟主导建立了5个账务共享中心，覆盖和支撑全球的会计核算工作，并推动华为全球集中支付中心在深圳落成。2007年始，孟晚舟负责实施华为集成财经服务的变革项目，该项目实施能为各级经营组织提供更完善、更准确、更有价值的财务数据，促使华为持续为客户提供高品质的综合解决方案。在华为内部，CFO孟晚舟率领的财务部门一直都比较神秘，即使是华为人也知之甚少。

孟晚舟随母亲的姓，她的姥爷孟东波曾经担任过副省长，孟东波的领导杨超则担任过国家领导人的秘书。结婚之后的任正非经常去看望岳父孟东波和杨超，从他们那里学到了广阔的视野和不屈不挠的精神。任正非后来曾经说过:“我为老一辈的政治品德自豪，他们从牛棚中一放出来，一恢复组织生活就拼命地工作。他们不以物喜、不以己悲、不计荣辱、爱国爱党、忠于事业的精神值得我们这一代人、下一代人、下下一代人学习。生活中不可能没有挫折，但一个人为人民奋斗的意志不能动摇。”1984年，任正非转业到了深圳南油集团，他把两个孩子（孟晚舟和任平）接来身边，一家人终于团聚了。

当时的深圳改革开放不久，条件比较艰苦。孟晚舟曾经在《华为人》报上发表过一篇文章《风筝》，回忆了当时的艰苦环境："父母响应党的号召，在深圳艰苦工作，他们住在漏雨的环境里，深圳是多雨地区，外面下大雨，里面下小雨，四面透风的屋子里，隔壁邻居说话都能听见。"不久之后她要上初中了，为了不影响学习，她又被送到了贵州的爷爷奶奶家。

再回头说华为的财务体系。这里必须提到的关键人物是华为第一任 CFO 纪平。纪平既是任正非在南油集团的同事，也是华为最早的创始人之一。1987 年 9 月，任正非、纪平、郭平等人凑钱成立了华为，当时的华为找不到发展的方向，处在倒闭的边缘。纪平、张燕燕等女将组成了华为最早的财务团队，她们最紧要的事情就是融资。

现在的年轻人创业有风险投资的支持，很难想象那个时候融资的艰难，这也逼得任正非把拖欠员工的工资和奖金转换成华为的股份以稳定军心。当时的任正非经常说："我们现在就像红军长征，爬雪山过草地，拿了老百姓的粮食没钱给，只有留下一张白条，等革命胜利后再偿还。"因此，华为的全员持股其实是逼出来的；不过，它最终也产生了数以千计的百万富翁。

此后纪平一直担任华为的 CFO，甚至有一段时间，华为那百分之一点几的股份持有人也是纪平（其他股份由华为工会持有），可见任正非对她的信任。财务部门负责管理华为员工的股票，当时相关法律不健全，全员持股制度不符合当时的规定。因此，华为给员工发股票的时候没有任何的书面凭证，这也让财务部门显得颇为神秘。1993 年，20 岁的孟晚舟加入华为，当时华为内部并没有多少人知道她是任正非的女儿。此后她一直在财务体系工作。

纪平应该是直到 2008~2009 年才从华为 CFO 的位置上退下来，此后由梁华担任 CFO，2011 年 4 月孟晚舟接任。2011 年 4 月 18 日，华为发布了 2010 年年度报告，首次披露了新一届董事会所有名单、简历和照片。董事长仍然为孙亚芳，副董事长有 4 位，分别是郭平、徐直军、胡厚崑和任正非，另 8 位董事分别是常务董事徐文伟、李杰、丁耘、孟晚舟，董事陈黎芳、万飚、张平安、余承东等。当时有媒体报道称，任正非的女儿孟晚舟进入新一届董事会，并出任华为CFO一职，显出华为家族化企业的一面。大半年后，任正非在2011年年底发表内部文章《一江春水向东流》，首次公开提及华为的接班人话题，称“今天的接班人们，个个都是人中精英……相信华为的惯性，相信接班人们的智慧”。以“轮值CEO制”来回应外界对华为治理的疑问。

华为为什么能够成功？除了我们耳熟能详的奋斗者精神、股权激励及重视研发等原因之外，严格的财务管理也功不可没。在开拓国内市场的那些岁月里，华为一直坚持异地任职制度，本地人不能做本地生意，有效地杜绝了各种腐败行为。另一方面，各地办事处也都严格执行“收支两条线”制度，销售人员负责打单却不经手钱，财务收支由总部直接控制，从而最大限度地保障了扩张中的华为不失控。当然，后来华为的财务管理也是越来越规范，越来越严格。1998年，华为开始引进IBM的整套管理制度，刚开始大动干戈的是研发和供应链部门，财务和销售部门没怎么动。2003年，研发和供应链的管理咨询做完了，IBM的咨询顾问也全部撤走了。

后来，任正非发现财务竟然成了华为的成长障碍。在2007年的一次内部会议上，他不无忧虑地说道：“我们的确在海外拿到了不少大单，但我都不清楚这些单子是否赚钱。”虽然从2000年开始，华为已经开始做成本核算，但是还没有前瞻性的预算管理；虽然财务部门已经能够在事后计算出产品的利润，却没有参与前期的定价和成本核算……诸如此类的事情很多，使得任正非痛下决心，亲自给IBM时任CEO彭明盛写了封信，要求IBM帮助华为完善财务管理。之所以需要给彭明盛写信，是因为这也是IBM的核心竞争力，一般情况下并不愿意轻易示人。此后，IBM全球最精锐的财务咨询顾问进驻华为，启动了IFS（集成财务转型）项目。

IFS为华为培养了数千名合格的财务总监，他们深入华为各个业务部门（包括销售、Marketing、研发、供应链等），把规范的财务流程植入到华为公司的整个运营流程，实现了收入与利润的平衡发展，这也是最近几年华为虽然营收增长放缓，但是利润的增长仍然不错的重要原因。这不禁让我们感叹：财务管理也是生产力！

高明的财务管理思想

华为的财务管理独到、深刻、细致，是其核心竞争力之一。任正非先生对财务工作的期许很高，他在华为内部会议上多次就财务工作发表意见。任正非的意见高屋建瓴，总能说到紧要之处。更难得的是任正非如此说了，华为真这么做了。下面让我们一起梳理下任正非对华为财务人说过的那些话。

“IFS 是公司层面的变革，不是财经体系的变革。如果对变革不适应，应该先削足适履。”任正非发现财务成了华为发展的障碍后，他主动给 IBM 的 CEO 彭明盛写信，希望 IBM 帮助华为完善财务管理。不久，IBM 精锐的财务咨询顾问团队进驻华为，启动了 IFS（集成财务转型）项目。华为 IFS 变革的过程并不轻松，因为触动的面大，很多体系和部门对此有不满与抵触。重重阻力之下，任正非站出来力挺变革。几年后，华为因此项变革获得了可观的收益。

“全球统一的会计核算和审计监控是长江的两道堤坝，只有这两道堤坝足够坚固，财经管理职能才能从容有效的开展。”这是任正非对会计核算、财务管理与审计监控三者关系的描述。这一描述准确而形象，对所有企业集团财经体系建设都适用，甚至可以作为衡量一个公司财务管理是否规范的标准之一。目前华为实行资金集中管理和账务集中管理。财务人员与账务处理实现了跨区域、跨国度的集中。这种集中可以最大限度地保证财务工作的独立性。账务集中处理至少有以下优越性：①有利于总部的监管；②有利于节省成本；③有利于细化财务分工、标准化作业；④有利于实现绩效考核公平。

会计、业务、内审三者的关系是什么？会计核算是对业务的监督，内部审计是对会计核算的监督。会计核算形成财务数据，这些数据是进行财务管理的基石，只有会计核算与内部审计做实了，财务数据才是可信赖的，财务管理才能有效开展，并为业务决策提供支持。一句话总结，业务制造数据，会计核算数据，审计监督数据，财务使用数据。

“审计是司法部队，关注‘点’的问题；财务监控关注‘线’的问题，与业务一同端到端地管理；道德遵从委员会，关注‘面’的问题，持续建立良好的道德遵从环境，是建立一个‘场’的监管。”财务是线上的监督，审计是对财务的再监督。因为成本收益原则，内审只能抽查，做点上的监督。正是因为审计监督不可能做到全覆盖，所以需要人的自律、需要企业文化的引导，华为的道德遵从委员会如同在为公司构建一个气场，在这个场中人人是监督者，人人是被监督者，既有自律，又有他律。

“不能反映业务真实状况的财务数据是不准确的。核算的深度与广度应与 IFS、LTC 讨论，并非维度越细越好。要通过扩大报告范围的方式，公开上游业务环节的数据问题，才可能有效改进财务数据质量。”财务数据是经营成果的展示，通过历史财务数据可以分析公司存在的问题。如果财务数据与业务实际跑偏了，极有可能导致经营决策误判。问题在于会计核算居于末端，如果前端业务环节出了问题，会一路把影响带进财务数据里。倘若此时要提升财务数据质量，揪住财务人员不放是无济于事的。任正非指出了解决之道，追溯到业务环节，从业务源头找出病灶。

“计划是龙头，制订计划的人一定要明白业务。地区部要成立计划、预算与核算部，要让明白业务的人来做头。只有计划做好了，后面的预算才有依据通过核算来修正、考核计划与预算。”计划是方向，预算是量化，核算是校验，三者互相促进，其关键点是做计划的人要懂业务。许多企业不会使用预算这个管理工具，总觉得预算不准、无用，很大程度上是缺乏方向感，不理解经营计划、财务预算、会计核算三者的依存关系。计划先行、预算详尽、核算校验，三位一体方可破解预算无用论。

财务对业务的支持从事后走向事前，预测是可以为之的举措。准确的预测能提高经营管理的前瞻性，优化资源配置结构，不断调整经营方向，预见并规避风险。预测甚至可以作为检验诸多财务工作是否有效的试金石。譬如，财务分析报告结尾处往往要对全年经营指标进行预测，预测准确与否，可以反映出财务分析的实际价值。“称职的 CFO 应随时可以接任 CEO。财务如果不懂业务，只能提供低价值的会计服务。财务必须要有渴望进步、渴望成长的自我动力。没有项目经营管理经验的财务人员不可能成长为 CFO。”

任正非对财务人员的四点要求归结成一句话就是，财务人员应融入业务。只有融入业务，财务工作才能获得足够的认可，财务人员自身的地位才可能得到提升。如何切入业务？任正非曾经提出过三个方向：①参与项目管理，在最短的时间内了解企业的业务运作；②参与经营分析，把财务与业务结合起来，让财务分析成为管理工具；③参与预算预测，这项工作不与业务面对面沟通大概是做不了的。“各级干部要互相知晓，财务干部要懂些业务，业务干部应知晓财务管理。有序开展财经和业务的干部互换及通融，财务要懂业务，业务也要懂财务，混凝土结构的作战组织，才能高效、及时、稳健地抓住机会点，在积极进攻中实现稳健经营的目标，使公司推行的 LTC、IFS 能真正发挥作用。通过闭环管理来完善干部的考核与选拔。”

如果有人忽悠你，会计工作如何难，千万别信他。会计是实践性学科，更多在于实践出真知。会计工作之难不在技能上，更多在沟通协调方面，如何用如簧之舌把财务的刚性要求宣贯下去。从这点看，成功的 CFO 大都是高情商的人。华为任正非提出了更高的要求，财务干部与业务干部交换通融。业务干部转做财务的不少，但财务干部转做业务的不多，华为的这一干部轮换模式让人耳目一新。“业务承担所有的风险责任，财务提供风险分析和揭示风险。业务不仅要对增长负责，也应对利润负责，更应对法律遵从负责。”

为什么会计人员总觉得责任大、风险大？其实在很大程度上没有厘清会计究竟应承担什么样的责任。会计更多是支撑职能，很少能直接做决策，一旦决策了，所有的结果都会体现在会计报表中。此时木已成舟，会计何谈承担风险责任呢？任正非对业务责任与财务责任进行了精确的切分，风险责任应该由业务承担，谁决策谁负责，会计的责任是揭示风险、分析风险。

财务集中管理，重构公司运行逻辑

在经济不济的当下，华为逆势上扬，年销售、利润增长均超过 30%。这样的显著成绩离不开优于很多企业的理念和管理。财务理念一向超前的华为，在 15 年前就已经做到了“账务集中管理”，打破了法人实体概念，重新建构了公司运行逻辑。

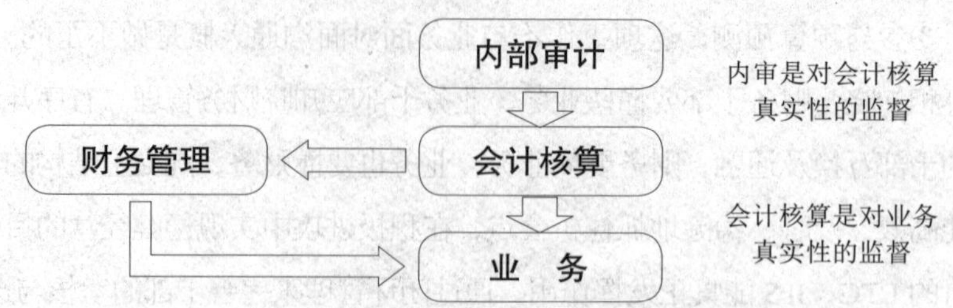

图 6-1 华为会计核算、财务管理与审计监控关系图

华为的会计核算不同于很多企业尤其是中小企业，还有一般集团公司的做法。华为的会计核算打破了法人架构这一局限。一般母子公司采用链条式管理，每个法人实体都有自己的财务部，报表自下而上层层上报。华为不这么做，它的会计核算打破了传统的法人架构，子公司被融合成一个整体。换句话说，子公司于华为更像是一个部门，是数据核算上的一个维度，因此子公司财务报表与区域财务报表、产品线财务报表、客户群财务报表和合同利润表等基本上是等价的。

在华为的组织架构中，财经体系是一个独立的部门，集中管理公司所有财务人员。华为的整个财务职能大体被分为三块：会计核算（账务）、财务管理和审计监控（内审），只有同时保证账务和内审的财务数据是足够准确的，财务管理的决策才值得信任。

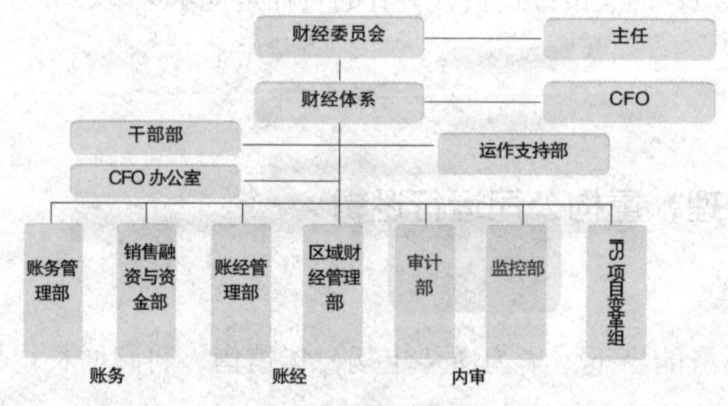

图 6-2 华为财务组织架构图

华为的账务集中管理模式在数据处理上基本要求：每个数据应该进行多维度的运算，尽可能把所有数据的维度体现在核算中，未来才能根据不同需要生成各类报表。譬如说向税务报税时，需要根据数据的维度提取法人实体报表；当用于内部考核时，就可以提取出相应的区域报表、产品线报表、客户群报表。

华为的账务管理部岗位分为：一、员工薪酬中心，核算全球员工薪酬；二、员工费用中心，核算全球员工费用报销；三、应付中心，核算采购；四、应收中心，是核算销售的；五、总账；六、共享中心，用于数据的收集和整理；七、报告中心，为各个管理维度提供数据加工；八、会计政策中心，搭建全球统一的会计政策和核算流程以及会计科目表体系。

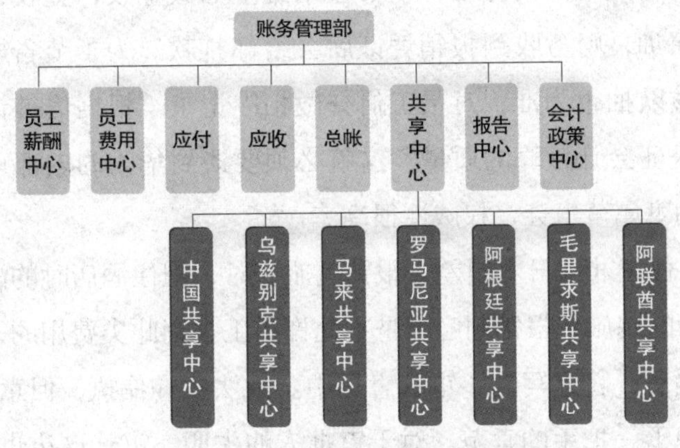

图 6-3　华为财务管理部职能结构图

华为的账务管理部将员工的职能分得特别细，曾有一个被派到毛里求斯的财务在网上吐槽说，工作大半年除了点票没干过别的活。由于会计核算的标准是统一的，都是一拨人在做，绩效考核也就相对公平了。在华为，账务集中管理要求做到会计核算四个统一：一是所有的流程统一，二是所有的制度统一，三是所有编码统一，四是表格模板化。

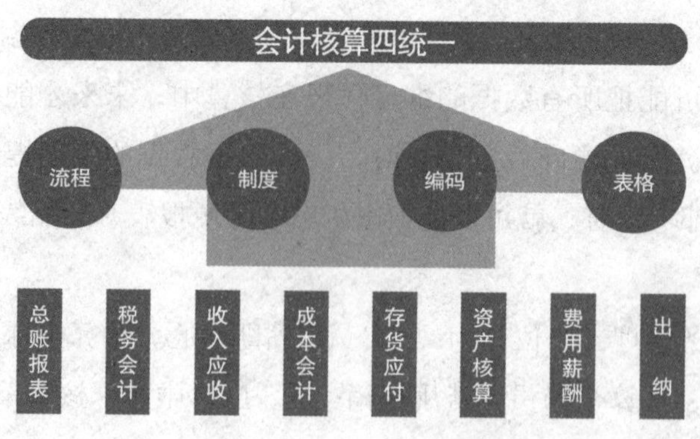

图 6-4　华为会计核算四统一图

以华为的费用报销流程为例，之前是网页 SSE 系统，进入该系统后，填写审批报销流程。发起报销流程后，先由所属主管确认，二级部门领导审批。同时你把报销单交给部门秘书，秘书在系统里面做签收，签收之后秘书定期将凭证寄往深圳，财务收到报销凭证后会给你打款。为了节省成本，财务对报销单据审核以抽查为准，对员工信誉做相应记录。根据信誉记录确定抽查概率。如何保证会计核算的质量？这就必须要谈到华为的内部审计监督。华为的内审机构隶属董事会，权威性很高。

有一次，任正非去日本出差，报销差旅费时，把住酒店时的洗衣费也计算在内了。华为的差旅费报销制度中是不允许员工报销此类费用的，当内审发现这笔不当报销后，将之写到了审计意见中。做法或许偏执，但意义发人深省，内审的硬气源于一把手的垂范。对于审批人的失职，审计这边也是不留情的。华为的一位高管因在费用报销审核中未认真履责，导致不该报销的费用给报销了，华为决定停止其费用报销签批权力三年，本人承担连带赔偿责任。三年内如需恢复权签，须由个人聘请外部审计师对其停止权签权力之前三年的权签行为进行审计，发现的违规金额及审计费用由其本人承担后，方可恢复费用报销财务权签权力。正是因为华为有完善严格的内部审计监控体系，才让华为的管理做到严谨、可信，从而成为华为的一个内部核心竞争力。

第七章

这里的文化宛如电闪雷鸣

任正非曾经说：“资源是会枯竭的，只有文化才会生生不息。”而正是这条无形的、生生不息的、充满思辨色彩的、不断升华完善的文化线，牵引着华为人走向更加成熟的未来。

资源会枯竭，唯有文化才能生生不息

2015 年，海尔总裁张瑞敏在《财经》预测专题里说："在当前中国的企业还没形成自己的管理思想和管理模式，更没有特别有底蕴的引领性的管理知识展现给世界。"他一针见血地概括了中国企业在管理思想上的落伍。但华为却以特例的姿态，深刻改变了这种认识。华为创立初期，就注重内部管理改进并引入西方企业的实践经验，探索建立现代企业制度，提升企业运营效率。但华为并没有对西方的东西照单全收，而是运用基于任正非对中国传统文化的解读而来的思想推动公司前进。华为的管理思想，很杂很泛，甚至任正非的一篇内部讲话就是华为的指导方针。

有人把任正非称为华为教父，这是因为他的每次内部讲话、每篇文章集结起来就是一部管理巨著。《华为的冬天》《一江春水向东流》《北国之春》《天道酬勤，幸福不会从天降》，这些极具号召力和煽动性的文章，很容易对人产生影响作用。任正非是一个"学毛标兵"，华为早期业务开展从经济落后、地域广阔的发展中国家开始，慢慢向欧美发达国家渗透，与毛泽东主席的"农村包围城市"战略颇为相似。任正非的"让一线直接呼唤炮火"，让听得见炮声的人去决策，消化了毛泽东的"枪杆子里出政权"的思想。任正非呼喊冬天，时刻警告华为人艰苦奋斗的精神不能丢，与毛泽东的"整风运动"异曲同工。

有人提到企业文化，便会想到华为的"狼性文化"。任正非曾经说过，企业发展就是要发展一批狼。因为狼有嗅觉敏锐、奋不顾身的进攻精神和群体奋斗意识三大特性，所以"狼性文化"最能体现华为的企业文化。从一开始，华为就自觉不自觉地确定了狼性文化。为了生存下去，华为如狼一样，有时即便是赔本也要拿下项目。所以，在人们的印象中，凡是有华为的地方，一定会有血雨腥风。但不管是谁，也不管如何抵制，华为用它高度竞争的企业文化和中国最传统的方式，打造出新锐的网络技术，建立起了透明而现代化的企业总部，成为业内独树一帜的风景。对此，任正非曾说过："资源是会枯竭的，只有文化才会生生不息。"而正是这条无形的、生生不息的、充满思辨色彩的、不断升华完善的文化线，牵引着华为人走向更加成熟的未来。

华为存在的理由

十几年前的一个 6 月，阿尔卡特董事长瑟奇·谢瑞克在自家的葡萄酒庄园接待来访的华为总裁任正非。两人一边品酒一边聊企业的生存发展。瑟奇·谢瑞克先生一改先前轻松的话题，说道："我一生投资了两个企业，一个是阿尔斯通，一个是阿尔卡特。阿尔斯通是做核电的，经营核电企业要稳定得多，无非是煤、电、铀，技术变化不大，竞争也不激烈；但通信行业太残酷了，你根本无法预测明天会发生什么，下个月会发生什么。"

瑟奇·谢瑞克先生是业界广受尊重的实业家和投资家，阿尔卡特更是全球电信制造业的标杆公司。尤其在美国 2001 年互联网泡沫破裂之后，阿尔卡特与爱立信、诺基亚、西门子这几家欧洲电信企业，并肩成为貌似"坚不可摧"的业界巨擘。欧洲普遍的开放精神不仅快速地培育出几大世界级的电信制造商，而且也造就了一批全球化的电信营运商：英国电信、法国电信、德国电信、西班牙电信、沃达丰……它们不仅在欧洲各国，而且在全世界各大洲都有网络覆盖。而美国、日本及中国的电信企业，与欧洲同行相比，显然是有距离的。

"领路者"阿尔卡特的困惑与迷茫使任正非深感震惊。回国后，他向公司高层多次复述瑟奇·谢瑞克先生的观点，并且提出，正处于艰难爬坡阶段的华为应该怎么办的问题。经过内部大讨论，华为人意识到，只有确定“以客户为中心”的发展原则，华为才能继续生存下去。在之后形成的华为四大战略内容中，第一条就是：为客户服务是华为存在的唯一理由，客户需求是华为发展的原动力。

在往后的日子里，人们经常看到这样一个场景：作为华为创始人的任正非乘坐飞机从来都是孤身一人，没有前呼后拥，没有迎来送往。下飞机后乘出租车前往酒店或开会地点。这样的做法，并不是向外展示华为领导层的道德觉悟，而是体现着华为的价值观：客户永远比领导重要。对此，任正非曾直截了当地下过指令：“你们要脑袋对着客户，屁股对着领导。不要为了迎接领导，像疯子一样，从上到下地忙着做胶片……不要以为领导喜欢你就升官了，这样下去我们的战斗力要削弱的。”

任正非深谙“长期做乙方”的制胜之道，也更懂得我是谁、我从哪里来、我到哪里去这些企业最基本的哲学问题。与其他企业完成原始积累即忘记初心不同，任正非一直告诫华为员工坚持公司核心价值观：以客户为中心，以奋斗者为本，长期坚持艰苦奋斗。2010 年 12 月，任正非曾给到华为取经的欧洲某大型电信企业的高管们上课，授课的题目就是“以客户为中心，以奋斗者为本，长期坚持艰苦奋斗”。他说：“这就是华为超越竞争对手的全部秘密，这就是华为由胜利走向更大胜利的‘三个根本保障’。”

这“三个根本保障”并非先知先觉，而是对华为以往发展实践的总结。以客户为中心是长期坚持艰苦奋斗的方向；艰苦奋斗是实现以客户为中心的手段和途径；以奋斗者为本是驱动长期坚持艰苦奋斗的活力源泉，是保持以客户为中心的内在动力。“以客户为中心”并非华为的独特创造，而是一种普世的商业价值观，是一个常识。华为的不同凡响之处在于不忘初心，从来没有忽略过对常识的重视。

2001 年 7 月，公司内刊《华为人》报上，有一篇文章题目为《为客户服务是华为存在的理由》，任正非在审稿时，将其改成《为客户服务是华为存在的唯一理由》，他认为华为命中注定是为客户而存在的，除了客户，华为就没有存在的任何理由，所以是唯一理由。在任正非的眼里，华为的企业文化并不复杂，“以客户为中心”本来就是商业活动的原始动力，谁坚持下来了，谁就有可能成功。

在中国的经济体制里，华为算是异类，是旧体制的“养子”。在夹缝中生存的华为比任何企业都懂得企业发展遇到的艰辛、困苦，以及面对未来风险的无助，也更具危机意识。任正非反复说：“失败这一天一定会到来，大家要准备迎接，这是我从不动摇的看法，这是历史规律。”

华为的灰色哲学

华为公司的力量是强大的。我们知道，华为构建了完美的利益分配机制、价值观力量、制度力量、组织力量、机制创新力量，这些才是华为得以成功的秘籍，也是华为成功的硬件，而其赖以生存的软件则是灰色哲学下的管理逻辑。华为能从并不算长的时间内崛起，靠的不是特殊背景，更没有上帝的支持，而是根植于广大骨干心中的一种灰色哲学思维。

华为的文化体系是混沌的、多元的、灰色的，概括起来就是：非马非驴，亦中亦西；以理想主义为旗帜，以实用主义为纲领，以拿来主义为原则。古今中外，皆为我用，兼容并蓄，有扬有弃。在任正非的思想中，没有什么是不变的，所以也影响到华为成为“吃百家饭、长自己肉”的广谱型文化物种。

华为的灰色哲学是一种融合体，不走极端。任正非曾经说过：“在变革中，任何黑的、白的观点都是容易鼓动人心的，而我们恰恰不需要黑的或白的，我们需要的是灰色的观点，在黑白之间寻求平衡。”华为的灰色哲学主要体现在战略战术和对人这两个方面，战略战术上多些辩证分析和随机调整，但核心价值观绝不能调整。用全面和发展的眼光去看人，以激发信任、释放潜能，但“以客户为中心”的价值理念容不得一点“灰度”。灰度是华为内部生态建设的一些关键点。有形而上的管理哲学概括，也有朴素的价值观，还有一些具体的做法。

在灰色哲学指导下，华为员工普遍逐利，但不以逐利为人生信条，更不能形成逐利阶层。华为让员工艰苦奋斗，但又不让奋斗者吃亏。基于此，华为就设计了“银手铐”激励制度：工者有其股。同时也规定，任何人只要离开公司，就必须放弃手中的股权，避免资本束缚公司发展。作为企业创始人，任正非放弃了获取企业发展物质收益的优先权与最大化的机会，通过全员持股与员工分享，甚至把管理企业的权力也拿来与团队、员工分享。这样做的好处是，他获得了在华为德高望重的地位，获得了价值观教育的权力，他说自己是“文化教员”，可谓恰当。在管理者的职责上，华为一直以来倡导的是“高层要有使命感，中层要有危机感，基层要有饥饿感”。由此，任正非引领下的华为完成了团队中每个个体的“狼性”精神塑造。

另外，华为的高层治理极具灰度特色，通过借鉴世界知名跨国企业的治理经验，巧妙地融入了西方民主政治的智慧。正如任正非所说：“一个领导人重要的素质是方向、节奏，他的水平就是合适的灰度。”

关乎生死的价值观

价值观与愿景一直是长青企业追求的终极目标。回顾华为成长的历史，不难发现，华为的核心价值观一直贯穿着一条主线，那就是愿景、使命和战略三位一体。华为公司的愿景是通过丰富人们的沟通和生活。使命是聚焦客户关注的挑战和压力，提供有竞争力的通信解决方案和服务，持续为客户创造最大价值。提到华为的愿景，这里有必要做一下形象性说明。

早在车轮发明前，人们在生活中主要靠步行进行交流，靠声音进行转播，那时候还谈不上经济。当车轮发明后，人们开始学会用车和马进行交流，形成了方圆五六十公里的小区域经济，产生了小农经济集市贸易，使封建成为可能。在火车、轮船发明后，产生了工业经济，由于金融载体的出现和产品的远距离运输，使资本主义的产生成为可能。当航空器发明后，工业经济在 20 世纪 70 年代末达到了高峰。后来由于处理器（CPU）的发明，计算机开始普及，又由于光传输的发明与使用，形成了网络。由于网络及管理软件的应用，使制造可以被剥离，并转移到低成本的国家，而且制造不再有高的利润。发达国家正在从工业化走向去工业化，从而导致核心制造时代结束。20 世纪 90 年代，主要附加值的利润产生在销售网络的构造中，销售网络的核心就是产品的研发与 IPR（专利）。因此，未来的企业之争、国家之争就是 IPR 之争，没有核心 IPR 的国家，永远不会成为工业强国。在这一点上，华为的发展史贯穿着研发与 IPR（专利）。

由于网络的普及，制造被剥离，销售与服务更贴近了市场，各行业特别是以制造为产业的关联可以通过网络来进行，经济的全球化不可避免。华为的愿景就是不断通过自己的存在，来丰富人们的沟通、生活与经济发展，这也是华为公司作为一个企业存在的社会价值。另外，在与西方公司的竞争中，华为学会了竞争，学会了技术与管理的进步。当时光来到当下的世界，特别是互联网促进了技术的交流与进步，传统行业正在发生一次深层次的变革。据罗马俱乐部的一份报告指出，未来能够颠覆这个世界秩序的，只有互联网。美国的一份报告也特别指出：未来 20 年有可能摧毁美国国家价值观的只有互联网。

以上是对愿景的说明。其实，在愿景部分最主要是讲丰富人们的沟通与生活，也就是讲未来网络对这个世界的作用。网络的存在使得经济全球化是不可避免的，不仅对于华为是不可避免的，实际上是世界所有国家都不可避免的。因此，这个时候希望封闭起来不要走全球化的道路，是错的。这个时候必须勇敢地面对全球化，发挥自己国家的优势，为自己争取更多的机会。经济全球化的核心是 IPR，没有核心 IPR 的公司在国际市场上，被法律排斥。承担制造的企业是不能随意卖出产品的，这就是 IPR 之争。靠代工的工厂，主要靠大规模地生产、大规模的采购，降低了采购成本，降低了制造成本，他们获得的利润大概毛利只有 3%~5%；由于高科技 IPR，使产品的毛利有可能达到百分之四五十或百分之五六十。因此将来的市场竞争就是 IPR 之争，就是未来的企业之争。所以将来没有核心 IPR 的国家，永远不会成为工业强国。我们国家提出要自主创新，要用法律保护自主知识产权，这个口号是对的。但是如果过于急功近利，也会丧失我们的竞争空间。

全球化是不可避免的，华为勇敢地开放自己积极与西方竞争，在竞争中学会管理。华为早在十几年前就提出自己的使命是实现客户的梦想。历史证明，这已成为华为人共同的使命。以客户需求为导向，保护客户的投资，提高客户竞争力和盈利能力。至今全球有超过 1.5 亿电话用户采用华为的设备。正是由于华为的存在，丰富了人们的沟通和生活。今天，华为形成了无线、固定网络、业务软件、传输、数据、终端等完善的产品及解决方案，给客户提供端到端的解决方案及服务。全球有 700 多个运营商选择华为作为合作伙伴，华为和客户将共同面对未来的需求和挑战。

华为的战略是：为客户服务是华为存在的唯一理由；客户需求是华为发展的原动力和存在的唯一理由。从企业活下去的角度来看，企业要有利润，但利润只能从客户那里来。华为的生存本身是为满足客户需求，提供客户所需的产品和服务并获得合理的回报；员工要给工资，股东要给回报，给华为钱的只有客户。既然决定华为生死存亡的是客户，提供企业生存价值的是客户，华为就必须为客户服务。正如《华为基本法》指出：现代企业竞争已不是单个企业与单个企业的竞争，而是供应链与供应链的竞争。企业的供应链就是一条生态链，客户、合作者、供应商、制造商的命运在一条船上。只有加强合作，关注客户、合作者的利益，追求多赢，企业才能活得长久。因为，只有帮助客户实现他们的利益，华为才能在利益链条上找到自己的位置。只有真正了解客户需求，了解客户的压力与挑战，并为其提升竞争力提供满意的服务，客户才能与你的企业长期共同成长与合作，你才能活得更久。所以需要聚焦客户关注的挑战和压力，提供有竞争力的通信解决方案及服务。

众所周知，华为价值观给我们上了生动的一课。自1988年至今，华为公司已成长为全球通信设备产业的领先企业，旗下有近十几万中外员工。华为业绩如日中天，靠的是什么？靠的是竞争力。华为的核心竞争力，来自它的核心价值观，即以客户为中心，以奋斗者为本，长期艰苦奋斗。当把十几万知识型人才聚集在一起的时候，你才会深切地感到，尽管技术很重要，资本很重要，但更重要的还是人力资源管理。

中国人民大学商学院教授黄卫伟在其主编的《以奋斗者为本：华为公司人力资源管理纲要》一书中更是指出：华为公司之所以受人尊重，是因为它不断颠覆和超越自我的勇气。因为资源是会枯竭的，唯有文化才会生生不息。一切工业产品都是人类智慧创造的。企业真正具有巨大潜在价值的、能够创造价值的资源是人力资源。企业的一切活动都应当围绕创造价值展开，人力资源管理也是一样。人力资源管理的核心目标是使员工全力为客户和企业创造价值，实现这一目标取决于如何评价员工的价值贡献和如何分配企业创造的价值和剩余价值。从而，全力创造价值、正确评价价值与合理分配价值成为人力资源最关键，也是最困难的任务。华为的价值分配理念强调以奋斗者为本，导向队伍的奋斗和冲锋。华为的分配理念还承诺绝不让雷锋吃亏，奉献者定当得到合理的回报。当员工接受这个假设去奋斗并一再得到验证时，这个假设就转化为了一种信念，也就是我们通常所说的价值观和文化。

企业的目标是为客户创造价值，实现自身商业的成功。企业间的竞争，说穿了就是管理的竞争。干部的使命和责任，就是践行和传承公司文化和价值观，以文化和价值观为核心，管理价值创造、价值评价和价值分配，带领团队持续为客户创造价值，实现公司商业成功和长期生存。干部的职责主要是依据公司的宗旨主动和负责地开展工作，使公司富有前途、工作富有成效、员工富有成就。

关于供应链竞争说

未来企业间的竞争，再也不是单一企业间的竞争，而是供应链与供应链的竞争，企业如何在竞争中获得优势，就要看这条链的磨合程度。华为将供应链安全管理纳入其端到端全球网络安全保障体系，建立了一个符合ISO 28000的全面供应链安全管理体系，从来料到客户交付的端到端流程中识别安全风险，并使其最小化。华为根据供应商的体系、流程和产品来选择和认证供应商，并持续监控、定期评估供应商的交付绩效，选择那些对华为所采购的产品和服务的质量和安全做出贡献的供应商。华为建立了一个全流程可视的可追溯系统，对于第三方部件，会在来料、生产和交付流程中检查其完整性，记录其表现。

作为处于发展最迅速、波动最激烈的通信行业，世界500强的华为是如何构筑这条价值链，以形成客户、公司、员工、供应链的“互赢利益共同体”的？这里通过以下8张图为您还原华为ISC（集成供应链）变革历程。

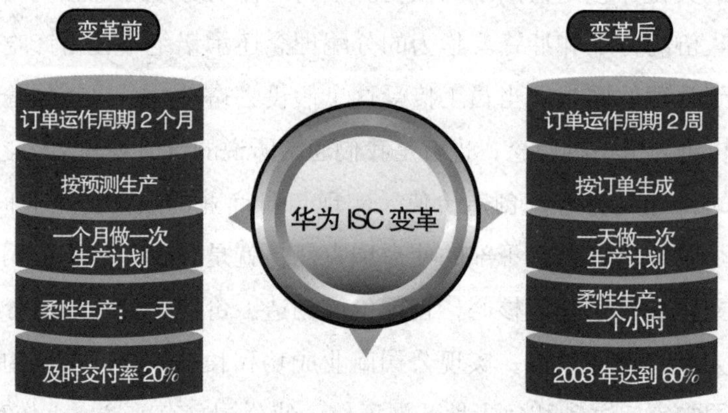

图7-1 华为ISC变革前后对比图

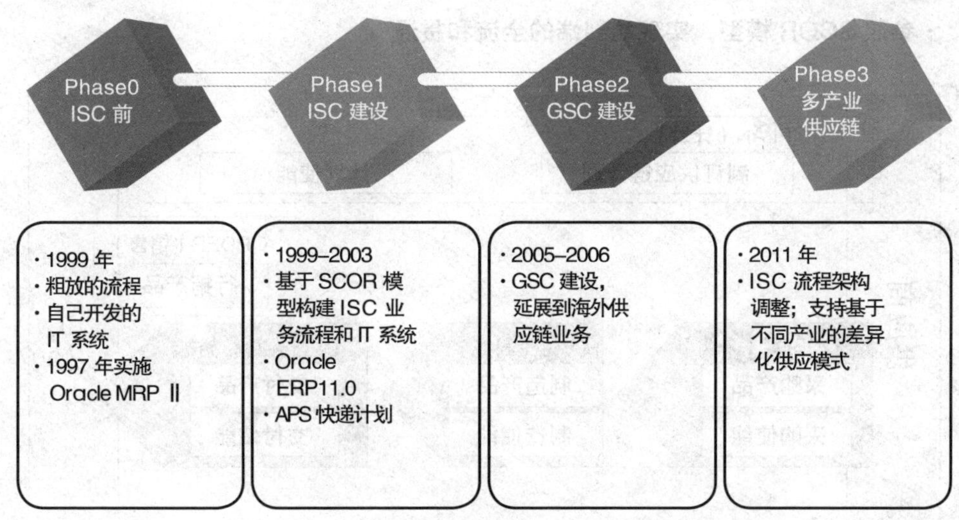

图 7–2 1999~2008 年，华为 ISC 历程

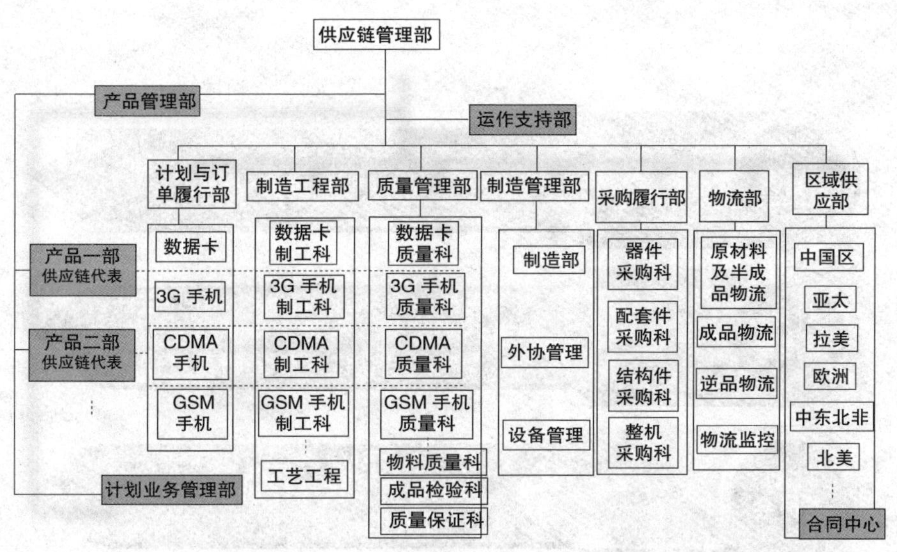

图 7–3 华为 ISC 组织结构图

· 参照 SCOR 模型，实现端到端的全流和贯通

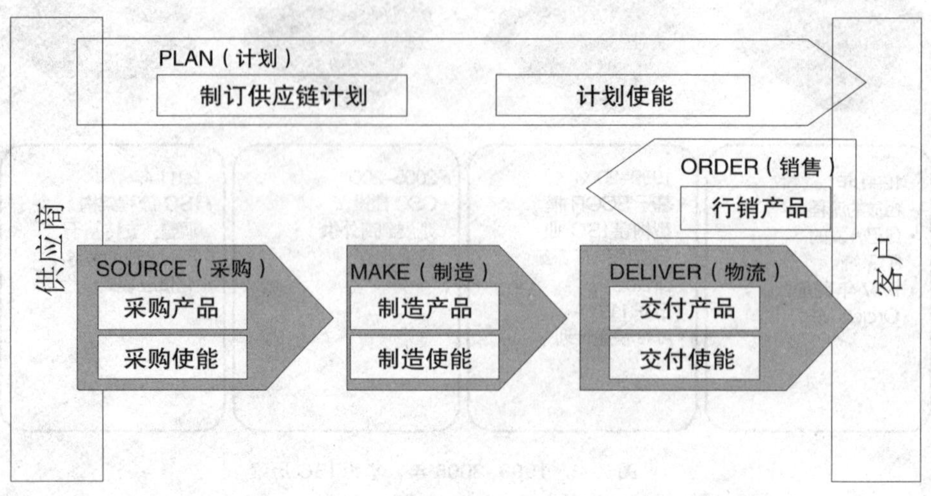

图 7-4　华为 ISC 流程图

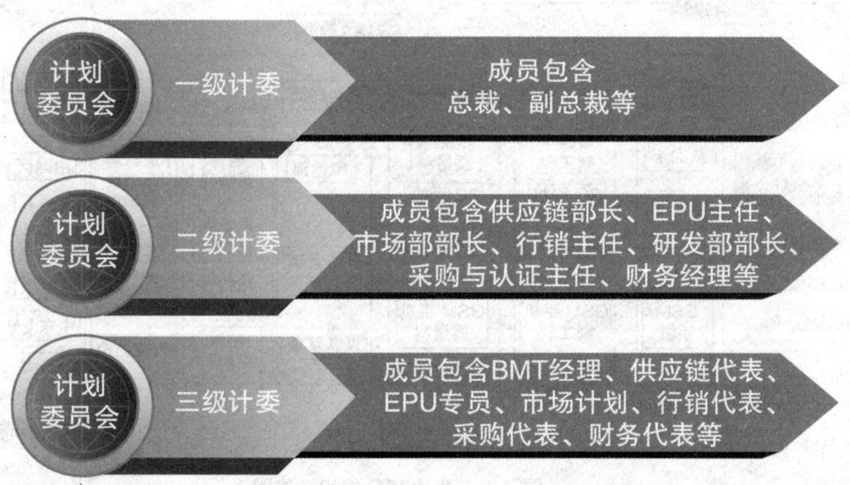

图 7-5　华为 ISC 订单与计划体系图

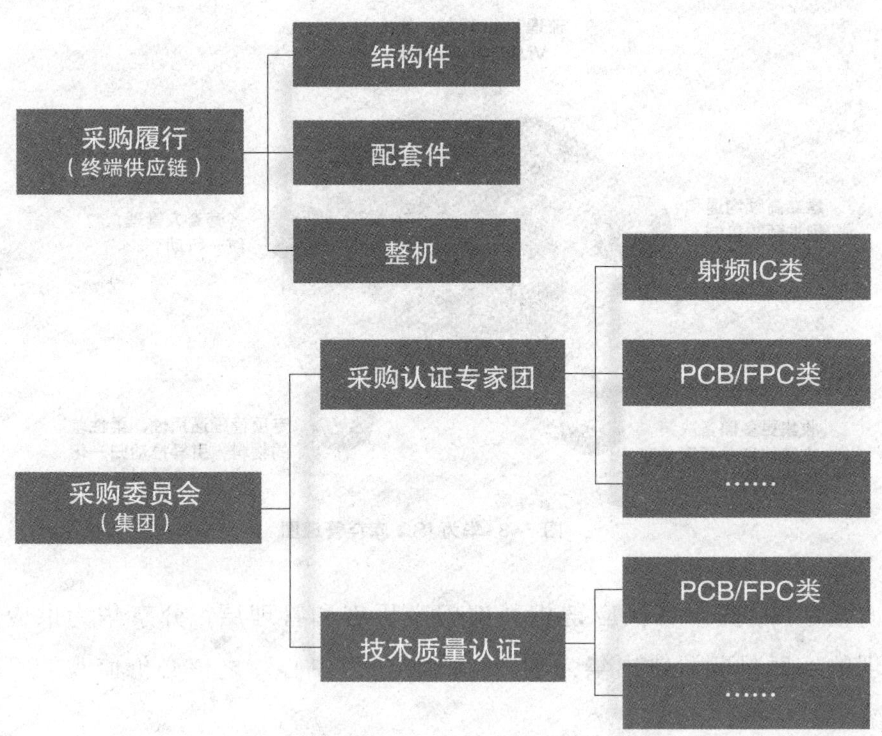

图 7-6　华为 ISC 采购与认证体系组织架构图

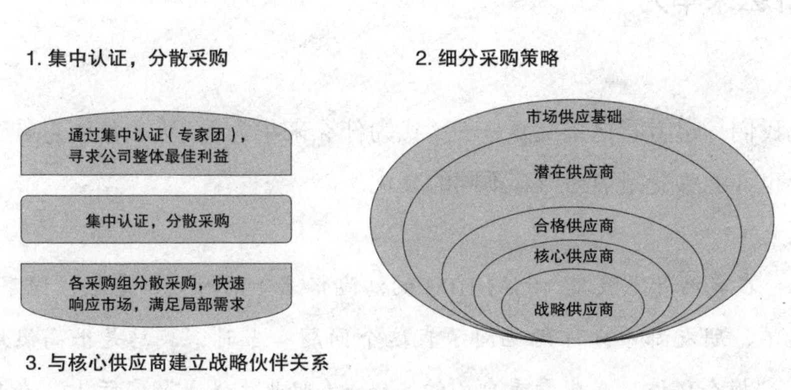

图 7-7　华为 ISC 采购策略

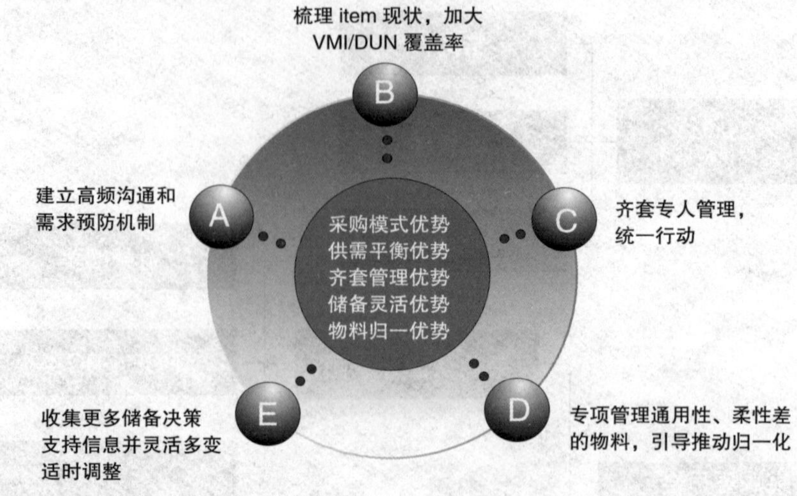

图 7-8 华为 ISC 库存管理图

华为 ISC 变革和供应链相关部门亲历者和管理层，分享华为供应链管理的实践经验，输出华为响应“以客户为中心”之核心价值观的管理精髓。

我为什么来华为

让我们一起看看这篇文章——《我为什么来华为》，从一名华为员工的描述中，也许能感受到华为与众不同的文化。

在我离开“我摸”（注：IBM 的江湖俗名）的时候，老板、同事、同学、朋友都十分惊讶地问了我这个问题。当时，我总是很高傲地说：“换个环境，我想看看自己的 career（职业生涯）。”实际上，在我入职后的好几年里，我还在问自己到底为什么来华为。

别笑我如此纠结，当年华为可是压力超大、工作艰苦、缺乏人性关怀、没有生活、强制打卡、管理简单粗暴、末位淘汰、企业文化土鳖，对比外企的工作与生活的平衡、信任和尊重、多样性、灵活的工作时间、世界最佳雇主……作为一个在外企工作了快十年的人，我觉得那个时候的我其实已经很生猛了。

那时候，我做过仔细的利弊分析左右权衡，具体是哪些评估因子，现在已经记不太清楚了，唯一印象深刻的是猎头妹妹在电话里面充满诱惑地说："他们今年每股分红两块九毛八喔，年收益超过 60% 呢。"虽然当年入职华为的时候没有想清楚到底为什么来华为，但是现在回过头去看，我想就是华为给的 package（建议）坚定了我离开"我摸"的决心。钱，一个最简单质朴的理由。

在华为的第一年是痛苦的，这种痛苦来源于极度的不习惯，按照外企的说法就是文化差异。当年所有的"不习惯"到现在依然历历在目。

一、新员工入职培训

在我飞到深圳进行新员工入职培训的那一周，我重温了大学生活……华为的入职培训是要住集体宿舍的哦！是要早起跑操的哦！是军训的哦！我看着比我小好几岁的华大老师说："你看我这个岁数了，还需要跑操吗？"她笑着说："你看看隔壁那队的同事，你比他大吗？"我扭过头去，那兄弟一头灰白的头发，看样子得有 50 多……

二、强制打卡

我第一个月填了四次忘刷卡、三次半小时的外出公干。嗯，你猜得不错，每月四次忘刷卡是华为允许的最大限度，如果你还有"考勤异常"的话，那就需要用到外出公干了。然而，当我想填第四次外出公干的时候，我的老板的老板，一个老华为，他很不好意思地打电话和我说："你不能再这样填外出公干了，我如果再批，可能内部HR审核会有问题。要不你补上外出公干的工作纪要？"直觉告诉我，他是看不过去了，又不好直接说，所以善意地和我撒了个谎。

所以，我的第一个月，由于缺勤，被扣了工资……这事儿过了不久，产品线总裁来和我们（一帮刚加入华为的外企人，华为管我们叫"明白人"）坐在around table（桌子周围），啊，不对，是"民主生活会"。会上有哥们儿说："咱能不打卡不？"还有兄弟在一边附议说："是啊是啊，工作十几年了，没有打过卡呀。"结果总裁大人一脸傲娇地说："整个产品线几千人，就俺一个不用打卡。"得，集体做眼观鼻鼻观心状。

三、你都想不到的出差规定

"出差，不得在工作时间坐飞机。"别笑，真事儿。你如果出差，要么就坐早上9点前的飞机，要么就坐晚上6点后的飞机。如果你工作时间坐飞机，那么大部门周期性的通报里面会有你的大名。（当然，这种土鳖政策在我的印象里面只存在了一年左右就消失了。）

四、出差住宿

作为一个香格里拉住到有酒送的资深摸er，我在华为第一次出差下榻汉庭，推开门时候，泪如雨下的同时又一次狠狠地质问了自己："你为啥来华为？！"（华为去年刚刚提高了员工的住宿标准，500元/天，以及给出了200元的国内差旅补贴。）

五、神奇数字60610000

这个神奇的数字会在任何时间任何地点出现在手机上，晚上十一点？一线刚刚上班哦。星期天？一线刚刚上班哦。最初的那段时间，我试图愤怒地告诉某个在星期天深夜里给我打电话的人："这是我的私人时间，请你尊重我的生活！”结果是我的老板的老板又一次不好意思地给我打了电话……

当然，这个数字不仅仅代表着无敌夺命追魂call，它更是一张通往角斗场的门票，随着一句动人的女声“Welcome to join the conference（欢迎参加此次会议）”，大家会被拉到一个冷血的战场。这个地方没有温情，没有怜悯，不相信眼泪，不认可“道理”，不存在“不行”，只有一个冷漠声音在血与火的天地间回荡：“机关要搞定……家里必须支持……客户要求……一线投诉……”在我第一次进入这个血肉磨坊的时候，我都懵了。

“客户要求xxx，必须满足。”

“不满足？这标不投了？！你负责吗？！”

“拉他们老大上来，今天必须给出结论！”

“别人能干，你为什么不能干？！要不你来现场给用户说！”

“搞不定？！为什么搞不定？什么态度？！我要投诉到产品线总裁！”

这帮家伙的职业礼貌去哪儿了？我们那些温柔但锋利的职场套路去哪儿了？还真是简单粗暴啊……

六、最霸气的加班

这里说一个我入司以后听闻的段子，不知真假。但是基于我自己的感受，要说加班，除了富士康，我司谁来都是白给！

某日本专家入职华为，第一天召集他的手下kickoff（开会），会上很严肃地说：“声明一下，我是个工作狂，经常加班。所以在和大家共事的时候，很有可能会占用大家大量的非工作时间，请大家尽量配合我的工作！”说完深深鞠了一躬。三个月后，日本专家quit（退出）了，离开的时候就说了一句话：“你们这样加班，是不人道的！”

由企业文化不同带来的各种工作方式差异（沟通、协作和管理）

而导致的不习惯和痛苦，其实一直持续了很久。我前三年的PBC（个人事业承诺）自评上改进点这一项里面一直有这么一句话："需要进一步学习和适应华为文化，加快融入。"这种不习惯和痛苦发生在几乎所有社招的华为员工身上，在有过外企工作经历的员工身上尤为突出。具体的体现就是这种员工在第一年和第三年大比例地流失。我所在的部门（几乎由外企人组成）两个经理一年内走了一个，一个团队的兄弟两年内走了近十个，这种情况，非常典型。

华为甚至在内部展开讨论关于"明白人"待不久的问题。究其原因，其实就是华为作为一家创立不到三十年的年轻公司，它的文化却极有质感，由上至下贯穿得如此之透彻，出人意料地被其绝大部分骨干员工认同，并切切实实地体现在每一项日常工作中。作为一个新加入且受过不同企业文化教育的员工，在这种有着极为强烈文化浸染的工作环境中，在身体力行的同事包围中，他如果不能真实地从内心去理解并认同华为文化的本质，那么，度日如年我想是一个非常合适的形容词。

我在很长一段时间里同样对华为文化非常不解，甚至觉得华为的员工太容易被洗脑了或者说有受虐倾向。"他们怎么就会这么认同这种近乎严苛的文化导向？"和"为什么来华为？"这两个问题一直伴随着我在华为工作，直到最近，回顾我在华为这几年的工作经历时，我想我找到了答案。答案其实不复杂，却又无法简单地直接表述。我想，通过分享一些我在华为的经历，也许能够更为贴切地回答这两个问题。

七、傲娇的老华为

对于我们这种"明白人"，华为的培训是比较少的，我有幸得以参加了一个。（培训费，员工和公司各出一半，也就是你得自己交钱被公司培训以满足公司对你的要求……）班里绝大多数是老华为，有产品研发的，有服务交付的，有各产品线的，也有全球各地代表处的。

培训倒没什么好说的，都是一些陈芝麻烂谷子的老套路。倒是在和那帮老华为课间聊天的过程中，我知道了好多神奇的故事：为见一个客户能死磕门卫三个月；带上羊找村民弄几个大牲口才能把设备搞上山；某国政变时，兄弟们听着枪炮声还在讨论技术方案；某组织发邮件过来抱怨网络质量不好，要求赶快修复，等等。

这些故事听起来很好玩，但是细品一下，都是苦难。可是这帮老华为们讲故事时却一脸傲骄，哪怕说的不都是他们自己的亲身经历，也一副与有荣焉的模样。

这帮华为人，进公司十几二十年，海外死磕N年，苦过、难过、斗过、输过、赢过，是为华为效死的那种人。现在作为中层，充斥于华为各个要害部门，我想，他们应该算是华为的脊梁了吧！从他们身上你不一定看得到温和，也不一定看得到儒雅，但是，你一定能看到一样东西：激情，那种为了成事儿而努力拼命的激情。这帮人在华为一穷二白、技术落后、四顾无援的情况下，携手并肩咬着槽牙赤手空拳对着业界巨擘发起冲锋死不旋踵。如果不是这种激情，如果不是这种为了成事儿而努力拼命的奋斗，华为怎么可能有今天？

一个组织的精神导向，只有经过血与火的磨砺，并取得伟大胜利之后，才能够沉淀下来进而形成这个组织的魂。华为的魂，就是这帮华为人在绝域穷塞、在艰难困苦、在背城借一、在刺刀见红中得以沉淀、得以形成的，也正是这帮华为人为了胜利而每时每刻都在身体力行的。

我见过某总裁和我一起住汉庭却安之若素；我也见过手底下一两千人的某研发大领导夜里一两点和我开会讨论项目需求，而他同时还在另一个会上；我还见过一个一线的销售操起电话来直接和某产品线总裁申请项目支持；我甚至见过一个普通员工直接发邮件给某BG

（业务集团）总裁抱怨产品质量问题，而这个老大很诚恳地回复了邮件并抄送给了所有 report（报告）给他的 VP（副总）。只有真的了解到这些，你才会知道每年几百亿美元营收的华为能够连续三年超过 30% 的增长是有缘由的。写到这里的时候，突然觉得，我脸上应该也是那一副与有荣焉的模样。

八、不好笑的笑话

托华为的福，我去过世界 TOP5 的贫穷国家之一。这个国家的 IT 水平极其落后，他们在建设一个现代国家所必需的 IT 系统以满足最基本的社会管理诉求。在这个项目中，我不经意地了解到一套在国内了不起能卖 50 万人民币的 OA 软件，某公司在他们国家卖了 500 万美金。回国后，在一次和朋友喝酒聊天时，我把这事儿当笑话说来着，可是当我说出“傻 ×”两个字的时候，我突然说不下去了，朋友们都在笑着看着我，在等着我笑话的精彩结尾。“我 ×！”我憋红了脸大声地用这两个字做了段子的结尾。

我在那一刻突然意识到了，在中国前二三十年的 IT 建设中，那帮孙子是怎么样在中国卖东西赚钱的了。是的，我很早就知道他们在中国卖电信设备超级贵、卖 IT 设备超级贵、卖应用软件超级贵、卖医疗设备超级贵、卖工业机床超级贵、卖什么都超级贵，但是我从来没有像那天说那个段子时那么愤怒，那么感同身受。

我曾为 HP 工作，我一直都很骄傲。为 IBM 工作，为这些世界顶级的公司工作本身就证明了我是这个行业里面的精英。我一直从客户的尊重、我所提供的业界顶级解决方案和产品、高大上的服务、比 Local（本地）公司高得多的价格上获取我的职业成就感，一直很骄傲。但是，从那天起，我重新认识了“买办”这两个字。

九、中国公司

作为华为里面的“明白人”，我有幸也去过一些发达国家做项目。在某国，我带着 TSE（技术工程师）去为世界 Top 级的石油公司做华为某产品的准入 POC（验证性测试）。和我们对口的客户技术专家都是各国的“老司机”，技术很好，对行业理解深刻，可以这么说，他们都是这个行业的精英。

去之前，我以为和这种类型的客户打交道是一件很愉快的事情，大家基于常识讨论技术和方案，成不成得看咱的活儿练得咋样。为此，我们准备了很详细的 POC 方案，在和客户沟通的时候，却因为某一个非常细节的功能实现上卡了壳。

其中有一个技术专家一直在说 No，我反复和客户澄清，他态度依旧很坚决，一直在要求我们按照他的想法实现这个功能点测试。（这里要说明一下，如果按照他的要求来干，我们的整个 POC 工作量会激增，而且基本类似于将实施的工作干了一部分。一般来说，一个讲道理的客户对 POC 的要求是功能验证，而非一比一的实施落地。）

当时我很奇怪，大家都是“老司机”，你为啥就非得在这个地方矫情？一遍不行两遍，两遍不行三遍，我最后都把两个实现过程拿笔画出来进行比对了，那个客户还是摇头，一时间僵持不下，于是 tea break（喝茶，休息一会儿）。在楼下抽烟时，有个年纪比较大的客户专家走过来和我说：“I understand what’s your said and your POC plan is fine to me. But that guy just don’t trust Chinese company.（我明白您所说的和您提供的测试计划有利于我，但那个家伙根本不信任中国企业）”

说实话，干这行以来，从来没有试过不被客户尊重的感觉，更不要说被歧视了！这种情感冲击是极其强烈的，强烈到我都没去考虑后果是什么就决定答应他的不合理要求，当时就一个念头：“老子非把你弄服了不行！”到现在还记得，我平生第一次在客户面前说了脏话“I will prove he is wrong about Chinese company！（我敢保证他看错了中国的企业）”烟都没抽完，我就返回了会议室，在TSE一脸迷茫的情况下直接答应了那个客户的要求，“HUAWEI will finish this POC as your request!（华为将按您的要求完成这个测试）”

在做完POC离开那个国家的前一天，和一线的兄弟一起喝酒，谈到了“歧视”的问题。兄弟闷了一大口，双眼定定地看着我，亮得吓人。“哥，你知道这个POC机会怎么来的吗？那是我生生磕出来的！真是磕出来的啊！你这算个啥？你没在海外待过，不知道我们一线做生意的难啊。可再难，也得干不是？这次POC咱没露怯，哥，我谢谢你！”看着他的神情，我想，那是心有不平。是夜，酒越喝越多，话却越说越少，我们大醉而归。次年，华为的产品首次进入该公司。

看到这里，我想你们应该知道我准备要说什么了。是的，情怀，这就是我来华为的理由。所谓情怀，就是一种对日常生活中已经失落、需要踮起脚尖才能够得到、大多数人不会去做或不屑于去做、带着一丝崇高感的、纯粹而美好的东西的向往。你们别笑，真的，我一点儿都没感觉到肉麻。

我，一个四十岁的老男人，在华为，在我做的事情里面，找到了我许久不见的情怀。

对于很多人来说，人生就是我们慢慢长大，逐渐成熟，开始老于世故，终于人情练达，我们忘记理想耻于情怀，在这个熙熙攘攘的城市里，我们最终变成了精致的利己主义者。我想，在华为的工作，也许是我对自己人生的一次改变，希望如此。

幼时读书，知班定远，定五十国，识卫长平，恢我朔边，闻霍冠军，封狼居胥，既生男儿，当如是也。

第八章

变革是烧不死的鸟

华为历史上两个词儿讲得最少，一个是“创新”，一个是“变革”，但是华为几十年来，也的的确确进行过几次在外部人士看来惊世骇俗的变革，像市场部集体大辞职，涉及一千多人。外面的媒体都以为任正非是一个激进的革命型商业领袖，但是这样一些在外部看来很激进的变革，在华为却是风平浪静地度过，而且还激起了整个组织广泛的正能量。

为员工注入革新力量

任正非曾经发表过很多企业管理类文章，他在《华为的红旗还能打多久》中指出，要想在强手林立、变化迅速的环境中发展，必须不断地创新，要做好准备迎接变化。在华为，所有层面的人都要开展创造性的工作，并提倡批评与自我批评，从而实现一次次的升华。在这种气氛下，华为员工的创新热情高涨、思维活跃，也催生出众多好的想法和创意，成为华为不断前进的原始动力。

马克思说："人从出生之日起，就大踏步地向坟墓迈进。"一个组织又何尝不是如此？政治组织、社会组织、企业概莫如此。当它生机勃勃地诞生之时，腐蚀、侵蚀这个组织的各种病症也都相伴而生了。组织的病症源于人，源于人性。西方组织管理学认为，人天生是自私的、懒惰的、贪婪的，正因为单个的个人与生俱来的自私、贪婪、惰怠，所以，当这些携带着同样病毒的一群人构成一个组织的时候，也同样就构成了对组织从发生、发展到终结的全部生命过程的挑战。

最大的挑战是什么呢？疲劳。一个人保持阶段性的活力、激情是容易做到的，一个组织保持两年、三年、五年的活力也是相对容易的。但是，持久地保持激情与活力，大概是组织领袖们随时面临的难题。一个新员工刚进到公司，开始是积极向上的，八点上班他七点半就到，晚上下班以后还照样在办公室加班，但当一个新士兵变成一个"兵痞"，他就缺乏活力与激情了。当一匹马从战马变成懒马、变成病马的时候，这个马群一定会出现类似于传染病一般的普遍惰怠与散漫，普遍的不想作为。

比员工疲劳症更可怕的是领袖疲劳症，也就是管理者的疲劳症。领袖是一帮什么人？是一帮永远富于妄想症的冒险家，中国社会最缺乏的是企业家精神，企业家精神中最重要的第一是冒险精神，第二是永不懈怠的持续的冒险精神，也就是说领袖必须像永动机一般思考和行动。所以，组织的领袖是否能够保持持续的激情与活力、持续的奋斗精神，才是一个组织的关键。但是光有这个关键还不行，还必须点燃起整个组织的全体参与者、追随者们持续的梦想、持续的激情。

我们把组织的惰怠现象称作“组织黑洞”——类似于宇宙中的“黑洞”，任何接近于天体黑洞的物质与能量都会被瞬间吞没掉。所以组织要远离“黑洞”，通过强健组织的正能量以战胜“暗能量”。组织中的山头、体系、派别几乎是普遍存在的。组织变革的大多数是围绕着铲山头而进行的，山头是人类心理、生理现象的必然产物。这一问题在华为早期的十多年曾经也是严重的，这跟华为早期的历史有很大关系。两万人民币起家，不到十个人，做交换机的倒买倒卖，活下去是这个企业的唯一使命。怎么活下来呢？谁能为公司拿到合同，拿到救命钱，谁能为公司带来产品，从一无所有到有产品，谁就是公司的英雄。几乎所有的中国民营企业，原始积累阶段都是个人英雄主义文化所主导的。

这样一种个人英雄主导的文化带来了企业的高速发展，从1988年成立，到1998年这十年时间，华为超越了中国的所有对手（巨龙是军队企业，大唐是国有企业，中兴是处在深圳的国有企业），然后成为中国第一。但是，这种中国第一带给任正非的是什么呢？任正非在《一江春水向东流》那篇文章里讲，华为当时山头林立、主义盛行，真不知道该朝哪儿走。很多组织，包括很多企业，当大家共患难时，上下一心，有高度的凝聚力，但是当它稍稍有一点儿基础，有一些财富的时候，英雄们的那种英雄情结所衍生的欲望、野心和利益集团之间的那种贪婪的诉求，就常常把这个组织撕裂了，把这个组织的团队精神、凝聚力扭曲了。

腐败问题也是人类组织与生俱来的问题。国家有，社会组织有，一个以财富的增长为核心目标的功利性组织中，腐败更是普遍存在的现象。华为历史上这种问题也不少，比如关联交易，每年的销售额，十年前也是五六百亿人民币，五六百亿人民币要靠大量的供应商支撑的。这里面当然就会产生关联交易问题。2006 年，在马尔代夫的一家度假酒店，公司召开了一次高层会议，专门讨论清理关联交易。从任正非开始，所有公司高层跟华为有关联交易的亲戚朋友的公司全部进行清理。在此基础上进行从上到下的干部廉政宣誓活动，从此这个事情就坚持下来了。

华为的审计部是一个很厉害的机构。华为所有的人不能坐飞机头等舱，任正非毕竟 69 岁了，到全世界各地，他得坐头等舱，对不起，多出的钱你自己朝里填。所以，每出一次国任正非就“亏损”一次。

一个企业、一个组织，如果总是背负成功与辉煌的包袱，这个企业其实也离死亡不远了。所以，任正非讲华为是没有历史的公司。在华为的任何角落看不到华为过去的历史，没有一张图片有任正非的形象，全球各地的办公场所看不到哪个领导视察华为的照片……华为也是一个没有功臣的公司，华为是一个不承认功臣的公司，老板也是，也就是说当任正非退休以后，任正非也不会被供在华为的殿堂里。

任正非说过，我从来不在乎媒体现在、今天、明天怎么看我。我也不在乎接班人是否忠诚，接班人都是从底层打出来的，打出来的英雄同时又能够进行自我否定、自我批判，同时又有开放的胸怀，又有善于妥协的精神，同时在看人的问题上能够多元视角，而不是黑白分明，他就是自然而然成长的领袖。领袖不是选拔出来的，是打出来的。恐惧造就伟大，任何组织，包括个人，如果没有与你成长所相伴随的那种不安全感，那种始终追随着你的不安的影子，你可能就变得很放松、很悠闲。但是，这种放松跟悠闲可能的结果是：在一个猝不及防的打击面前，你的安逸，你对危险的麻木，会导致组织快速崩溃掉。

我们生存于一个丛林世界，每一天、每一时、每一刻实际上都在被危险所包围着。如果你不始终保持对危险的警觉，变得麻木、麻痹，危险可能就悄无声息地由一个黑点变成黑影，由一个黑影变成巨大的威胁笼罩在组织的头上，所以，战胜恐惧、战胜不安全感的过程，其实就是企业走向成功的过程。华为今天事实上是全球电信制造领域的领导者，但今天的华为恰恰可能是最脆弱的时候。为什么呢？成功容易让人变得惰怠和自大，让组织变得盲目骄傲和故步自封。精美的地毯下布满了细菌，一个国家如此，一个组织如此，一个企业同样如此。警惕这些细菌的滋生繁衍就是在为企业加固未来。

华为过去的成功靠眼睛对着客户、屁股对着老板，但今天的华为是不是还是这样一种文化？今天的华为是不是也大量存在下级总是把自己的成长与提拔，寄托在某一个上司赏识自己呢？今天的华为是不是还是那种前方作战的人有充分的指挥权、决策权和打仗的主动权呢？爱立信是这个行业的老大，爱立信只有七万多员工，爱立信在机关里的干部只有一万多人，华为的机关里有三万多人。三万多人在一个像大花园般的后方，看着PPT，喝着咖啡，要告诉前方怎么打仗，那华为未来能不倒下吗？所以，这几年任正非反复讲，要让听得见炮火的人来指挥炮火，也多次讲，我们现在上下弥漫着一种前方吃紧、后方紧吃的风气。

警惕意识的源起是由华为当年的那种海盗文化、草寇文化、个人英雄主义主导的文化发展而来，企业做起来了，有一定规模了，山头文化一定是尖锐存在的问题。一个企业长期保持对山头文化的警觉，是必须的。由山头文化衍生出游击队文化，而与之对应的正规军文化则是把野马变成战马，把一帮土匪变成战士。中国历史，尤其是中国共产党的历史，给我们现代的组织领袖们提供了很多有益的借鉴。中国是一个缺乏商业历史和商业管理理论的国家，但是，组织与组织之间，在根本的方面是相似的、相通的。所以，博大精深的中国历史，从《史记》《资治通鉴》到《毛泽东选集》，应该说都提供了大量的关于如何防止组织惰怠、组织山头、组织腐败的重要的观点与经验。在研究组织兴起、组织异化、组织变革方面，毛泽东绝对是大师中的大师。很多中国企业家喜欢看中共党史，是有一定道理的。

在华为，1996年，搞了一次市场部大辞职，一千多人，市场部的干部员工，主要是正职干部，集体辞职，写两份报告，一份辞职报告，另外一份是述职报告。过去30年，大多数有一点儿规模的中国公司都发生过销售团队集体哗变的现象，在华为的历史上却从来没有发生过。市场部大辞职的结果是什么呢？形成了华为组织文化中的“能上能下”，这是非常关键的第一步。第二步，打掉帮派，打掉山头，这大概是更主要的。华为各地办事处主任只能做四五年，除了极个别的，调动的时候不准带一兵一卒。现在常见的问题是两个现象，一个现象是某个人在某个地方营造了一片市场，然后就说这个关系是我的，很多企业都有这个问题；第二个就是对曾经成功过的英雄呵护着，没有人敢去碰撞他，就是因为他拥有很多的什么关系资源、销售资源，等等。

任正非向中国共产党学到了两个重要法宝，一是艰苦奋斗，一是自我批判。但是，这两个法宝，其实也是人类普适的观念与文化。三百年前，欧洲的那些传教士们到非洲，假定说去了一百个人，从欧洲的海岸千难万险到达非洲海岸时，可能就剩下五十人，这五十人登上陆地，走进森林，再走出森林，可能就剩了二十个人，这二十个人可能有十八九个人对现实的困境绝望，所以，要重返欧洲。结果重返的过程中可能又死掉了一大半，留下的那一个人就在非洲，一砖一瓦地建教堂。这种精神就是执着的奋斗精神。所以，奋斗精神不只是中国人，不只是共产党，是人类普适的价值追求，不管你是任何种族任何民族。懒惰的民族和懒惰的组织都是没有前途的。

有人说任正非是靠学《毛选》把企业做到这么大的。实际上华为文化是一种非中非西、非驴非马的文化，西方的、东方的、历史的、现代的、军队的，等等，凡是对华为的组织建设、文化建设有益的东西，都拿来为我所用。理想主义为旗帜，实用主义为纲领，拿来主义为原则。

华为这么多年来就是这么过来的：理想主义 + 实用主义 + 实验精神，还有就是拿来主义，一切对我有用的都拿过来，然后一个大杂烩就是创造。什么叫创造和创新？“1+1=2”是几千年来人类的发明，为什么还要自主创新呢？所以，在别人的肩膀上，进行拿来主义的实现，企业成长就是最小代价的实用主义，也是最小代价的成功路径。自我批判是任正非从中国共产党学来的，也是向西方人学来的。华为文化的许多方面也都是向西方学来的，向美国学来的。华为的自我批判有非常清晰的方向，就是一切围绕着核心价值观去践行，这个核心价值观就是几句话，以客户为中心，以奋斗者为本，长期坚持艰苦奋斗。

华为历史上两个词儿讲得最少，一个是“创新”，一个是“变革”，但是华为几十年来，也的的确确进行过几次在外部人士看来惊世骇俗的变革，像市场部集体大辞职，涉及一千多人。2009 年又搞了一次 7000 人集体大辞职，貌似很极端的变革措施。外面的媒体都以为任正非是一个激进的革命型商业领袖，但是这样一些在外部看来很激进的变革，在华为却是风平浪静地度过，而且还激起了整个组织广泛的正能量。原因有很多，但相当重要的一点就是华为长期进行的自我批判活动，给这个组织的每个机体、每一个人传导、奠定了一种心理基础、文化基础。当然，还有华为特殊的员工持股制度，企业里的人都是股东，都是老板或者准老板。那么，你就要做出选择，你抗拒变革，就在损害自身的利益。

所以，支持变革、参与变革在华为就成为习惯性文化。但是不轻言变革，不轻易启动变革的手术刀，是任何组织都要谨慎对待的。问题在于你不进行规律性、经常性的体能运动，组织不进行经常性的自我批判，小病慢慢地，甚至很快地就会积成大病。当你进行变革时，就会发现到处都是抵抗，所以，变革可能就会失败，甚至注定要失败。

持续学习美军，去中心化

一段时间以来，在任正非的引导和要求下，华为内部在持续学习美军！早在 2015 年 6 月份，华为以总裁办电邮文件方式，要求华为全体员工学习金一南的《美军还能打仗吗》。为此，任正非还亲自配“按”：“军人的责任是胜利，牺牲只是一种精神。华为的员工不只是拥有奋斗精神，更要把这种奉献，落实到脚踏实地的学习与技能提升上，在实际工作中体现出效率与效益来。”

而后又请金一南到华为开设《胜利的刀锋——军人的灵魂与血性》等系列讲座。任正非为什么要在这个时候花大力气学习美军呢？除了我们众所周知的任正非的军人情结在起作用之外，分析起来有以下三大原因。

（1）在通信行业，华为已经超越爱立信和思科成了全球老大，企业标杆突然没有了。眼睛和枪口都不知道该瞄准谁，这个时候很容易骄傲和松懈。

（2）过去这些年，华为一直在以 IBM 为师，从公司治理，到产品的研发与制造，到绩效与评价，甚至供应链管理，终于将华为这只“中国脚”，穿进了“美国鞋”。有了很多收获，但是也带来了很多大公司病，《华为十大内耗》所列问题一直存在，大大小小的“马电事件”仍然不断在全球上演。在互联网时代，华为需要思考，采用什么方式能合理、迅速、有效地调动全球资源，减少内部损耗与浪费。

（3）华为员工，不管是老的还是新的，都不再“一贫如洗”，团队能否持续“胸怀大志”成为华为管理的严峻课题。

华为这次学习不是员工思想教育这么简单，如果任正非把美军作为学习标杆的话，这个过程有可能持续 3~5 年时间。

那么，华为向美军学习什么呢？

首先，重新唤起华为员工的血性。这一点跟华为文化是一脉相承的！

金一南的“血性是会夭折的，所以需要养护，需要培育；血性也是会沉睡的，所以需要唤醒，需要点燃”，不仅能打动任正非，也能打动华为普通员工。

“牺牲是军人最大的付出，但不是军人的最高奉献。军人的最高奉献是胜利。”“灵魂赋予尊严，血性赢得光荣；灵魂与血性永远是军人的脊梁、胜利的刀锋。”这就是华为“从一个胜利走向另一个胜利”的最好解释。

我们永远会记得麦克阿瑟“老兵永远不死，他只是凋零”的演讲所折射出来的人性光辉！

“我的生命已近黄昏，暮色已经降临，我昔日的风采和荣誉已经消失。它们随着对昔日事业的憧憬，带着那余晖消失了。昔日的记忆奇妙而美好，浸透了眼泪和昨日微笑的安慰和抚爱。我尽力但徒然地倾听，渴望听到军号吹奏起床号的那微弱而迷人的旋律，以及远处战鼓急促敲击的动人节奏。我在梦幻中依稀又听到了大炮在轰鸣，又听到了滑膛枪在鸣放，又听到了战场上那陌生、哀愁的呻吟。然而，晚年的回忆经常将我带回到西点军校。我的耳旁回响着，反复回响着：责任，荣誉，国家。”无疑，军队是最容易唤起人们的斗志的！

在唤起血性的同时，任正非要求华为的干部们学习美国军官的荣誉准则：“第一，我们决不说谎。第二，我们决不欺骗。第三，我们决不偷窃。第四，也决不允许我们当中任何人这样做。”要求员工们学习美军的《军人手册》：“第一，对上司施以标准军礼；第二，认真执行上级指示；第三，尽职尽责，提高本单位战斗力。”

其次，学习美军流程性的组织架构。

美军从2003年开始推行PPBE（规划、计划、预算、执行系统）为核心的领导管理体制，除有效实现国防部（决策权）、军方（执行权）和国会（监督权）之间的权力平衡外，将美军改为两条核心业务流程：一条军政（养兵）流程，一条军令（用兵）流程，两条流程相互制衡，互为补充。两条流程功能边界非常清晰，一条是“行政指挥链”或“军政管理流程”，以“总统和国防部长—军种部长（军种参谋长）—军种部队”为基本主线，主要负责进行组织管理、军种训练和后勤保障等；另一条是“作战指挥链”或是“军令管理流程”，以“总统和国防部长（通过参联会主席）—联合作战司令部—作战部队”为基本链条，负责对部队的作战计划、指挥、协调、联合军事训练与演习等。在军政流程中，又分为三个次级流程：陆、海、空，这种划分方式并非依据兵种特点，而是依据潜在的军事目标。

传统的军队是既“养兵”又“用兵”，两个流程重叠在一起，这种模式适合大规模、集团化作战，但层层传递容易降低运行效率。军政流程与军令流程分离，提高了军队组织的灵活性及一线作战反应能力，更适合现代战争。

在2014年，华为围绕“共同为客户创造价值”的思路，在重新定义三会治理结构的基础上，将业务组织架构逐步调整为基于客户、产品和区域三个维度的组织架构。集团职能平台即相当于美军的“军政”模块，是聚焦业务的支撑、服务平台，向前方提供及时准确有效的服务；运营商、企业、消费三大BG组织，即相当于美军的“军令”模块，区分不同客户群针对其不同的商业规律和经营特点指挥作战。

学习美军“去中心化”，由“功能为中心”向“项目为中心”转变。美军“去中心化”最显著的一个特点就是，根据军事目标的要求，从军政流程中获得所需要的最佳成员，即时组建为作战团队，作战任务结束后团队有可能解散，成员回归军政流程。这种团队集成的做法，可以快速形成作战单元，且可大可小。

华为公司常务董事、人力资源部总裁李杰在以“专业、责任、荣耀”为主题的2015项目经理论坛讲话主题《勇担责任，支撑公司从以功能为中心向以项目为中心转变》指出:“公司正处于从以功能为中心向以项目为中心转变的历史时期，我们花了很多精力，在政策制定、文化宣传、方案设计和推行等方面，试图对过去以功能为中心或偏重于功能型的组织管理，进行一定程度的转型。我们现在组织变革中经常听到‘班长的战争’‘小前端大平台’等，项目型组织已经成为现阶段公司变革的主旋律。而变革对整个项目经理队伍提出了很高的要求，我们希望项目经理队伍通过小前端的灵活运作，撬动整个公司的业务发展，实现收入的形成、销售的达成，或者将某个新产品成功推向市场，支撑公司蓬勃发展，实现商业成功。这其实就是公司对将来以项目为中心运作、项目型组织运作的期望。”即华为通过项目型组织的建立，构建像美军一样的团队集成能力和一线的快速作战能力。

积极变革的华为，没有理由不成功

身处大变革时代，体量庞大的华为依然在积极变革。在华为2016年市场工作大会上，任正非发表通篇斗志昂扬的讲话，就如何把握战略机会、赢在未来作出指导与规划。

作为华为创始人与掌舵人，任正非的内部讲话向来为企业界所追捧。他在讲话中称，“一切为了前线、一切为了业务服务、一切为了胜利”，也许会成为变革时代的一个标志性口号。讲话涉及业务发展部署、人才机制、组织架构、主航道战略、开放合作等。

当前技术发展和企业、政府对云服务的需求，使网络及数据中心出现了战略机会，这是我们的重大机会窗，我们要敢于在这个战略机会窗开启的时期，聚集力量，密集投资，饱和攻击。扑上去，撕开它，纵深发展，横向扩张。我们的战略目的，就是高水平地把管道平台做大、做强。

在知识产权的核保护伞下，要加快170个国家的终端业务的布阵点兵（巴西例外），在终端组织能力不强的国家，各区域、代表处要尽快成立终端的销售、服务组织，与终端同考核、同待遇。对于战略重点市场，终端组织可以插进去直线管理，原创立代表处组织仍然要分享成功。对于非战略机会市场，可以交给当地代表处管理，消费者BG不要在这样的市场上耗费宝贵的精力，要聚焦能够形成规模的市场并努力尽快将这些市场做大。终端要敢于5年内超越1000亿美元的销售收入，在结构上、组织上、模式上要好好考虑。同时要保证合理盈利，库存风险可控。我们一定要立足打造中高端品牌，通过中高端带动中低端的销售。

企业业务要抓住成功的部分，先纵向发展，再横向扩张。智慧城市、金融行业的IT向云架构转型、电力行业的数字化、政府和企业对云服务的需求，都是重要战略机会。平安城市是智慧城市的一个抓手。千万不要大铺摊子，失去战略聚焦大机会。

我们要在10年内实现大体系支撑下的精兵战略，逐步实行资源管理权与作战指挥权适当分离。指挥权要不断前移，让优秀将领不断走向前线，灵活机动地决策。以代表处为利润中心，对结果承担责任，指挥权、现场决策权首先移至代表处。当然监督权也要不断前移，子公司董事会经过几年的发展，通过立足一线，不断摸索，在内外合规的管理上已经逐步成熟，效果开始显现，我们在个别国家可以开始对一线业务部门实施授权试点。要扩大在代表处审结的内容与范围，这就是权力的下放。流程要纵向、横向打通，要让听得见炮声的人能呼唤炮火，能呼唤到炮火。

要逐步形成各领域的专业职员层，他们不需要循环流动，不需要跨领域成长，只需要对自己的操作熟练、及时、准确。他们可以本地化、不受年龄限制，可以快乐地度过平凡的一生。使确定性的工作，能简单、快捷；指令性的错误，应由指令下达者负责。

加快行政服务的市场化与慧通（华为子公司）碎片业务的私有化进程，它们的任务是繁荣园区，减少职员。

我们要对各级优秀干部循环赋能，要在责任结果的基础上，大力选拔干部，内生成长永远是我们主要的干部路线。我们要用开放的心胸，引进各种优秀人才，要敢于在他们能发挥作用的方面使用他们。

我们要不拘一格地选拔使用一切的优秀分子，不要问他从哪里来，不要问他有何种经历，只要他适合攻击“上甘岭”（各部门、各专业、各类工作……不要误解了只有合同获取才是上甘岭）。我们对人才不要求全责备。求全责备优秀人才选拔不上来，“完人”也许做不出大贡献。除了道德遵从委员会可以一票否决干部外，对工作中的差错，要宽容，不抢答的干部不一定是好干部。看风使舵，跟人，站队，容易产生机会主义，选拔各级干部要实行少数服从多数的表决制，向上级团队报告应是本团队的集体意见，应告知上级团队每一个人。私下与上级团队沟通的内容，以纪要形式再在上下两级团队中沟通，对破格提拔的，推荐人要在两年内承担连带责任。即使道德遵从委员会可一票否决，但否决期只有六个月，六个月后可以重新提名，已改正，不再否决，就可以使用。不要随意否定一个冲锋的干部。我们一定要促使千军万马上战场。

精英不要理解为仅仅是金字塔塔尖的一部分，而是存在于每个阶层、每个类别，有工作的地方，就有精英。做面条有面条精英，焊接精英、咖啡精英、支付精英、签证精英、仓库精英……我们的政策要覆盖激励所有精英，形成组织合力，千军万马搞好质量，提高效率，增加效益。

我们要精减非主航道、非战略机会点项目的编制。要千军万马去抢夺战略机会窗开启时期的胜利。各主战场部门，不要排斥其他项目调整进入的骨干，不要借口他们的专业不合适。颠覆往往都是外行人干的，年轻人从事的工作往往与他所学的专业无关。在一些战役关键时刻，战略预备队也打光了，常常是卫生员、炊事员、理发员、警卫员、通信兵……组成的杂牌部队投入进去，是赢得胜利天平的最后一根稻草。各级主管要有全局观，让干部循环流动起来，你不放一些优秀干部走入主战场，让他们失去立功的机会，结果，比他们更年轻的人升为将领，他们会真心拥护你吗？你辖区的新生力量没有了晋升机会，他们会拥护你吗？你以为扣住人你就会成功吗？君不知二十多年来，华为走出去多少优秀青年，留下我们这些“傻子”，他们不走有我们这些“傻瓜”的机会吗？他们把胜利的光荣让给了我们，我们不是受到家人的表扬了吗？我们既然胸怀世界，就要敢于气吞山河，团结一切你不愿意团结的人，反对过你而且又反对了的人，也包括反错了的人。

我们要提高作战队伍的能力，“少将”连长首先必须是少将，他们必须具有管理确定性的能力，以及对不确定性事情有清晰的视野与方向感。连队也必须具有师一级的火力。机关的主管，必须有成功的实践经验，而且必须不断循环上战场，为何不可以再有“中将”班长呢？少将上前线，不仅自己贴身现实，而且对年轻苗子的感染力，是非常有力的传帮带。

我们要坚持每年从应届生中招收不少于5000~6000人的新生力量，不让我们的作战梯队有断代的问题。“蓬生麻中，不扶自直”，“80后”“90后”是有希望的一代，“蚊子龙卷风”“牵手”“被绑匪树立的‘楷模’”……不是一代将星在闪烁吗？

我们年轻人不仅仅要有血性，也要容许一部分人温情脉脉，工作慢条斯理，执着认真，做好狈的工作。“一切为了胜利”是我们共同的心愿。这就是“狼狈”合作的最佳进攻组织。

一切作战主管，关注的是胜利，要把确定性的事权分给职能部门；一切平台主管，眼睛应盯着前线，驱使自己的部门及时、准确提供服务与支持，你们的考核是你们服务事项的结果。前方打了败仗，你也是败将。我们要善于在成功中找到失误，在失败中找到为什么，古人尚有退堂思，我们自己难道就不能总结反思一下吗？失败中也有英雄，主管的失误不要掩埋将士的努力，他们中也有可歌可泣的。

我们各级主管的目标与责任要清晰。责任结果为导向的考核机制，能使内部的机制简单、风气正派，脑袋对着客户的勇士更多。责任结果导向，必然是优秀干部辈出，迎合作风消失。

基层干部我们要重视他们的意志力，毅力的培养和选拔，他们努力奋斗，一时成绩不佳，要帮助、辅导；中高级干部要重视他们的组织能力与协调能力，要学会激活整个组织，充分利用平台，学习别人的经验；高级干部要培养他们的方向感与节奏控制。方向是什么，方向就是面对目标的位置；节奏是什么，审时度势，因势利导，就是灰度。

凡是工作得好的，都是分权合理的部门，事无巨细、眉毛胡子一把抓的人，就不适合作为主管。

面对目标我们也要有灵活机动的战略战术。一线主管的目标是胜利，是责任结果评价你们，而不是像士兵一样以简单的服从为天职。时代呼唤我们，我们要用自己的青春去创造奇迹。

一旦战略方向及布局确定后，我们要坚定不移前进，绝不动摇，毫不犹豫。未来二三十年的世界会爆发一场巨大的技术革命，这是人类社会五千年来不曾有过的，其深度、广度我们还想象不到。但是过去的二十多年，我们十几万人一同努力划桨，已经把华为的航母划到起跑线上了。我们要力出一孔、利出一孔，密集炮火攻击前进，努力进入无人区。当我们逐步走到领先位置上，承担起引领发展的责任，不可以自己为中心，不能以保护自己建立规则。我们要向ITU（国际电联）、3GPP（第三代伙伴计划协议）、IETF（国际互联网工程任务组）学习，建立开放的架构，促使数万公司一同服务信息社会，以公正的秩序引领世界前进。没有开放合作，我们担负不起为人类信息社会服务的责任，所以，我们要像 3GPP 一样的开放，像苹果、谷歌一样的链接数十万合作伙伴，持续建设和谐的商业生态环境。以自己为中心迟早是要灭亡的。

我们也决不在困难面前退缩，也不在负议论中犹豫，不然大军突然转向会一片混乱。千军万马必须谋定而后动，大战役也无密可保，我们现在就是征求意见：方向对不对；时间是不是到机会点了；二十多年来我们储备的能量够不够；战略后备部队的前赴后继有没有准备好；有没有挫折时的预案……我们即使有了正确的战略，现在的各级主管与专家有没有胆略。当然我们也会在行进中不断完善，从机制和制度上，全面构建自我批判的能力，通过自我批判不断纠正方向。特别是决心形成的未来两三年中，我们会不断地听取所有批评，不断纠偏。

我们的组织变革、流程变革要支持我们的战略。变革应使到达目标更简单、更快捷、更安全。胜利鼓舞着我们。华为一定会胜利的，因为我们的面前是“蚊子龙卷风”“牵手”……背后是十几万英勇的员工，我们没有不成功的理由。不过，对于华为还有其他中国高科技公司来说，持续的海外扩张不仅需要创新，还需要财力资源。华为的扩张成本很难测算，因为它不是上市公司。虽然华为正考虑首次公开发行，但它目前依赖现金储备和银行贷款为其增长提供资金。

华为在国际扩张方面似乎不计代价。集团承认，它以优厚的报酬从海外竞争对手那里挖来员工。在海外市场，公司对当地服务合作方的依赖也增加了经营成本。“如果你不花钱壮大你的公司，（以）符合当地标准，那你就不会有一个非常稳健的本地市场。”邓先生表示。熟悉该公司的人士说，华为的现金仍然充裕，而在目前的发展阶段，公司宁愿在不受外部投资者审查的情况下开展业务。这些人士表示，的确，在一个由上市公司主导的市场中，由于不必披露财务结果，因此华为在投资、定价或产品系列方面可以做出一些决策。但是，如果其上市的竞争对手做出同样的决策，股东们可能不会接受。不过，由于公开的财务细节如此之少，因此有关华为的传闻一直不断。虽然公司正努力提高其透明度，但有关其声誉的疑问可能会破坏公司赢得外国合同的努力，并令公司容易成为贸易保护主义游说者攻击的目标。

分析师和业界经理们认为，华为将面临的最大考验在于，它是否有能力不仅向 Telfort（荷兰的移动运营商）等较小的运营商出售产品，还能让全球最大的手机和固定电话运营商相信，它的产品和服务物有所值。华为深刻意识到前面的挑战有多大。任正非说道："我们在荷兰得到了那个大机会，但这并不意味着，我们已经遍布欧洲。要赢得不同国家消费者的信赖，我们还有很长、很长的路要走。"

理想的变革共建世界全联接

在现代社会里，任何人都不可避免地与网络世界产生或多或少的联系，对现实世界的认知也由局部的滞后变得越来越全面越来越超前。目前，全球有 60 亿台移动计算设备相互连接，而且每天新增 100 万台移动设备；预计到 2020 年，全球移动计算设备总数将达到 300 亿台。在新形成的数字生态系统中，客户端和云已经呈现出取代网络的趋势，成为行业中心。在这一系统中，运营商每天都创造出几十甚至几百种新的服务、应用以及商业模式。在此背景下，SDN（软件定义网络）的热度持续升温，各大传统网络设备厂商纷纷发布了自己的 SDN 策略和解决方案。早在 2012 年，华为就在世界宽带论坛展会上提出了自己的 SDN 方案，2016 年，华为则正式发布了面向电信运营商的"SOFTCOM"战略和面向企业业务领域的 SDN 战略。

SOFTCOM 是华为为助力运营商实现这些转型所制定的整体战略和愿景。也就是说，在过去的几年，华为经过长期投资，已经在云计算、SDN 和大数据分析三个关键技术领域具备了独特优势，能够帮助运营商建立一个完整系统的网络架构，以简洁之道应对商业和技术挑战。关键一点，还是以客户为中心考虑问题。与此同时，华为还率先在业界提出 Carrier SDN 的整体技术架构，协助运营商共同建设E2E的“弹性、简单、敏捷、可增值”的下一代网络。通过SDN解决方案，华为可以帮助公有云实现租户精细化度量，同时提供跨数据中心的集群能力。特别是互联网公司在全国乃至全球有几十个数据中心，通过SDN可以保证数据中心的统一调度能力。

对于SDN，华为企业网络领域营销总监程剑曾以腾讯为例做出详细介绍，腾讯全球有60多个数据中心，云服务器规模达到30多万台，构建了业界最大的SDN商业网络。不仅如此，华为DCI SDN还将广域链路带宽利用率从35%优化到80%。而腾讯的开放SDN创新就是基于华为的开放设备实现软件定制化的路由协议。也就是说，华为帮助互联网云业务实现了高效运营。

基于SDN的云数据中心网络解决方案，华为服务于全球150个最顶级的ISP数据中心。在数据中心互联方面，华为实现了SDN的成熟商用。正是因为坚持考虑最终客户诉求的战略，华为的产业链又往前拓展延伸了一大步，在华为与消费者之间建立了巨大的战略空间。作为理想主义者，任正非在巴塞罗那通讯展恳谈会上，借用一棵大树来描述华为的总体战略。他说：“华为是一棵大树，上面树枝结了许多果子。树干就是我们的大数据管道，树枝上的果子是千万家内容商与运营商的业务。我们的云原则是上不碰内容，下不碰数据，而是支撑平台，这同样也是管道。树干上面挂了很多果，其实就是运营商、内容提供商等各种商，几千家、百万家将来都在这棵树上开花，服务社会。根在哪呢，根在最终客户那个地方。我们吸足营养，这样会使得我们的树干更强壮。”

把这段话再厘清一下，就是在华为这棵大树上，树干是大数据、云，是管道；树干上有许多枝杈，枝杈上边挂着许多果，就是现在的近1000家运营商和千千万万的企业用户。而大树的根则是最终客户的需求。这也清晰地表明，华为主体战略已从运营商转换到最终客户了。终端深扎地下，可以吸收大量营养和水分，就能壮大树干这个管道。借助终端战略，华为直接接触最终客户，直接把华为大树的根须深深扎在最终客户需求的沃土里。运营商客户与最终客户虽然都是客户，但在任正非看来，两者有着明显的区分。华为战略是要考虑最终客户的诉求，其“战略前移”也是为了通过掌握最原点的终端客户反过来掌控运营商需求，同时又通过技术创新应用与互联互通实现C端（消费者）的超级延展，打造一个无线连接的“域场”，以万物互联实现“华为+”，进而实现“客户+”。这是一个人与人、物与物、人与物的全联接世界。用同行蔡红平的话来说，“华为是一个融合世界产业的生态链，华为是包容一个世界，而不是占领一个世界”。

但考虑最终客户的诉求，不等于忽略或放弃运营商。因为运营商的利益维系在对最终客户需求的开发和满足上，所以终其一点，华为战略前移可以更好地帮助运营商服务最终客户。而聚焦最终客户的诉求，华为就此可以从最终客户的立场和感受来看待通信行业，进而来看待这个世界了。这是客观而独特的视角。销售大师吉拉德曾经说过：“销售不是降低身份取悦顾客，而是像朋友一样给予合理的建议。你刚好需要，我刚好专业。”华为要做的就是你刚好需要，我刚好专业。但不只如此，聚焦最终客户的诉求，还使华为在“利益”之上，又有了“大义”的照耀。任正非以此完成了企业家从商人到价值创造者的升华，华为完成了从单一产品打市场到全生态产业链共建发起者的升华，这是从一个产业到一个全联接世界共建发起者的升华！

华为这棵大树根植于最终客户无限宽广的诉求上，把根深深扎进最终客户的内心深处，于是这棵大树就没有不根深叶茂的道理了。也许，这就是任正非吸收走群众路线的精华，继而在华为运作中的具体体现吧。走群众路线是没有止境的，手机、手表、笔记本、各种各样的智能仪，这些都是最终客户的诉求，都可以好好走一走。未来，华为还有可能从事精密医疗仪器的生产，因为那也将是走群众路线，满足最终客户诉求，会让华为的管道更宽，市场更大。

共建全联接世界，是华为轮值CEO郭平在巴塞罗那移动全球大会上发布报告的主题。郭平的演讲透露出华为全联接世界新视野：共建，共有，共享。2016年2月16日，华为在北京、伦敦同时召开2016世界移动大会华为沟通会。华为常务董事兼战略Marketing总裁徐文伟在伦敦表示：“数字化转型，不仅是电信产业自我超越的机遇，更是推进各行各业变革的创新动力吧。华为将坚持开放平台能力，使能运营商，构建开放、合作、共赢的产业生态，加速数字化转型进程。”华为常务董事兼产品与解决方案总裁丁耘先生在北京表示：“华为聚焦管道战略，长期战略投入，厚积薄发，以产品和解决方案的创新和实践，支撑运营商的数字化转型。”

共建全联接世界，这是一场思想革命，一场商业革命，一场技术革命。华为要革自己的命！革自己独行侠的命！革自己为大的命！革自以为是的命！然后方可随顺自然，顺势而为。

核心理念的变革，让企业翻江倒海

企业思维实际上就是企业领导人的思维，企业的发展方向就是企业领导人战略眼光下的实践。所以，华为的骄人业绩与任正非的独特领导力是分不开的。2016 年，任正非基于互联网的时代背景，其战略思想又在悄然改变，这也必将带动华为的发展方向的改变。身在电信行业的华为，不可能做出自我否定、“改朝换代”式的改变，更不可能单纯为了追求利润而选择短平快的业务发展方向。已年过七旬的任正非的思想已进入纯熟阶段，他的改变只可能是轻重选择的改变，这也就意味着，大象华为在互联网时代可以跳出不同的华尔兹舞步，但必须要跳舞，不能玩杂耍取悦于人，更不能放归山林自生自灭。

在此之前，身为高科技企业的华为从不认为科技创新是核心竞争力，而是一直把上甘岭精神当成核心竞争力，强调的是冲锋陷阵的拼杀精神。靠着这种精神与拼搏实践，华为已坐上了电信设施领域的第一把交椅。支撑这把交椅立稳不倒的，科技创新并没有起到决定性的作用。与同行业相比，华为的科技创新成果并非第一，也远远没有做到一骑绝尘。华为的研发优势主要在应用层面，而专利技术方面并不具优势，尤其是基础理论研究方面，华为一直是追随者，搞拿来主义。华为能走到今天，以狼文化、地垫文化著称的上甘岭精神发挥了核心作用。但这种情况在 2016 年发生了重大变化，任正非的态度似乎发生了 180° 转变。他在举国瞩目的科技创新大会上，把“以创新为核心竞争力”作为标题来讲，委实惊人。

“以创新为核心竞争力”这句话本身并不稀奇，很多企业的宣传墙上都能看到，很多公众媒体和自媒体都在宣传。但这句话从任正非嘴里说出来，意义就不一样了。别人也许是说说就过去了，大不了让人把这句话装裱一番挂在墙上以做提醒，但任正非是要拿出真功夫付诸实践。别人是把实的说成虚的，把实实在在的以创新为核心竞争力搞成了听得见却摸不着的空口号；任正非是把虚的做成实的，把口号做成实事，让人听得见也看得见，更能摸得着。别人是要耍嘴皮子光说不练不花钱；任正非是讲完了就真操练，而且是舍得花血本操练，舍得把自己的战略思想进行适当修正。

也许人们还清晰地记得，当年为了提炼“以奋斗者为本”这个理念，为了使华为具有真正的属于自己的战略思想，任正非硬把几个人大教授折腾了几年，天天开会探讨，不知道花了多少银子。而华为整个组织架构体系和运行机制，也都是围绕“以奋斗者为本”这几个字构建的。对华为而言，形而上地动一个字，形而下地就动一片人。核心理念的核字，就是有这种杠杆效应。在提炼与贯彻过程中，华为没少花银子，当然也没少得实惠。提炼并贯彻“以奋斗者为本”，让华为战略更加清晰，做到有的放矢，有的收益。

将以上甘岭精神为核心竞争力，调整为以创新为核心竞争力，显然是一个大转弯，对华为思想层面的指导意义，相当于邓小平提出的“科学技术是第一生产力”，都不再把人的“主观能动性”作为发展的核心要素来看待。某种程度上，相当于拉开了华为由人治走向法治的序幕。人治是讲干劲讲情绪，但容易被个人情绪影响；法治是讲方法讲科学，是在一个设计好的道路上发展，科学发展观嘛。

如果把这句话说得更实在些，就是这个调整对华为发展理念上的意义，使华为发展的方式也将跟着由改良变成了革命——创新引发质变，质变就是颠覆，也是革命。从此，华为再不会跟在潮头后面搞拿来主义的研发，而是要契合自己的行业领头羊的身份，在科技创新方面站在潮头搏风浪。这种转变无疑贴合了互联网时代的发展节奏，为华为指明了新的发展方向。当时代已以迭代的、革命性颠覆的方式前行时，你还在继续延续性创新——所谓延续性创新就是改良，就是搞拿来主义，那就跟不上时代节奏。

当华为的核心竞争力，由上甘岭精神调整为创新，由思想管理调整到技术创新，说明华为发展的根本驱动力在发生转移，由思想驱动变为技术驱动。这种发生在思想层面和战略层面的转移，必将带动一系列巨变。首当其冲的，就是企业发展主导者任正非的管理观念，其次是组织架构方式，即随着思想驱动力和技术驱动力的此消彼长，华为的组织形态也积累着巨变势能，一直被众人学习和模仿的金字塔一样的组织结构要变，狼性文化也要变，甚至内部的权力分布也要变一大片。而现在已经发生的变化是，华为比以前更注重技术首发，掏了更多的钱用在技术研发上，把上甘岭精神带动下的市场扩张放在居于研发之后的位置上。

把核心竞争力定位到创新上，是华为试图把鸡蛋从内部打破的理念调整，外表看来不动声色，内部却已翻江倒海。而率先发生的变化，就是孵化出了鸡蛋从内部打破的新生力量，即蓝军实体化。传统巨头企业在互联网时代最头疼的问题，是不知道自己的天敌会从哪儿跨界冒出来，不知道自己正在奋力拼杀的时候，会不会有人突然斜插过来劫一杠子，然后眼睁睁地看着即将到手的肥肉被人叼走，更可怕的是，有一天连自己的命都保不住。谁能说Google的气球和Facebook的无人机有一天不会替代华为呢？而阿里投入的量子计算机研发，又是否会有一天伸出贪婪的黑手呢？如果华为能想到这一步并做到这一步，就意味着华为永远不进入信息服务业的基本法撼动了，华为的产品线也有可能为自己建立了牢不可破的生态体系——Google手机和眼镜都是安卓系统，是生态决定物种，而不是相反。

任正非对互联网时代仍然心存疑虑，否则也不会只是把华为金字塔状的组织架构炸开一个口子。但，这也是一个了不起的变化。任正非说："华为过去是一个封闭的人才金字塔结构，我们已炸开金字塔尖，开放地吸取宇宙能量。”这个变化，已经触及了华为组织架构的实质。华为的管理结构，开始由一个相对封闭的系统，走向了一个相对开放的系统。当然，这种变化并不是从这次科技创新大会讲话开始，而是在最近一两年屡有提及。这种提及虽然只能算是下毛毛雨，但给华为的干部员工在思想准备上打出了提前量，待这次讲话将创新视为华为核心竞争力并提到了战略的位置，终于完成了重大转变的第一步。

华为的这种组织架构变革和“创新为核心竞争力”的发展理念，以及蓝军实体化，是一脉相承、逻辑协同的。有什么样的指导思想就会有什么样的组织架构与之相适应，也就是有了象牙筷子，就要配金饭碗。一损俱损一荣俱荣，否则全部落不了地。这种组织架构变革，意味着任正非以前围绕一元思想管理的组织架构将开始松动。当前华为的组织架构，仍然是经过阉割或改良的矩阵式管理体系。之所以说经过改良，是因为他的决策中枢仍然是任正非在帘子后面起决定作用，而不完全是集体决策。华为经常说，力出一源，利出一源。但背后就是心出一源，这里的心，就是任正非的思想管理。为了确保心出一源，任正非反对员工思考公司战略。曾有入职不久的一线员工向他提出公司战略方案，结果被他认为是思想不着边际而开除了。为了确保心出一源，任正非的管理风格就有点像洗脑，天天搞运动式的学习，非要把大家洗成狼文化。

而现在，面对互联网思维，面对避免被劫杀的形势，任正非已经宽和了许多，对年轻人的看法也发生了根本性的转变。“我们处在互联网时代，青年的思想比较开放、活跃、自由。我们要引导和教育，也要允许一部分人快乐地度过平凡一生。”这是一篇在面对国家元首讲话时使用的一句话，从中不但可以看出任正非惜字如金、字斟句酌，而且也表达了他对年轻人的真实看法。华为的权力金字塔炸开了口子，无疑将给组织带来一缕清风，避免员工成为只会不折不扣执行的木乃伊——有没有觉得僵尸更有狼文化味道？也避免员工成为只会埋头苦读圣贤书的范进。如果人人都是范进，华为就不会找到符合互联网社会的技术思想。而炸开口子，就能吸日月之精华——技术思想产生的方式解放，让每个人的思想都活跃起来，成为思想家、哲学家、实干家，积极参与到公司的事务中。再加上接了地气终端设备等蓝军队伍，那就等于收了大地之力量。如此一来，就上下通透了。

但这并不意味着华为的组织变革就此到位了，而是恰恰相反。一方面，开了口子的金字塔是和一元思想主导下的矩阵式管理组织结构有冲突的。本来前线和后线的双线指挥就够难的了，现在又开了天窗，领导核心还能协调好吗？另一方面，只炸开口子的金字塔，和互联网社会的发展仍不适配。随着时日的发展，这种不协调、不适配引发的冲突将会越来越大。比如说，华为大学的李二男说现在必须发展量子通讯，但研发部的李三男说要集中力量发展石墨烯，任正非是否需要都给他们筹钱呢？

所以，开了口的金字塔只能是一种过渡性的模式，华为距离能和互联网社会相匹配的组织还很远，不过是咖啡杯的结构。咖啡杯里并不会产生出真正的黑天鹅，因为天鹅不能圈养，而是需要野生的生态。直白地说，既可以做相对短期见效的石墨烯，也可以做长期见效的量子通讯，关键是在于怎样把握节奏，过早过晚的结果都是挫败。而任正非这个企业领袖要做的，就是利用手中掌握的各种资源，在需要的时候，能够从互联网社会的汪洋大海中召唤出海量的资金和人才。也就是说，华为仍然需要从构建开放生态的角度着眼去做组织生态布局。而这一点，除了可参考 Google 和 Facebook 之外，中国的张瑞敏也颇有借鉴意义。当然，国有国情，每个公司的情况也都不一样。战略节奏如何把握，需要有大家风范的智慧，对所有人都是挑战。

无论如何，由上甘岭精神为核心竞争力调整为以创新为核心竞争力带动的这种组织变革，已经撼动了传统华为的一元思想管理组织，并由此对华为产生了根本变化。最近几年，公众对颠覆创新产生了立场鲜明的两个派别。其中一派集中在传统企业巨头上，他们听到现在的年轻人说要像乔布斯和比尔·盖茨那样“去改变世界”“颠覆世界”时，总是报以痴人说梦或狂妄无知的嘲弄，认为缺少脚踏实地的精神。而任正非既有战略上的高瞻远瞩，又有战术上的脚踏实地，所以总能引起老一辈的共鸣，也更能将现实插上理想的翅膀，将理想变成现实。

规则就是法。法如水去，浩浩荡荡。顺之者昌，逆之者亡。以规则治理公司，就是道法自然，也是任正非一直苦苦追求的无为而治。在互联网的浩瀚大海里，任正非的一举一动都格外引人注意，他的战略思想的转变，必将使世界聚焦中国的目光再次聚焦于华为。

技术变革让市场颠覆

科技是企业发展的原始动力，倚靠拿来主义的企业虽然也能发展，但不可能长久，更不可能成为领跑者。没有投入就不会产出，在科技行业尤其如此。在中国科技企业中，华为一直是敢于常年大手笔投入进行研发的，而且投入金额在收入中的比例越来越高。在法国巴黎举办的华为第四届欧洲创新日上，华为常务董事、战略市场总裁徐文伟表示，华为每年在创新研发上的投入都非常庞大，一直占公司总收入的10%~15%，比如2015年华为总投入超过90亿美元，相当于总收入的15%，而未来华为仍将继续加大基础研究领域的创新和研发投入，投入收入占比将提升至20%，甚至达到30%。他还表示，欧洲是华为的战略重地，华为的数学、芯片、家庭终端和无线标准四个研发中心都坐落在法国，2015年华为在法国投入创新研发超过3亿美元。目前，华为在全球有26个研发中心，且大部分位于欧洲，包括比利时、芬兰、法国、德国、爱尔兰、意大利、瑞典、英国。徐文伟说："华为在欧洲已和200多位科学家、150家科研机构合作，赞助超过80个研究项目，投资7500万欧元在100所大学开展学术研究。"

今天，我们不再拿华为跟爱立信、思科比较，华为就是华为。大手笔的研发投入，使华为从一个追赶者，跃升为行业领跑者、各种标准的制定者、产业链的推动者、价值的贡献者。那么，华为的持续增长靠什么？可以说靠文化、靠制度，也可以说靠理想、靠情怀。与大多数企业聚焦当下不同，华为是一个理想主义者，是浪漫的现实主义。华为总裁任正非曾说，相比苹果，他更看好华为与谷歌，因为苹果是现实主义者，而华为与谷歌则是理想主义者。它的这一观点得到了多数人的认同，现实主义者有辉煌的时候，但终究逃离不了落寞。诺基亚、摩托罗拉、黑莓都是现实主义者，它们曾无比辉煌，但从辉煌的顶点滑落至可怕的万丈深渊，仅是一两年时间，快得令人错愕不及。有情怀的理想主义企业则与此不同，它们能展现出更长久的生命力，更强大的竞争力。

第 13 届华为分析师大会是一次思想碰撞的盛会，在为期两天的大会中，数字化转型、全面云化、联接及 5G 等成为关键词。而在十多天前，华为发布了 2015 年年报，三大业务集团均实现高速成长，全年营收高达 3950 亿元，同比增长 37%。脚尖垫得更高，视线才会更为开阔，才会不畏浮云遮望眼。华为决策层不一样的视界，决定了它的境界。因此，无论大环境如何变幻，华为总是按既有战略，步步为营，业绩与盈利能力很少受环境影响。甚至，华为还能将不利的经济形势视作战略突破机会，与客户一同开辟新大陆，夺取新胜利。

决策层是理想主义者，所有华为人也都是理想主义者。华为人相信，一杯咖啡能吸收宇宙的能量。面对未来的不确定性，华为人饱含激情。他们不安于现状，并奋力去打破现状，给客户创造惊喜，给消费者创造惊喜。不过，在华为轮值 CEO 徐直军看来：华为要在智能手机领域超越三星、苹果，目前来看，差距还比较明显。就这一问题，徐直军曾和余承东有过交流。余承东说华为在中国市场超越三星、苹果还有明显差距，但记者报道时漏掉了“中国”两个字。徐直军幽默地说：“我和任正非坚信不是媒体忘了写‘中国’，而是他压根就没说‘中国’两个字。”华为在中国市场已信心满满，他们瞄准的肯定是国际市场，是要在国际市场成为领跑者，这一点，徐直军不必明说，媒体记者也不必追问，双方都心知肚明，没有必要再去强调一下是在中国市场还是国际市场。尽管差距还很明显，但在徐直军看来，华为终端何时超越苹果、三星并不急切，厚积才有薄发，华为等得起。不管如何，华为手机打造高端品牌的梦想不会变，在消费者电子领域，中国企业迄今没有一个全球化的高端品牌，华为将会去填补这一空白，圆国人一个梦。

当下，中国企业很少谈研发，谈论最多的是营销，是如何把产品通过各种手段推荐给客户。这些企业一遇到经济转型带来的困境，首先想到的是压缩研发投入，整个战略规划也被打乱。华为则不同，不但不压缩，其研发投入占营收比例逐年提高，从过去的 10%，逐步提高至 15%。2015 年，华为近 600 亿元的令人侧目的研发投入，让其跻身全球前五。对未来技术不计成本的投入，让华为成为一家拥有无数尖端科技的企业。华为的麒麟芯片，一定程度上缓解了中国“缺芯少魂”的尴尬局面，目前已应用于华为的高端手机中，其性能处于行业领先。数据显示，截至 2015 年 12 月，麒麟芯片累计发货量超过 5000 万颗。但其中的艰辛鲜有人知，华为为此耗费的人力、财力更是惊人。华为从 1991 年开始成立 ASIC 设计中心，足足等了 22 年，麒麟 910 才开始规模商用。

过去十多年，华为在研发上共计投入 2400 亿元。在面向未来的研究和创新上持续加大投入，让华为在 ICT 的热点前沿技术上取得了领先，拥有很多“黑科技”。华为在人工智能、未来数据中心、5G 技术、电池极速充电技术等众多领域，成为行业的领跑者。比如人工智能，华为研究出了业界最先进的神经应答机，发明了神经机器翻译技术。4G 时代，华为与世界巨头站在同一起跑线；在 5G 技术方面，华为已将众巨头甩在后面，成为行业当仁不让的领跑者，成为产业生态的积极推动者，对整个产业有着巨大的贡献。华为率先发布 5G 的 SCMA、F-OFDM 以及 Polar Code 等新空口技术，能灵活适配各类业务，在不增加天线和频谱的情况下，可实现 3 倍频谱效率提升。新空口关键算法，在大规模 5G 低频外场验证中，已突破 3.6Gbps 的峰值速率。

移动办公已经成为不可阻挡的潮流与趋势，随着移动互联技术的飞速发展，HTML5 技术在企业级市场中开始逐渐兴起，并发展迅猛。一直以来，华为的 AnyOffice 产品解决方案立足于企业移动办公市场，旨在提供一套企业移动安全的解决方案。随着企业移动化进程的加快，2016 年 3 月，华为与云适配以及业内相关厂商一起，共同筹建并启动了第一个中国企业级 HTML5 产业联盟，一起促进 HTML5 在企业领域的应用，加速 HTML5 在企业市场的普及。

据了解，首届 HTML5 移动应用开发大赛于 2015 年 10 月在首届华为开发者大会发布，11 月开始正式启动，历时 5 个多月时间，期间历经专业讲师在线与开发者共同探讨、线下沙龙分享前沿技术理念等环节，到 2016 年 4 月作品提交截止日，共吸引 400 多家开发团体及个人参赛。经过评选，此次大赛共有 20 件入围作品，涵盖了阅读器、IM（即时通讯）、OA（办公自动化）、备忘录等一系列门类。通过从开发的应用实用性、企业应用用户体验、开发效率和开发工具的运用能力等多个综合方面考量，本次大赛最终评选出一等奖一名、二等奖两名、三等奖三名。华为交换机与企业通信产品线 AnyOffice 产品总监陈爱平、云适配创始人兼 CEO 陈本峰在当天的颁奖典礼上分别为获奖及入围作品的选手进行了颁奖。与现场百位与会嘉宾一起见证了这些优秀 HTML5 开发者辉煌的时刻。

陈爱平表示:“华为与云适配举办本次 HTML5 应用开发者大会仅仅是一个开端，未来，不管是在市场还是其他领域，华为都将会与各方合作伙伴进行相应的合作，以给开发者及合作伙伴带来更多利益。”据陈爱平介绍，本次大赛中的优秀 HTML5 应用将会被放到华为 AnyOffice 体验云上，结合 AnyOffice 解决方案，一起提供给客户。“这是未来我们 HTML5 产业联盟的运作模式之一，华为也希望借此促进联盟的生态发展。”陈爱平说道。众所周知，华为一直以来在业界秉承“上不做应用，下不碰数据”的定位，在 HTML5 应用开发领域，华为也将继续与相关应用厂商一起合作，由华为为应用开发者提供平台，并为他们提供商业机会。随着开发者的壮大，华为也将会借助联盟力量，致力于将 HTML5 生态形成良性循环。

而谈及整个 HTML5 产业的发展，陈爱平表示十分看好这一领域的发展前景:“国内 HTML5 的发展从 2015 年才正式开始，并且在企业级市场比较低调，但其发展却非常迅速。同时，企业级开发者更看重应用、看重安全，而华为的 AnyOffice 则非常注重企业级安全，随着时间的推移和联盟的壮大，相关的产业配套服务会逐步完善起来，企业级市场会大有可为。现在企业级市场，HTML5 依然是一片蓝海。”陈本峰也表示：根据云适配的调研，在 2014 年时，企业内部已经实现移动化办公的，有 46% 是采用原生应用，30% 多是采用混合应用，仅有 10% 左右是采用 HTML5 应用。但就在 2015 年，打算采用纯 HTML5 的企业占比已经上升到了 55%。“可以看出，从 10% 到 55%，其间巨大的跳跃彰显出 HTML5 在未来的市场中将大有可为。”陈本峰说道。

企业级的移动应用包罗万象，随着企业业务场景不断的变化，这一领域更加需要在各自领域各有所长的企业联合到一起，共同推进产业发展。对于华为与云适配的合作而言，华为 AnyOffice 在安全能力方面已经做了很多独特技术的积累，拥有成熟的自动安全加固技术以及数据防泄密能力。通过对华为 AnyOffice SDK 的自动打包技术，应用开发者无须额外开发即可支持对应用数据的加密能力，做到应用能够更快的符合企业决策者的要求。陈爱平表示：“我们的核心就是要尽可能地方便应用开发者，让开发者的应用能够与 AnyOffice 平台上简单地结合在一起。”

除了开发 HTML5 应用，云适配也非常关注应用的管理和安全操作层面，比如云适配推出的企业浏览器 Enterplorer 就是一个为企业提供安全、可控、可扩展的 HTML5 移动应用的统一入口和统一管理平台。陈本峰也说：“由云适配牵头，与华为等 7 家业内巨头一起发起成立中国企业级 HTML5 产业联盟的目的，就是希望能够在这个联盟里面联合能服务于企业、满足各种各样需求的优秀产品或解决方案提供商，一起为用户提供完整的解决方案。”HTML5 带来的不仅仅是产业的升级，其跨平台、易传播、易分发的特点和性能也大大拓展了企业的应用及拓展渠道。在当今的企业级市场中，HTML5 无论在企业级应用还是在技术方面都有着非常良好的前景，HTML5 无疑为我们带来了更大的发展机遇。最后，陈爱平向记者表示：接下来，华为还会继续举办企业移动化相关的赛事活动。华为也希望与诸多合作伙伴一起携手并进，共同成长，共赢 HTML5 时代企业移动化快速增长的红利，共促 HTML5 生态圈的良性发展。

科技的舞台没有边界，科技的领域里只有做不到的，没有想不到的。华为最新研发出来的电池快充技术，处于绝对领先地位。使用华为快充技术，3000毫安的手机电池，5分钟便可充入48%的电量，连续通话10小时。华为在材料领域有极深的研究，其快充技术采用新型分子结构的负极材料。这种材料具备高速的物理/化学双重储锂功能，充电速度较普通手机提升了10倍以上，而电池的能量密度和使用寿命不会受到影响。华为这项技术大规模应用后，将会给智能手机带来更大的突破，让充电更高效。在法国巴黎举办的华为第四届欧洲创新日上，华为展示了全球第一个320T的全光交换设备，吸引了众多媒体和客户的目光。而华为常务董事、产品与解决方案总裁丁耘在这次分析师大会上透露，“电交换设备功耗大，华为通过引入革命性的光交换技术，使得整机功耗降低到只有200W，功耗节省99.9%。华为的这个产品，2015年年底可以试商用，2016年将进行全面商用。”可以肯定，这样的革命性技术，对整个光通信领域将是一场颠覆式的革命。

华为的领先是全面的领先。比如不同网络制式的算法，被华为俄罗斯研究院的一名小伙子给打通了，这让华为在这一领域遥遥领先竞争对手。华为的领先更是境界的领先，是胸怀的领先，是敢为国家为民族为人类担责的领先。华为是理想主义者，但不是空想主义者，华为的理想是有理论指导的。华为轮值CEO郭平曾说：“我们不但要有理想，还要有理论，理想能拉远我们的眼光，理论能垫高我们的双脚。我们要敢于探索未来十年二十年的技术思想、数学模型、算法……为人类社会提供一些基础理论。”

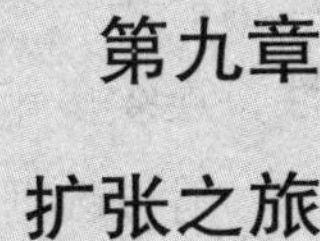

第九章
扩张之旅

华为在国际扩张方面似乎不计代价，以优厚的报酬从海外竞争对手那里挖来员工。在海外市场，公司对当地服务合作方的依赖也增加了经营成本。但这是必须要完成的功课，如果不花钱壮大自己的公司，不符合当地标准，就不会获得一个非常稳健的本地市场。

从中国巨头变为国际巨头

2016 年 4 月 1 日，西方的“愚人节”，经常不按套路出牌的华为出人意料地选择在这一天公布了 2015 年的财报，如同一颗炸弹扔进水里，激起了千重巨浪。华为不是上市公司，不公布财报也无可厚非。但是，华为就是这样任性，连续多年来主动向外公布，显示出超人的底气。

财报数据显示，华为 2015 财年销售收入 3950 元人民币（约 608 亿美元），同比大增 37%；净利润 369 亿人民币（约 57 亿美元），同比增长 33%，连续 4 年净利润增长超过 30%。这份财报拿到世界上去对比，其业绩表现都超过同财年的思科、爱立信、诺基亚等同行巨头。2016 年公布最新的世界 500 强排名，华为从 2015 年的全球 228 位跃升到了 129 位，短短一年之内，其跃升跨度达 99 位之多，这不能不让人感到强烈的震撼。更为重要的是，华为这一系列经营成果的取得是在中国经济步入“新常态”、国内大多数企业都在爬坡过坎承受阵痛的时候。有媒体报道，2015 年前三季度，剔除华为之后，深圳龙岗区的规模以上工业总产值出现负增长，利润总额更是下降达 16%。龙岗官方在内部报告中指出:“我区工业经济前三季度保持了平稳发展态势，这都得益于华为公司的高速发展，若无华为数据支撑，我区工业各项指标均不理想，处于盈利困难且发展阻力加大的境地。”

一家企业牵动一个城市的神经，在中国绝无仅有，在世界也不多见。在大多数同行科技企业都陷入低谷的时刻，甚至有的企业已经开始为生存而思虑的时候，华为应收利润持续连年大增，2015 财年末账上净现金已经达到令人咋舌的 962 亿人民币，不能不引起更多人的关注。那么，他们这是如何做到的呢？从国际上看，通信设备商行业近些年风云变幻，一批原来领先的企业破产、重组或者被兼并，失去了往日的光环。但是，华为却能未雨绸缪，早早看到了行业发展趋势，在企业业务、消费者业务上提前布局，在最近几年走出了与众不同的高成长曲线。

华为终端的完美表现，也让很多人对其寄予厚望，创始人任正非在讲话中对消费者 BG 业绩目标相对明确，提出终端要敢于 5 年内超越 1000 亿美金的销售收入。如此来看，仅仅依靠智能手机一个品类显然不够。实际上，华为消费者业务并非只有智能手机，而是广种薄收，现在达到了全面开花即将结果的程度。几年来，围绕核心业务，华为积极布局智能穿戴、智能家居、车联网等领域，并且积极与全球顶级伙伴合作共赢，携手打造更美好的全场景智能体验和智能生活服务。在创新思想指导下，可穿戴设备如智能手环和智能手表、平板产品、二合一笔记本产品不断跨界创新，车载智能技术和产品也获得奥迪、大众、奔驰等全球一线品牌合作、认可，一波又一波的创新新产品不断冲击着人们的神经，令人目不暇接又敬佩有加。

华为业已形成的强大冲击力还有一个重要原因是，华为以强大的研发能力和渠道营销资源布局周边智能终端产品，实现了云管端的整体协调发展，华为因此形成了坚强的原动力，为企业发展提供源源不断的创新技术和产品支持。早在阿姆斯特丹“2015 5G 全球峰会”就颁出了当年“5G 最杰出贡献奖”。在这项全球通信设备巨头全力角逐的评比中，华为最终摘得桂冠。这意味着，华为在 5G 领域获得了专业认可，抢占了技术先机。这种战略思路，企业想不高速增长都难。财报显示，华为 2015 年研发投入 596 亿元人民币（92 亿美元），占销售收入 15%，比 2014 年的 408 亿元增加了 188 亿元人民币，同比增长 46.1%。根据统计，2006 年华为研发投入仅为 68 亿元，此后每年保持阶梯式增长，截至 2015 年其研发投入累计超过 2400 亿元人民币（约 370 亿美元）。

华为合作范围扩大，营销创新不断，品牌影响力不断提升。产品质量好，创新能力强，就会带来好的口碑和品牌认知度。凡此种种，形成了华为的良性循环和叠加效应。GFK（总部在德国纽伦堡，全球五大市场研究公司之一）数据显示，华为智能手机中国市场超越苹果、三星，零售份额排名第一；欧洲区域、拉美、中东、非洲规模也实现快速提升。而 Kantar Worldpanel ComTech（移动通信消费者指数）发布的 2015 年第三季度数据也显示，华为手机在欧洲五大市场（英国、德国、法国、意大利和西班牙）份额由 2014 年的第六名跃居第二名，华为消费者业务在前沿科技、极致体验等领域持续创新，与更多合作伙伴开放共赢，努力探索科技与人文、时尚、艺术等领域的融合创新，品牌知名度、产业影响力、消费者喜好度等得到进一步提升。2014 年至今，华为已经在全球 20 多个国家进行了 30 多个品牌赞助项目，其中 70% 的项目为体育赞助，最近更是签约足球巨星梅西，实现了体育营销的新跨越。

所有的企业都希望基业长青，但往往能坚持数十年的极少，华为三十年的发展表明，其正向着百年老店方向发展，市场嗅觉灵敏，研发投入巨大，转型决心坚定，创新产品层次清晰，营销模式推陈出新，这就是创造高增长常态的秘诀。

华为突围海外大布局战略

当众多外资企业纷纷进入中国的时候，当众多企业在中国市场激战的时候，当他们大把大把地挣中国钱的时候，华为却实行反突围，把手伸向了域外市场。1997 年进入俄罗斯；1998 年进入印度；2000 年进入中东和非洲；2001 年迅速扩大到东南亚和欧洲等 40 多个国家和地区；2002 年成功进入美国……一年一个大步前进，让华为过足了挣外国钱的瘾。1996 年，中俄确立了战略协作伙伴关系，华为抓住这一国际关系变化中隐藏的商机，加快与俄罗斯的合作并开始进入大独联体市场。历时三年间，华为在莫斯科与西伯利亚首府诺沃西比尔斯克之间铺设了 3000 多公里的光纤电缆。

对于通信领域领先的欧洲市场，华为进入的策略是首先与欧洲本土著名的一流代理商建立良好的合作关系，并借此来进入本地市场。相比较而言，开拓拉美市场费了很大周折。由于金融危机，拉美地区经济受到了重创，而这些国家的电信运营商多是欧洲或美国公司，采购权在欧洲或美国公司总部而不在拉美当地。针对这些情况，华为采用了一个重要的策略，即沿着中国的外交路线走，用国家外交手段支撑进入拉美市场。这个策略在亚非市场也同样获得成功，在巩固和发展同周边国家友好合作关系的同时，也带去了深受欢迎的产品。2003年华为的海外业绩表开始显出一些华丽：GSM、CDMA产品已经进入独联体、泰国、印度、葡萄牙等40多个国家和地区，移动通信产品的海外销售额达到3.8亿美元，比2002年增长216%；WCDMA产品在中国香港和阿联酋商用，成为全球第七家、国内第一家具备WCDMA商用能力的设备厂商。此时的华为已经完成了亚太、欧洲、中东、北非、独联体、拉美、南非、北美8大区的布点，其中，东欧、独联体、中东、亚太等地已经形成“规模销售”，即进入了当地的主流运营商，并有持续的采购。

华为一边在发展中国家扎根，一边在发达国家逐渐扩大“战果”，两线作战，收获颇丰。如今华为在欧洲已小有名气，成功地切入欧洲腹地。进入对手最多和最强的美国市场，标志着华为真正进入了国际市场。但在当初，华为在美国市场的扩张频频受阻，《华尔街日报》曾报道：美国众议院情报委员会将调查华为等企业在美国扩张业务的过程中是否给美国国家安全带来潜在威胁。这一报道无疑给对美国市场充满信心的华为一记重击。随后，财新传媒又爆出前摩托罗拉公司工程师金函娟窃取摩托罗拉商业秘密3项罪名成立，每项罪名将面临10年刑期，而摩托罗拉公司提供的系列证据表明，金函娟等窃密案的幕后策划及“买家”正是华为。令其雪上加霜的是，印度最高法院也要求政府取消多家电信运营商共计122张运营牌照，而华为向多家面临牌照危机的运营商出售了总计约8亿美元的网络设备。这就意味着，华为不得不面对来自印度市场的回款风险。

为能在美国市场站住脚，华为采取了增加透明度的多种策略，包括承诺其设备可以利用第三方机构进行安全检测等。但美国政府对华为的态度仍然难有根本转变，并且摩托罗拉案件之后，华为公司的经营诚信和企业道德也被画上了一个大大的问号。不过，美国政府的指责，华为并不买账。华为轮值CEO郭平认为，华为过去20年在美国市场的销售很少，基本没有卖过关键产品，因此对美国市场的影响很小。他还学会了外交人员的答话方式："美国网络过去以及现在是否安全，跟华为没有任何关系。"也有声音认为，美国众议院的安全报告对华为的整个海外市场都将产生示范意义和消极影响。郭平对此指出，美国的报告确实引起了全球对安全问题的关注和讨论，但对华为全球没有实质性影响，华为愿意基于事实，以公开透明的姿态，与利益相关方进行讨论。

海外市场的扩张或成为华为的"劫"点，也或成为其突破瓶颈的拐点。当然，外媒对中国企业的经常性高估，也有"捧杀"中国企业的嫌疑。从欧洲反倾销调查、印度要求中国设备商公布源代码事件等等，外媒都起了煽风点火的作用。但华为坚持走品牌路线，走可持续发展路线，最终赢得了市场。跟西方人打交道就得学会西方人的方式，华为学会了摘去头顶上的神秘光环，以越来越透明的表现赢得西方市场。2012年，华为投资控股有限公司董事、CFO孟晚舟指出："未来华为会更深入地、逐步公布更详尽的财务数据。"当年的轮值CEO郭平与孟晚舟一起面对中外记者进行了业绩说明。更多的华为高层开始频密地走进公众视野，其中也包括过去极少露面的任正非。同时，华为打开市场的方式不再单纯依靠性价比优势，比如在英国，就已经开始通过慈善事业等方式让外界认知。

从功能机跨越到智能手机，中国市场好像一锅被逐渐烧开的热水，无数国产手机厂商经历了一段令人兴奋与疯狂的美好时光。然而仅仅过去五年时间，消费者的热情就已大不如前，其换机需求已超过新机需求，在此背景下，崛起于中国的各大手机厂商便把目光投向了更为广阔的全球市场。中兴凭借政府的家底去了美国，却被苹果压得抬不起头；不重视研发的小米则希望在印度复制自己在中国的成功，然而刚一登陆印度便接到了爱立信的律师函。相比几大手机厂商而言，只有华为以其独特的生存之道，走好了一条海外扩张之路，堪称成功的典范。

对于无数的中国年轻人来说，真正认识华为是在华为进军智能手机市场之后。他们并不知道，在此之前，华为已经在艰辛中前进了二十多年。事实上，华为在海外开花并不是在智能手机之后，早在 1998 年，华为就在印度的班加罗尔设置了研发中心，随后又在世界各地设立了 23 个研究所，并积极参与国际标准的定制，加入到上百个国际标准组织。其员工总数当中，研发人员占比始终高达 40% 以上。2010 年，华为超过诺基亚和西门子，正式成为仅次于爱立信的第二大通信设备制造商。

华为的成功与小米的受挫，差距在于技术研发方面。小米做的只是手机，而华为则明显是一家设计终端、通信、宽带和互联网等多种行业的庞大企业。其多行业的纷纷出国，更是为华为的海外市场打下了坚实的基础。如今，华为已经与欧洲企业签署了 15 项合作协议，内容涉及广泛，从云存储到电信设备，再到网络安全。其运行之流畅，业务之全面，让你很难想象这是一家来自中国的公司。尽管在美国受到了各种各样的限制，但是在更加开放的欧洲，华为充分证明，中国企业完全可以在海外立足。合作永远是华为的主题。20 世纪中国通信行业爆炸式发展时，华为就创造性地通过跟各地区的电信公司合作成立分公司，来达到扩大市场的目的。对于各电信公司来说，这简直是天上掉馅饼的好事，不仅在买设备上价钱更加便宜，而且事后还会从分公司获得收益。这让无数电信公司认为华为是“自己人”，最疯狂的时候，许多电信公司甚至提前报废设备，转而安装华为的产品。这种合作思维，是华为打开国外市场的第一把钥匙。

华为的第二把钥匙，则是用西方的大脑进行思考。2011 年，当华为反击摩托罗拉的时候，《华尔街日报》评价，这是中国第一次以知识产权为武器反击西方。用西方的思维去做生意，注重法律、产权和契约精神，这是每一个想要前往海外的中国企业应该向华为学习的。就目前而言，华为大概是唯一一家把手机产品卖到 3000 元以上而没有人骂的企业。展望未来，华为也能够从全球第四大智能手机生产厂商，顺利跻身前三名。

华为的国际品牌之路

在智能手机方面，华为一直有一个梦想，即要在5年内超越苹果和三星电子，做到全球第一。据英国《金融时报》2016年4月28日报道：斯嘉丽·约翰逊一脸爱慕地凝视着金属机身经过喷砂工艺处理的华为P9智能手机的双镜头。这位好莱坞明星为该产品拍了一则广告。按智能手机销量计算，这家私人公司如今已经在全球排名第三。

但是与智能手机的“华为梦”相比，其在电缆、路由器和交换机方面的梦想更大。华为在2003年才开始制造大众手机，为其电信运营商客户包括电讯盈科、沃达丰和Emobile等贴牌制造手机。而华为在成立时则是一家电话交换机制造商，后来逐步发展为一家业务广泛的公司，其电信设备销量大约占到全球的三分之一。华为消费者业务全球首席营销官张晓云表示，华为希望不仅仅因设备本身而为人所知。华为相信，其手机的技术质量可以媲美市场领军者，但感觉缺乏品牌知名度。为此，一向低调的华为不惜斥巨资开展广告宣传活动，比如聘请约翰逊以及演员亨利·卡维尔、模特卡莉·克劳斯和足球明星里奥内尔·梅西代言。

习惯了独来独往的华为还学会了与其他品牌合作。P9配备了高端相机公司徕卡的摄像头，华为的一款智能手表镶嵌了施华洛世奇的宝石，华为的平板设备采用了哈曼卡顿音效。张晓云表示：“对我们来说，打造高端品牌不仅仅为了赚钱；它还与我们自己的自我形象有关，与打造华为全新的视觉表达有关。”她说：“不同之处在于，现在我们决定打造一个品牌，而不是只做一些广告宣传。”外界对华为的广告宣传活动看法不一。独立的战略顾问、苹果公司原中国及亚洲营销负责人尼克·阿诺德表示：“我不反对酌情聘请代言人，但当你有了一系列迪卡普里奥的广告的时候——我认为他们会因此知道你，但我也认为顶级消费者会想得更多。他们会想：如果没有报酬的话，斯嘉丽·约翰逊真的会选择华为吗？”北京智库互联网实验室创始人方兴东表示，广告活动从根本上来说并不重要：“他们将获得关注，这很重要。但真正重要的是拥有一款具有竞争力的手机。”然而，尽管在广告的作用方面有不同说辞，但华为的手机卖得不错，这一点没有人怀疑。华为在国内市场的销量与新秀小米匹敌，在全球仅次于苹果和三星。

2012 年，美国国会一个颇具影响力的委员会无端指责华为窃取机密，虽然华为对此予以否认，但其在美国销售其大型电信设备的市场行为被禁止了。为此，华为不得不将重点转向欧洲和新兴市场。分析师表示，华为寻求成为全球品牌意味着该公司有可能扩大其智能手机的利润率，尽管智能手机业务的利润非常低，但华为有信心有能力成为市场领军者。野村证券的中国科技行业专家黄乐平表示，在智能手机领域，“拥有差异化产品会形成一个良性循环——你可以把价格定得更高，然后你可以在研发上投入更多钱，从而进一步扩大差异化。”他说：“品牌是逐步积累起来的资产，迄今没有中国公司在这方面取得成功。”早在 2015 年 12 月 22 日，华为举行了“2015 华为手机 1 亿台庆典”，成为中国第一家、全球第三家智能机年发货量过亿的厂商。这意味着 2015 年华为每一秒就出货 3 台手机，也意味着华为具备了冲击全球手机第一阵营的能力。如今，伴随着“中华酷联”的响亮品牌，华为产品驰骋海内外，已经应用于全球 170 多个国家，服务全球运营商 50 强中的 45 家，打造了一个辉煌的“手机帝国”。

时光回溯到 2011 年，华为手机出货量仅为 2000 万台，那时的国产手机主要定位于中低端市场，但从长远来看，要想在用户心中形成良好的品牌效应，绝不能只依靠低价策略，必须打造出自己的明星产品。通过不断探索，华为逐渐让自己的手机产品向中高端市场发展，2012 年发布的 P1 是华为手机进军高端塑造品牌的首个尝试。华为消费者业务 CEO 余承东介绍，华为在近 5 年里经历了 3 次巨变：第一次是 2011 年开始走自有品牌道路；第二次是从 2012 年开始构筑自己的渠道零售能力；第三次是从 2013 年开始走华为品牌和华为荣耀两条路，跟苹果、三星角逐高端市场，跟小米、魅族等国内厂家角逐中低端市场。

在品牌塑造上确定正确的发展方向并不遗余力地坚持走品牌路线，华为迎来了飞速发展的黄金时代。2015 年 7 月 16 日，华为取得了印度政府的一项关键生产许可，为华为成为首个在印度生产手持设备的中国公司铺平了道路。而在欧洲市场，华为也取得了骄人业绩。数据显示，华为智能手机在欧洲中高端市场份额大幅增长，在西班牙，华为 2015 年 10 月智能手机的市场份额为 13.8%，高端智能手机份额为 55.9%；在意大利，华为 2015 年 10 月智能手机市场份额为 10%，高端智能手机份额为 21.6%；在西班牙、意大利、比利时、瑞士、新西兰、葡萄牙、沙特、哥伦比亚等多个国家和地区，华为智能手机的市场份额排名前三。可谓亲手栽花花必开，有心插柳柳成荫。展望未来，华为将努力深耕国内市场，向更广阔的基层拓展。华为日前正式发布了“千县计划”，将建成覆盖 1000 个县城的实体店，首批 50 家县级专卖店已经开张。华为将继续努力打造一流的中国手机，让每一个中国人用得起、用得好。

华为身上有很多独特标签：任正非、不上市、国际化、股权激励、轮值 CEO……在此之外，华为被人认识的领域应该更广，有人以“世界都怕他”为题对华为做了一段精彩评论：如果没有它，西伯利亚的居民就收不到信号，非洲乞力马扎罗火山的登山客无法找人求救，就连你到巴黎、伦敦、悉尼等地，一下飞机接通的信号，背后都是华为的基站在提供服务。8000 米以上喜马拉雅山的珠峰，零下 40℃的北极、南极以及穷苦的非洲大地，都见得到华为的足迹。“每个光鲜表象的背后，都有默默的付出。”在华为高管张宏喜看来，华为现在全球 100 多个国家发展业务并且在全球最佳品牌百强中占有一席之地，不过在海外建立品牌并不是容易的事情。

在第三方咨询机构 Interbrand 发布的第 16 届最佳全球品牌排行榜中，华为成为第一个进入全球最佳品牌百强榜单的中国品牌，其品牌价值 49.52 亿美元，排名跃升至 88 位。漂洋过海去打拼，与世界巨头分享电信市场的蛋糕，并不是一件容易的事。张宏喜在接受《第一财经日报》记者专访时表示：“海外拓展一开始是比较艰辛的，肯定会面临知名度、认可度、美誉度的问题，这对一个公司来说，无论走向新市场，还是新领域都是会自然发生的事情。”在张宏喜看来，面对挑战，能够坚持真正地把客户放在心目当中，就一定能够做好，“最重要的是做好内功，将核心价值观传递给客户、合作伙伴、员工，使其能够真正地认知、认可，能够被体验到，这是做品牌的核心，当然也是需要时间的。”长期观察中国企业海外拓展的 Interbrand 总经理姚承纲也认为，大多数中国企业在海外发展过程中，在打造品牌持久发展的清晰度、市场反应能力等方面存在着一些普遍的问题。

“首先，品牌是由内而外的，但很多中国企业试图用传播的方法来解决所有的品牌问题。”姚承纲说，有些企业会先传播品牌要怎么样做，但企业内部的传统思维还没有转变过来，可能说一套做一套：总是想办法把已经生产出来的产品尽快卖掉，而不是真正地以用户为中心来完善整个自己的业务流程以及重构自己的 KPI（关键绩效指标法）指标。其次，现在的时代不再是产品层面的简单竞争，企业需要注重品牌体验的丰富度。姚承纲发现，很多企业对于品牌体验分布在不同的职能部门，每个部门只是聚焦在自己的领域，“应该围绕着品牌价值出发而重构，打破部门之间的壁垒，一起去思考应该给用户创造一个怎样的核心品牌体验”。再次，除了把产品性能做好，品牌能否带来一种感性的期待，是否能够让用户对品牌产生期待，而不是对产品。对产品产生期待，比如手机产品可能六个月到九个月就是一波，你不得不去期待下一个爆品，像赌博式的成长。但是对于品牌产生期待，比如苹果，消费者会永远追着它去买 iPhone 的下一代。

华为海外发展战略

早在 1999 年 6 月，华为就给当时的荷兰移动运营商 Telfort 首席执行官托恩·安·德·施蒂格在阿姆斯特丹的办公室写过一封信，表示要成为 Telfort

公司的供应商。也许是生疏的原因，这封信没有立即得到回复。直到月底，在一家研发集团的会议上，华为的名字才得以与安·德·施蒂格先生再次见面，其以远低于对手的价格提供有竞争力的技术，引起了这位首席执行官的兴趣。不到6个月，Telfort就选择华为来建设它的第三代(3G)移动电话网络，并拒绝了爱立信的报盘，这标志着华为在欧洲竞争激烈的3G市场上取得了第一个胜利，也标志着华为跻身一流电信设备供应商之列。而在此之前，安·德·施蒂格曾担任爱立信驻荷兰的首席执行官。安·德·施蒂格"舍己予人"的转变，更能证明华为产品的竞争力之强。华为以此为基点，吸引了全球的关注。"我完全相信……3年之后，华为将成为电信领域最大的基础设施供应商之一。"安·德·施蒂格先生说。

华为的崛起，引发了包括阿尔卡特、思科系统、爱立信、朗讯科技和北电网络在内的一些高科技领域老牌领先企业的疑虑。他们担心，如果华为在价值链上攀升，将会给他们带来巨大威胁。不少人都有这样的印象，中国企业生产的产品质量不可靠，但价格低廉。而今，华为正同这种观念做斗争。一方面，华为正在加大研发力度，加强质量管控；一方面继续发挥价格优势，在市场上四处出击。华为的产品价格可以比老牌供应商的低30%，这使华为在激烈的市场竞争中占尽先机。爱立信销售与营销部执行副总裁贝尔特·努尔贝里回忆说，当他3年前在老挝和柬埔寨等国第一次遭遇华为时，其价格"低于我们的底线价格"。

为了赢得合同，华为还提供了一些有力的刺激手段。2001年，法国电信运营商及互联网服务提供商Neuf Telecom先前已圈定了一些公司，将邀请它们投标，建立一个宽带互联网络。这时，一位华为高管打来电话，询问能否让华为也参与这份合同的竞争。"我们颇感兴趣，但（他们）在中国，（我们想）他们在法国这边部署网络的能力如何呢？"Neuf的首席执行官米歇尔·保兰回忆说。华为管理人员回头带来一份无可匹敌的报价：他们将建设部分网络并负责运营3个月，以便Neuf的工程师对之进行检测——统统免费。华为花了不到3个月的时间建成这部分网络，据保兰先生估计，建设花费数百万欧元，并为 Neuf 节省了原本所需支付费用的 10%~20%。最终，华为赢得了这份合同。

客户形容说，华为很乐意定制技术，以满足客户的特殊要求。保兰先生说："他们列出要求，然后作出回应。"日本公司在开始海外扩张时，常从总部派遣管理人士前去。而华为则设法雇佣本土人员，他们在巴黎、伦敦、纽约、加拿大和澳大利亚展开招聘，以本土人才优势为华为在海外开疆扩土效力。在法国，华为把硬件安装和一些服务外包给当地合作伙伴，销售和项目经理也是从当地雇佣的。华为认为，最困难的部分是服务，两者间存在文化和制度上的差异，而本土人士则更容易融入环境并顺利开展工作。这些战术帮助华为在 2003 年获得了 10.5 亿美元海外合同销售额，远远超过总部同在深圳的国有竞争对手中兴通讯。虽然与电信设备行业巨头公司的标准相比，这些数字还很小，但华为和中兴正在整个行业激起涟漪。

研究机构加特纳驻北京的首席电信分析师田雨表示："为了降低成本、使自己的价格更具竞争力，这些跨国公司都在进行重组和整合，而这一切的部分原因都在于，中国企业在市场提供的价格较低。"为了削减成本，全球电信提供商正把更多业务活动转移到中国，以利用中国低成本的工程和制造能力。阿尔卡特分别与上海贝尔以及 TCL 建立了合资企业。上海贝尔是一家电信设备制造商，而 TCL 是电子品巨头企业。北电网络已与电子产品集团中国普天结盟，制造 3G 移动设备。思科系统正投资 3200 万美元在上海建立一个研发中心。电信咨询公司 Intercedent Asia 驻香港的董事总经理罗斯·奥布赖恩认为，华为的战略为电信运营商提供了一种方法，当它们不得不为客户提供更复杂的服务时，可以用这种方法省钱。"从某些意义上说，华为揭开了科技基础设施远景的面纱：东西越来越先进，但电信运营商提供的服务越来越便宜。华为是第一家这样的公司。"

日本和韩国公司在打入欧美市场之初，常会被认为产品质量低劣，这种固有思维同样也用到了华为身上。一位在华为待过的观察人士表示，华为有很多产品似乎是从业内其他公司的产品中派生出来，不管是来自"专利挖掘”，还是来自反向设计。前者是一种合法程序，仔细搜寻各种专利资料以发现机会，而后者包括购买竞争对手的产品，把它拆开，并在对手的设计基础上设计出一种产品。“我从未看到它们制造的哪样东西是用原创技术。”

华为的一些国际竞争对手也多有指责，认为华为还没跟上行业革新的步伐。阿尔卡特移动通讯业务的首席运营官马克·鲁昂内表示：“我注意到，亚洲厂商在整合这些新技术的速度上落后了。”他是指将高速互联网连接、语音和视频点播结合起来的服务，电信运营商正开始提供这种套餐服务。但华为并不同意这种说辞，执行副总裁徐直军表示：“这是无稽之谈。”他不假思索地列出一份技术产品清单，这些产品都是华为首先推出的。“如果你和我们的竞争对手交谈，它们总会这么说。对它们而言，这是在这些市场阻挡我们的最有效策略。”不过，对于华为还有其他中国高科技公司来说，持续的海外扩张不仅需要创新，还需要财力资源。华为的扩张成本很难测算，因为它不是上市公司。虽然华为正考虑首次公开发行，但它目前依赖现金储备和银行贷款为其增长提供资金。2001 年 10 月，公司以约 7.5 亿美元的价格将一家供电公司卖给爱默生电气。2015 年，华为获得 29 家银行的 3.6 亿美元银团贷款，这些银行包括荷兰银行和汇丰银行。中国进出口银行、国家开发银行等国有银行也助了华为一臂之力。

华为在国际扩张方面似乎不计代价，以优厚的报酬从海外竞争对手那里挖来员工。在海外市场，公司对当地服务合作方的依赖也增加了经营成本。但这是必须要完成的功课，如果不花钱壮大自己的公司，不符合当地标准，就不会获得一个非常稳健的本地市场。这一点，华为看得很清楚。华为的现金是充裕的，所以他们愿意在不受外部投资者审查的情况下开展业务。在一个由上市公司唱主角的市场中，由于不必披露财务结果，因此华为可以在投资、定价或产品系列方面做出一些决策。这是华为的决策优势，是已经上市的竞争对手不具备的。

拒绝机会主义成就国际华为

电信市场时刻都在上演你方唱罢我登场的好戏，一个巨头黯然退出，另一个巨头却由此粉墨登场并大放异彩。1992 年之前，摩托罗拉如日中天，却没料到已处于生死存亡边缘的诺基亚开始转向手机业务，并于 6 年后取代了行业第一的位置。2000 年，诺基亚进入鼎盛期，但没坚持多久，2007 年 iPhone 问世后逐渐衰落，直到几近销声匿迹。iPhone 令人惊艳的外观和体验造就了一个市场神话，但七八年过去，iPhone 渐渐从“爆品”演变成“用品”，近来也开始由高走低，苹果公司创下了 13 年来最差业绩。

下一个崛起的会是谁?

在巴塞罗那举办的第 16 届世界通信展上，最引人瞩目的是中国的华为。很多公司只有一个展台，合起来有二三百平方米，华为有两个展台，一共 6000 平方米，从终端到设备的布展，透露出华为当下和未来的战略格局。正如很多媒体所评论的，华为是这次展会事实上的主角。如果把时间往前推 10~15 年，通信业还看不到华为称霸的格局，诺基亚等霸主在通信展会上风光无限。如今，那些早已黯然失色的企业，再也没有能力在这种世界性的展会上尽显风采了。这不能不让人想起哈默尔在《为未来而竞争》中的那句话:“那些独占鳌头的企业在新的游戏规则中也许不会马上消失，但也会逐渐地变得无关紧要。”

华为的风光之前也曾有过惨淡。2003 年，在法国戛纳举办的世界第一次通信展，华为开拓海外市场非常艰难，刚开始时，一个季度颗粒无收。那时，华为在 3G 技术领域已投入巨大资源，产品做出来了，但中国 3G 牌照的发放却遥遥无期。迫不得已，华为只好转战欧洲市场，但那里却是“针插不进、水泼不进”的状态。后来，华为使出了看家本领，把设备免费送给欧洲电信运营商试用。原以为能借助这个办法挤进欧洲市场，却没想到被对方一口回绝。原因很简单，通信设备要求高度稳定性，一旦出现问题，负面影响非常大，所以运营商对设备提供商特别挑剔。在稳定的欧洲市场，更不可能接受一家来自中国、设备的稳定性还没有被验证的设备提供商。

一个偶然的机会，华为得知戛纳有一个世界通信展，兴冲冲跑过去。展会主办方没听过华为，当时“中国制造”给人一种不好的印象——低价、劣质、不可靠，加之主会场展位已满，最后华为的展台被安排在展会之外一个临时搭建的帐篷里，展台只有二三十平方米。

虽然只有这区区二三十平方米的展台，毕竟也是在欧洲人面前展示自己的机会，华为人精心布置，可以说是铆足了劲儿要给世人看看，但整个展会期间却没有一个客户光临。原因同样很简单，一个主展馆之外、不知名的中国企业的展台，哪个客户愿意去光顾呢？奉命前去做此项工作的余承东，面对此情此景，内心五味杂陈，失落、痛苦、煎熬不一而足。

终于，13 年后，华为在帐篷里二三十平方米的展台变成 6000 平方米的超大展台。白天的展览结束后，各国电信运营商代表相聚在巴塞罗那“国家宫”，参加“华为之夜”。国家宫是巴塞罗那 1929 年举办世界博览会的主会场，中心有一个高大雄伟的穹顶，刚好像一顶巨大的帐篷。看到 2500 名不同肤色的华为客户，华为已经成为一家真正国际化、源自中国的世界级公司。“华为之夜”的主要活动是晚宴和演出，演出分 3 个舞台，压轴节目是世界著名盲人歌唱家波切利的演唱。看到任正非总裁喜悦而淡定地与客户交谈，有谁会想起 13 年前在戛纳的帐篷里，余承东尴尬地等待着第一个客户光临的情景呢？

戏剧性变化的动力来自哪里？流行的观点认为，这取决于企业是否站在风口上。这种观点看似有些道理，实则经不住推敲。曾经有很多企业与华为一样站在了风口上，而且同处高增长的通信行业，然而他们却每况愈下，其中原因恐怕不是站在风口上这么简单。

通信业是一个技术高度密集、竞争极其激烈的行业，欧美巨头曾在行业中占据近乎垄断的地位，华为在业内不仅能分一杯羹，而且成为领导性企业，这应该说是一个奇迹。这个奇迹，首先来源于华为的经营理念。华为的经营理念听起来非常简单：“以客户为中心，以奋斗者为本，长期坚持艰苦奋斗。”这样的话很像“套话”，做起来却不简单。正是这些我们耳熟能详却很难身体力行的“套话”，成就了今天的华为。因为有的企业没有做到，而华为做到了。

企业理念其实就是老板的理念，任正非是华为这些“套话”的制定者和第一个执行者。在这个过程中，他是一个既强硬又“无我”、把自己放得很低的人。“强硬”需要勇气，不强硬更需要勇气。任正非曾这样描述自己：“我什么都不懂，既不懂技术，也不懂管理，只不过是一个把大家聚在一起做点事、穿着皱巴巴衣服的平庸老头。”任正非虽然如此自谦，对华为公司更加自谦，他要时刻保持清醒的头脑和自我省思的勇气，才能使华为正确成长。

华为能够成为一家公认的既有技术又有管理的世界级企业，与任正非自谦性的评价是分不开的。《从优秀到卓越》的作者柯林斯说过，衡量一个卓越领导人有一项看起来微不足道的标准：是否敢于对下属说“这个我不懂”。任正非就是一个做事强硬，在市场、技术、产业趋势的具体判断上悉心听取一线人员意见的领导。

在“以客户为中心、以奋斗者为本”的企业文化下，像余承东这样毛病不少的人能够得到华为重用。余承东不像我们熟悉的企业高管，他有一个外号叫“余大嘴”，口无遮拦，比如华为笔记本的新闻发布会上他说：“华为不做就不做，要做就做老大。”正式产品尚未推向市场，先把行业大佬们都得罪了。在开拓海外市场的时候，他负责的项目也遇到过颗粒无收的情况。这样一个老惹麻烦、老犯错误的人，为什么能在华为活下来？原因很简单，他是奋斗者，在具体的工作中始终以客户为中心。当年华为在欧洲推广 3G 业务时候，余承东直接把运营商拉到其基站问：“什么是你们最烦心、最头疼的事情？说出来我帮你们解决。”

其实，他向客户拍胸脯时，心里并没有太大的底，但是，老牌的通信业巨头不可能到现场与运营商一起解决问题。他们的地位稳固、利润好，向市场推出的是一个标准化产品，绝不会向客户承诺额外的功能，只有余承东这种不规矩、不按套路出牌、野路子的人，才敢去和客户拍胸脯，而刚起步的华为也敢用。其实，这种拍胸脯和吹牛是两回事。拍胸脯是敢于担责，吹牛则是不负责任地放空炮。拍胸脯的余承东清楚，有些技术问题并非不可实现，而是老牌巨头们心里都有自己的小算盘，要把每一个阶段产品的钱都赚足，没赚够前不肯把新技术拿出来。他们认为好产品在自己手里，客户想用好产品，必须有求于他，所以根本用不着去想客户使用产品时实际面对的问题。

华为这种公司，要的不是在某一个产品上赚更多的钱，因为那是眼前利益，是为一顿午餐在跑的生存状态。华为要的是在竞争激烈的通信市场上立足，拿下单子就是胜利。华为员工会认真细致地思考巨头们不去想的问题，凭着自己的直觉拍胸脯，拍完后回去倒逼自己寻找解决方案，结果，拿出来的方案在技术上往往比爱立信这类老牌厂商领先一年半到三年的时间。这些事情做起来会很难，但这是一种为一条命在跑长期状态。华为在这种生存状态下做出了大量正规厂商难以企及的产品，在欧洲市场完成了从无人问津到门庭若市的逆袭，实现了从零到一的突破。

正如金融大鳄索罗斯所言："任何一个看似完备的系统里，都有一个平常人发现不了的漏洞。"如果一个企业能发现这个漏洞，从缝隙中进去，这就不是一种普通的竞争了，而是一种搅局、破坏和颠覆。这种搅局、破坏和颠覆，让华为钻进了看似"针插不进、水泼不进"的欧洲市场。过去 10 年，在欧洲市场上，华为从一个老牌厂商完全不放在眼里、被排斥在游戏规则之外的弱势玩家，抓住一个缝隙顽强挤了进来；进来之后，华为又没有按照既有规则与其他对手竞争，而是创造了一种新的游戏规则。

华为在欧洲市场的成功证明了彼得·蒂尔在《从 0 到 1》一书中提出的一个观点：做困难的事情也许更容易。到底是获得 10% 的优势还是获得 10 倍的优势？两种思路本身决定了你的做法。谋求 10% 的优势，本身是一种存量思维，或是降低成本，或是提高性能。但是，降低成本可能最终降无可降，以此产生的利润就像拧毛巾一样，越拧花得力气越多，拧出来的水越来越少。选择获得 10% 的优势，就是选择了一条常规路，这条路表面上容易，实际上越走越难。而选择提高 10 倍，意味着从起点上决定了不可能走常规路径，也就逼迫自己选择一条没人走过的道路。在这条路上，就有机会发现被常识忽略的漏洞，有机会搅局，创造一种新的游戏规则。做困难的事情也许更容易，这是华为的成功给予我的最直观的感受。相比之下，中国很多曾和华为差不多，甚至更风光的企业，无一例外选择了一条相对容易、机会主义的道路，看到一点点赚钱的机会就蜂拥而上。

比如在2003年，通信设备企业都面临一个选择：去做容易赚到钱的事，还是去做不能赚快钱、又必须要做的事。简单地说，是选择小灵通还是选择3G？ 3G代表未来的技术，而小灵通是一个过时的技术，但在中国，小灵通能找到一个空间，能赚到一点钱。引进小灵通时，业界都知道它早已过时，但很多企业还是把精力投入这种技术，因为它能让人在短期内赚到钱。事实也是如此，在小灵通身上赚到钱的公司不在少数。况且，那时的3G牌照连影都看不见。没有人放着眼前的肉不吃，而去啃一块硬骨头。华为选择的是啃3G这块硬骨头，这看起来是一项"屠龙之技"，当时中国没有3G牌照，在国内根本无法投入实际运营。面对这种形势，华为只能被迫去开发海外市场。

跳过国内市场直接走向海外，这是一条匪夷所思的生存路径。这条道路的确非常艰难，有的季度颗粒无收，但是，正如马丁·路德·金所言，"信仰是在你看不见整段楼梯时就踏出第一步"。而且，一旦踏上这段楼梯，意味着你有希望登上另外一个行业阶层，你跟其他国内同行不一样。由于特殊的生存路径，经过初期的惨淡之后，华为造就了一个奇迹，获得了巨大成功。相比之下，由于自身的懒惰和胆怯，中国很多企业在经营过程中容易选择某些捷径，选择一种机会主义的生存方式，这些所谓的"机会"与"捷径"，往往会将其带到一条没法掉头的低等级公路上。选择机会主义的生存方式，意味着可能永远是一个机会主义者。最要命的是，这种生存方式有一个非常大的风险：机会一旦丧失的时候，整个企业就会陷入绝境。

反之，选择一条与机会主义截然不同的路径，尽管眼下非常困难，甚至自己都不知道风险有多大，路能走多远，但是，只要整体上判断这条路是对的，就应该坚持走下去，困难的路往往会倒逼出一种能力、一种习惯，而这种能力和习惯最终可能会引向一条高等级的道路。上了这条公路，前面就是一片坦途，越走越顺。从简单的事情做起往往会越做越难，困难的事情往往越做越容易。当华为在巴塞罗那拥有6000平方米展台的时候，其他公司却只有几十平方米的展台，当年他们的展台大小本来差不多，甚至当年华为展台的位置还没有他们的好。

理念上的差异，成就了华为的不同。那些选择了容易走的、机会主义道路的公司，运作之处省时省力，但越走越难。而华为没有随波逐流，在经历了最初的艰难之后，反而越走越远。2001年前后，任正非写过《华为的冬天》《北国之春》等一系列文章，要求华为上下都要有危机意识，居安思危；在盛传“世界末日”的2012年，他在公司内部发表过题为《华为的2012》的讲话，提醒员工要有“末日”意识，同时，提出为应对“末日”，华为要有自己的挪亚方舟。

所谓挪亚方舟计划，就是当洪水滔天，所有东西行将淹没时，能否建起一艘船，让华为熬过灾难。华为就是这样一家自己唱衰自己、在不断自我唱衰中快速成长的企业。华为会解开“盛极而衰”的魔咒。避免盛极而衰的唯一方法，就是拒绝机会主义，不断否定自己，不断清零，不断让自己回到当初的小帐篷去。华为上上下下都有这样一个共识：我们永远在创业。所谓创业的状态，就是独辟蹊径，就是“长期坚持艰苦奋斗”，从在场馆外搭一个小帐篷、眼巴巴等着第一个客户光顾做起，一点一点啃硬骨头，直到啃出骨髓，啃出别人啃不出的美味。这种状态，可视作华为保持基业长青、摆脱“七八年”盛衰周期的“秘诀”。

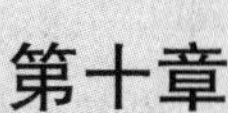

第十章

思考未来，华为每天都在危机中度过

始终居安思危、未雨绸缪的任正非，低调地造就了华为的传奇，也造就了他自己的传奇。回首华为走过的三十年，是从零开始的三十年，是光荣与梦想的三十年，是如履薄冰、不忘初心的三十年。可以说，没有预见就没有今天的华为，没有危机意识也没有今天的华为。

任正非：一个永远的思考者

作为一家中国民营企业，华为在国内国际市场如狼群一样攻城略地、高歌猛进，创造着一个又一个令人瞠目结舌的商业神话。然而，任正非这个狼群的狼王却非常低调和谨慎，他从来没有因一时所得欢呼雀跃，更没有忘乎所以，而是时刻带着危机感，默默地引领着17万人的庞大通信帝国在茫茫荒原上前进。

华为在发展初期曾偏执地推崇狼性的企业文化，华为的狼性是强调敏锐的嗅觉、不屈不挠奋不顾身的进攻精神和群体奋斗。在狼性文化熏陶下，华为飞速发展，但任正非一直没有忘记并强调企业发展中要时刻存有危机意识，即“惶者才能生存”。为此，任正非用《华为的红旗能打多久》《活下去是企业的硬道理》《华为的冬天》几篇文章来警示员工居安思危。任正非也将自己的这种危机管理解释为假设管理，即“只有正确的假设，才有正确的思想；只有正确的思想，才有正确的方向；只有正确的方向，才有正确的理论；只有正确的理论，才有正确的战略”。在带领华为前进的同时，任正非时刻把握着华为的发展方向，并不断优化华为的管理体制。1996年，在任正非倡导下，《华为基本法》开始起草。《华为基本法》确定了两条惊世骇俗的原则：一是实行员工持股制度，而作为企业创始人，任正非大量稀释了自己的股份；二是在技术开发上近乎偏执地持续投入，任正非坚持将每年销售收入的10%用于科研开发，这在中国著名企业中是一个无人可及、无人敢及的高比例。

从1998年开始，面对内部管理混乱，华为又花费数十亿美元，以IBM等西方企业为师，建立了中国企业中比较健全和完善的现代管理体制。面对初期员工的不适应，任正非提出了“先僵化、后优化、再固化”的指导思想。2004年，华为创建了EMT集体决策机制，并由8位管理层轮流担任EMT主席，每人轮值半年。2011 年年底，华为又开始执行在董事会领导下的 CEO 轮值制度。“没有预见，没有预防，（冬天来时）就会冻死。那时，谁有棉衣，谁就活下来了。”始终居安思危、未雨绸缪的任正非，低调地造就了华为的传奇，也造就了他自己的传奇。回首华为走过的三十年，是从零开始的三十年，是光荣与梦想的三十年，是如履薄冰不忘初心的三十年。可以说，没有预见就没有今天的华为，没有危机意识也没有今天的华为。时代的浪潮中，以任正非为首的华为秉持狼性精神，低调做人，精诚团结，不屈不挠，为中国企业群体打造了一个成功形象。他无视赞美与荣誉，却赢得了更多人的尊敬。

繁荣的背后危机四伏

2003 年前，由于华为的产品主要面向企业客户，无须像一般制造企业一样通过扩大宣传获得更多民众的关注，所以除了业内人士，其他人对华为一知半解，甚至有人认为华为过于神秘。然而即使低调，因为《华为的冬天》和《北国之春》这两篇管理名作，让中国企业界人士很早就知晓了华为的大名。尤其是在企业家群体中，任正非的爱国情怀、忧患意识及对企业管理的纵深思考，显示了一般中国企业所不能企及的思想高度。而对于当时众多中国企业家来说，这些观念无疑具有振聋发聩的意义。

如果沿着《华为的冬天》和《北国之春》中的思想根源向上追溯，就会发现任正非在更早的 1995 年就已经敏锐地意识到华为即将到来的危机。彼时，华为自主研制的 C&C08 数字程控交换机在经过两年的研发、实验和市场推广之后，终于在中国市场上取得了规模商用。华为的 08 机与巨龙的 04 机一起，成了中国广大农村通信市场的主流设备。华为人为此欢欣鼓舞，对公司的发展前景满怀信心，而任正非则清醒地意识到：由于全世界厂家都寄希望于中国这块当前世界最大、发展最快的市场，而拼死争夺，导致中外产品撞车，产品严重过剩，形成巨大危机。大家拼命降价，投入恶性竞争，由于外国厂家有着巨大的经济实力，已占领了大部分中国市场，如果中国厂家仍然维持现在的分散经营，将会困难重重。

成功是一个披着华丽外衣的巫婆，而不是一位引人走向美好未来的可靠向导，在它的花言巧语诱惑下，很多人看不到危机，看不到即将到来的失败。但任正非却总能透过外衣看到巫婆的本质，他常提醒华为员工，繁荣的背后处处充满危机，只有在思想上继续艰苦奋斗，长期保持进取、不甘落后的态势，才可能存活。任正非坚持认为，成功只能说明过去，只有在思想中保持艰苦奋斗的优良传统，才能不为过去的成就所束缚，才能在更高的层次获得更大的进步。

繁荣的背后充满着危机，这个危机不是繁荣本身的必然特性，而是处在繁荣包围中的人的意识。艰苦奋斗必然带来繁荣，繁荣以后不再艰苦奋斗，必然丢失繁荣。千古兴亡多少事，皆因奋斗而成事，因骄因堕而败事。任正非善于利用历史这面镜子总结华为走过的路，并且树起艰苦奋斗的企业文化，为华为的良性发展打造出合适的软实力。

任正非一直很佩服自然界里的蜘蛛，并称其为勇士。这是因为不管狂风暴雨如何肆虐，不管网破碎多少次，蜘蛛都不畏艰难困苦，仍孜孜不倦地用它纤细的丝织补，勤奋执着，不屈不挠，这就是危机下的艰苦奋斗的精神。任正非欣赏的另一种动物是蜜蜂，不管人们如何称赞，蜜蜂仍孜孜不倦地酿蜜，天天埋头苦干，并不因为赞美而改变。胜不骄、败不馁的精神，在蜜蜂身上得到完美阐释。在危机面前不慌张，在荣誉与失败面前要能够坐得住，内心要平静得像一潭湖水，任正非认为，这是华为应具有的心胸与内涵。

三年前华为快要垮了

2016 年 3 月 5 日，行为低调、极少在媒体公开露面的任正非破天荒地在华为总部接受了赵东辉、李斌等 7 位新华社记者的专访。受访中，任正非有问必答，观点犀利，其中有一句话令人印象极为深刻：三年前华为快要垮了。三年前，也就是 2013 年，那一年，中国经济已进入了“新常态”，很多企业都开始为生存而苦苦挣扎，但华为当年的营收却高达 2390 亿元人民币，净利润 210 亿元，增幅 36%。无论是横比还是纵比，除了任正非，任何人都不会得出“华为快要垮了”的结论。

但在接受新华社记者采访时，任正非还是要说“华为快要垮了”，而且是很认真地剖析了华为要垮的原因。在任正非看来，正是因为华为发展得好，大家都相应地赚到钱了，于是怕苦怕累的情绪开始蔓延。大家都想好好待在家里，下班后陪陪老人孩子，都不愿意被派到海外工作。尤其是非洲地区，条件艰苦，战乱频繁，是令外派人员最头疼的地方。任正非很理解这些人的苦衷。长期外派难免拖家带口，自己受点委屈还好办，孩子教育受影响可是耽误终身的。而且关山阻隔，无法奉孝于父母高堂膝前，这都是驻外人永远的痛。

不能硬逼着员工离家工作，即使逼着去了，效果也不好，出去的人不会发自内心地积极工作。也不要指望在提高人的觉悟上做文章，每个人都要有实实在在的生活，把他已经拥有的利益夺走又没有相应补偿，任何人都不会心甘情愿的。情怀当然需要，理想也不可失，但正确的激励机制，才是一个企业可持续的基础。为什么不提升一线作战人员的待遇呢？确定非洲“将军”的标准与上海、北京的标准不一样，年轻人在非洲很快就当上“将军”。在非洲干，就朝着这个非洲“将军”的标准，达到了就是“将军”，就可以拿“将军”的钱。

在华为内部，管理者大致有四层：士兵、英雄、班长和将军。士兵是基层员工，英雄是骨干员工，班长是基层管理者，将军则可算是中高层管理层。机制不到位，大家自然互相推诿；但机制灵活起来，活力也就激发出来了。制定合理的激励机制，尊重他们，关心他们，自然就会有人主动请缨，前往非洲开拓市场。做这样的事有干劲，自然能给华为创造更大的发展空间。对员工个人来说，有了更多的收益，获得了更高的地位，自然愿意去非洲工作，甚至很多员工去了以后就不想回来，非洲成了一个巨大的黄金市场。

所以，任正非说的“三年前华为快要垮了”，其实是不会垮的。当然，我们也可以把任正非的这一说法看成故作惊人之语。不过，这句“非语”其实与他一直倡导的“惶者生存”文化有关，或者更通俗一点，就是危机意识。任正非有一句名言：“没有预见，没有预防，(冬天来时)就会冻死。那时，谁有棉衣，谁就活下来了。”有谁会在穿不住衣服的盛夏季节考虑将来没有棉衣穿的问题呢？任正非的危机意识总是比别人超前。

别让互联网引起你们发烧

近年来，华为在国内国际市场插柳成荫，发展态势可谓如日中天，不仅在传统的终端设备上继续保持优势，同时在手机、平板等移动终端上也取得了重大突破。随着荣耀系列手机的火爆，华为的手机之路开始步入了全面高速发展时期，同时，任正非却保持着一颗清醒的头脑。目前，国产手机销量很大，但是利润很低，很多国内品牌手机，一部只能赚30元，基本是走低价促销的销售方式。任正非对此持质疑态度，认为从低价这一方面看已体现不出产品的高科技。任正非认为，华为手机距离苹果、三星等一流手机品牌的差距还很大，即便目前销量可观，也不应该沾沾自喜，否则就是自断后路。任正非在不同场合多次讲过，在大机会时代，千万不要机会主义，做企业要有战略耐性，要时刻保持清醒头脑，知道“我是谁，从哪里来，准备到哪里去”。华为坚持走自己的路，华为就是华为，不模仿，不盲从。坚持走一条正确的路是非常困难的，既不能走偏，更不能在胜利之后把自己泡沫化。面对电商模式，面对互联网疯狂的低价销售，任正非告诫华为的营销人员，要坚持马拉松式的持续向前，要具有马拉松精神，持续盈利，不能让互联网引起你们发烧。

任正非指出，所谓互联网时代，是信息促进人类社会进步，促进实业、服务的进步，并不是仅指网络商本身。所以，华为一定要清楚自己是谁，在做什么，只要华为手机做到高质量，又适配了全球一部分人的需求，在网上奋力销售只是一种方式而已。华为将来要到哪里去，这也许是一个伴随人类发展而存在的哲学命题，不一定被所有人了解，但应该清楚的是，华为要以利润为中心活下去。要想活下去，就要在春天播下好种子，发好芽苗。一年之计在于春，春天不努力，秋天就收不到粮食，到冬天来临时一定会被饿死。现在，中国很多做手机的小厂家，也都做得风生水起，但华为不会与他们为伍，不会把产品放在低廉的价格上去博取客户的好感。华为要构建未来10年、20年的理论基础，从工程师创新走向科学家与工程师一同创新，并且一直沿着这条路坚定地走下去。

任正非认为，华为的当务之急是要坚持做好一个消费平台，而这个平台是需要像万里长城一样慢慢建的。任正非以苹果为例告诫华为员工，苹果有很多内容，但并非一两天爆发出来的，而是坚持用40年做好了一个平台。苹果在搭建平台的时候，别的公司正是大红大紫阶段，当别的公司呈现出颓势甚至在市场销声匿迹的时候，苹果黏结了众多内容的平台已经搭建完成并开始在市场发力。在纵向整合方面，苹果是成功的，而横向整合，三星是成功的。华为在短时间内无法完成纵向整合，所以做不了苹果，也没有条件像三星一样依靠国家力量的支持完成横向整合，所以，华为不可能走苹果和三星走过的路，而是要找到自己存在的问题和缺点，认识到自己是谁，坚持走自己的道路，才能构建成功，才能构建未来。任正非相信，20年以后只要华为还活着，就一定会活得更加精彩，那一定是“会当凌绝顶，一览众山小”的豪迈。

解决了短板，才能有所突破

在运营商业务上超越领头羊爱立信并成为业内老大，一直是华为奋斗的目标，2014 年，这个目标终于得以实现。而在终端业务的智能手机方面，华为正在承受外部大环境给华为手机制造的巨大困难。华为 mate7 虽然为华为冲刺中高端市场赚取了一定的品牌美誉度，但华为在高端市场并不稳固，其主打的机型与定位依然是中低端。再加上华为厮杀印度成败难测，美国市场被苹果与专利壁垒卡位，硬件发展已到顶。因此，华为手机业务实际上面临危机。

华为身上一直流淌着技术的血液，其技术分布在运营商网络业务、企业业务、消费者终端业务，即“云”“管”“端”，三者并非均分资源。在华为“云管端”模式下，云与管是主航道，终端在整个华为体系里则处于主航道的侧翼而非重心。早前任正非发表讲话指出:“华为要像长江水一样聚焦在主航道，发出巨大的电来。无论产品大小都要与主航道相关，新生幼苗也要聚焦在主航道上。不要偏离了主航道，否则公司就会分为两个管理平台。”华为的资源与技术研发投入事实上没办法重点放在终端业务上，只能是终端业务努力向主航道靠拢。在华为利润来源中，手机的营收始终是非核心的一环，实际上是华为的主航道核心战略在拖累着华为终端技术优势与价值的释放。另外，华为的战略高地直面全球，这导致华为几乎在所有的主航道业务领域都与国际巨头短兵相接，进则全胜，退则无守，因此分散了华为做手机的精力。比如在服务器领域，华为会碰到 IBM、HP，在无线领域会直面爱立信，做数据通信产品要面对思科，做存储会碰上 EMC，做虚拟化又和 Vmware 遇上。华为主业的波澜壮阔导致资源与技术的分散，这种分散使华为手机只能跟国产手机玩中庸。在某种程度上，这限制了华为手机的潜力。

华为的利润来源近 70% 来自于运营商业务，但华为运营商业务的增量主要是来自于运营商对于 4G 的投入。另一方面，全球通信业包括国内运营商正面临着管道化危机。主要原因在于，目前全球电信运营商的许多增值服务领域，都正被互联网企业 OTT（“Over The Top”缩写，指通过互联网向用户提供各种应用服务，如谷歌、QQ 等）掉，为了化解危机，运营商的投资方向从基础设施转换到 IT 领域。而华为过去多年，一直依赖全球运营商拓展电信设备市场，在营收方面已经超过原来的设备老大爱立信，但运营商业务放缓是必然趋势，设备行业也难再高速增长。因此，华为与运营商成为一种一荣俱荣的绑定关系，华为若无法化解管道化的危机，必然会影响到主航道的盈利，运营商的危机让华为的未来同样充满阴影。

从这个层面来看，华为本应借此转型，加大技术与资源向手机终端业务投入，在面临未来运营商业务放缓的时间风口，将手机业务的权重提升并作为未来的核心增长点之一。无奈，在驱动华为成长的核心力量中，在华为的“云管端”模式里，终端短期只能带来规模效应，缺少利润贡献。也正因为如此，华为作为在技术、人才、品牌、管理经验、渠道网络等各方面占据优势的成熟企业，在应对不符合其利润与赢利模式的消费者领域显得举步维艰。

国产手机多年来依赖智能机成熟产业链供给比拼配置，而以华为的财力与技术，本身可以更快地突破技术瓶颈，超出国产手机其他企业一个身位，成为国产高端的一个标杆，但华为并没有实现这样的突破。华为终端更像是华为众多业务中增值的一环，虽然有庞大的规模，但并不是利润中心与主航道核心业务，也因此欠缺重点与核心资源的支撑与发力。经过几年发展，智能手机的硬件配置与性能基本已到顶，通过性能带动的手机换机潮也已经慢了下来。智能手机的增长已经过了黄金期，注重稳妥策略的华为在终端业务方面可能会面临瓶颈，这个瓶颈自然也包括创新的瓶颈。

任正非给华为画出的战略路线没有冒进，只有相对中庸，他曾表示:“在主航道外，华为不要争做鸡头，蚂蚁很容易被大象踩死。”也表示任何一家企业要经历生老病死，他的责任是如何延缓华为的衰老，但从本质来看，他是在延缓运营商网络与通信设备业务的衰老。但华为的短板也在这里，即始终无法跳出自身既有的思维与框架。

从华为基因来看，它是从运营商电信设备业务起家，它始终是华为的资源与技术聚焦的核心业务，无论时势如何变化，手机始终处于华为的核心业务之外相对的边缘位置，所以华为可以在运营商业务上超越行业领头羊爱立信，却尚未走出国产手机同质化的困局。但在智能机市场竞争加剧、各厂商全力奔跑的今天，华为的战略在为自身设限。说到底，华为无法跳出自身的基因，也因此对手机业务的未来造成了某种思维局限。目前手机也是华为唯一一项可以贴近用户的业务，同时也背负着国人对于国产手机跻身国际一流并坐实高端市场的期望，智能机在未来的入口作用也越来越明显，华为的步伐虽然中庸与稳健，但若是一直站在山腰，则可能永远无法看到云海之上的风景。

11

第十一章

极客的世界里，任正非的真经与战记

可以这样说，华为的成功，不仅仅是因为任正非个人能力的强大，也不只是因为他带出了一个非常好的团队，善于使用“外脑”、借助外部智慧为自己所用，即“专业的事，让专业的人做”，这才是华为从本土企业成长为国际巨头的秘诀。

低调得过于神秘，全世界都为他点赞

作为世界著名企业的掌门人，已经72岁的任正非，出差坐的是经济舱，自己排队等出租车。比起那些自己买直升机、商务机和带着保镖美女出差的土豪来说，任正非既神秘又低调。有这么一句话：总是被模仿，从未被超越。华为从一开始就坚持走自己的路，没模仿过任何人，也从来没被任何人超越过。低调得过于神秘，却在海外疯狂扩张中一鼓作气打败通信"巨无霸"爱立信而坐稳了世界通信企业的"第一把交椅"。这把第一的交椅，绝对名副其实。每天，在世界的各个角落至少有超过20亿人使用华为的通信设备，即使在欧洲，华为的通信设备也能跟这个以4G技术为先导的市场平分秋色。除此之外，华为在世界150多个国家和地区拥有众多忠实客户，一半以上的营收来自海外。

巨大的成就肯定离不开独到的经营理念和科学的运作模式。现在，我们近距离观察一下，在华为的神秘外衣下，到底藏着哪些秘密。当两个或几个公司站在一起时，人们首先习惯于拿员工人数做比较，员工人数越多企业规模越大。阿里3万人，腾讯3万人，百度5万人，都是人数众多的大公司，但他们在华为面前连个零头都不是，华为的员工总数是17万，比三家著名企业的员工总和还多。政府看的是纳税额，纳税多的才是好企业。阿里纳税109亿元，百度纳税22亿元，腾讯纳税70多亿元，三家纳税总额200亿元，而华为自己纳税337亿元，独占鳌头。员工看的是利润，对于他们来说，自己挣钱才是硬道理。从2000年开始的15年，华为累积营收2.3万亿元，超过70%来自海外，在外国人身上赚的钱达1.38万亿元。中国互联网公司三巨头阿里234亿元，腾讯242亿元，百度105亿元，利润总额581亿元；他们的利润有 70% 被外资拿走，而华为没有外资成分，自己利润 279 亿元。也许有人会说，只有 3 万人的阿里巴巴和 17 万人的规模相比，当然比不过了，但是华为在 2004 年员工人数也是 3 万人，营收却可以做到 462 亿元。当然了，BAT（即百度 Baidu、阿里巴巴 Alibaba 和腾讯 Tencent）三巨头都是做平台的，华为是做实体的，也许不该在一起比较。那么就找一家同样是做手机的小米来比较。同样做手机起家，小米的雷军非常善于借势，也善于抓住机会造势，华为的任正非只是脚踏实地地做事，既不借助所谓的互联网思维，也从来没有像雷军那样被中国的创业者所推崇。任你狂风暴雨，我自岿然不动。时至今日，小米锐气渐失，华为却如日中天。

现在的企业，大都面临政府高税收和银行高利率的压力，在高负债经营情况下，几乎不可能不上市，不可能不去解决融资问题。而任正非的华为就敢于不上市、不融资，他的底气何来？其实华为也融资，和别的公司不同的是，华为融的是“人心”这个最好的人力资本。真正把人心融在一起的公司才能所向披靡。因为在任正非的思维理念里，搞金融的人只靠动动手指动动数字就能积累大笔财富，而真正在一线摸爬滚打的人挣钱却只够糊口，劳动付出差距太大，贫富差距也太大。他认为这是最不合理的事情，所以，他坚决不让华为上市，而是把公司利润科学地分配给员工，既缩小了贫富差距，也凝聚了人心。不上市不等于不搞股份制，任正非搞的是内部股份制，也就是员工持股。他把公司 98.6% 的股权开放给 82000 多名公司内部合伙人，而他自己只拥有 1.4% 的股权。也就是说，华为所挣的每一分钱都是大家的。这些小股东除了不能表决和出售股票，可以享受分红与股票增值的利润。通过员工持股，任正非把打工的员工变成了公司的股东，他也以此牢牢把控着华为，这是他作为一个世界级企业家的不同凡响之处。员工在持股中获益是非常大的，仅以 2010 年为例，华为净利达到人民币 238 亿元，配出了一股人民币 2.98 元的股息。如果是一名在华为工作 10 年绩效优良的资深主管，配股可达 40 万股，该年光是股利就将近 120 万元。这个数字，甚至比许多大公司的高级经理人还要高。

华为做的不是平台，而是产品，最终还要拿产品说话。在 2015 年 12 月至 2016 年 2 月期间，苹果 iPhone 手机在中国市场的智能手机销售份额为 22.2%。而华为，在中国城市的智能手机份额是 24.4%。你的产品好，消费者接受你，你的市场份额自然会上去，这就是华为的底气。

不上市，我有自己的理由

2013 年 12 月，对于华为来说是个值得纪念的历史节点。在这一年，华为销售收入 2390 亿元人民币（约 395 亿美元），超越了爱立信（约 353 亿美元），净利润也是爱立信的近两倍。华为一举超越爱立信，成为全球通信设备第一巨头公司。

2014 年 9 月，阿里巴巴正式在纽约证券交易所敲钟上市，以 92.7 美元 / 股的价格开盘，以 93.89 美元 / 股收盘，阿里市值达 2314.39 亿美元，成为仅次于谷歌的全球第二大互联网公司。但华为公司在世界 500 强企业中排名 228 位（2015 年），一度被神化的阿里巴巴连门槛都进不去，相比之下谁更胜一筹，立等可见。

资本是个好东西，它能迅速造就一批当红企业和创业者，但也能轻而易举地摧毁资本市场上任何虚幻的成功。上市固然能使企业生机盎然，呈现出一派繁荣景象，让人对企业前途充满信心，也能极速造就一批富豪。但任何事情都有两面性，成为富豪的同时，也容易变得不思进取，没有目标没有理想，一切都得过且过，甚至干出自挖墙脚、背弃企业、另立山头等令人痛心疾首的事情。没有上市的任正非，对资本市场中企业生死快速切换的生态了如指掌。所以，在纽约一家著名俱乐部的午餐会上，当有人问到“华为为什么不上市”的问题时，任正非说：“猪养得太肥了，连哼哼声都没了。科技企业是靠人才推动的，公司过早上市，就会有一批人变成百万富翁、千万富翁，他们的工作激情就会衰退，这对华为不是好事，对员工本人也不见得是好事，华为会因此而增长缓慢，乃至于队伍涣散；员工年纪轻轻太有钱了，会变得懒惰，对他们个人的成长也不会有利。”他还表示：“公司董事会 20 多年来不仅从未研究过上市问题，而且未来 5~10 年内，华为既不考虑整体上市，也不考虑分拆上市，更不考虑通过合并、兼并、收购的方式进入资本游戏。”

不上市的养猪理论看起来有点儿简单、有点儿糙，但里面却蕴含着任正非带领下的华为的成长理念。2016 年 3 月 5 日，任正非在华为总部接受记者专访时，首次系统阐述了华为不上市的缘由。华为之所以能成功，离不开“痴”“傻”“憨”。“痴”就是华为坚持只做一件事，即对准信息通信领域这个“城墙口”冲锋，坚持不懈，百折不挠。“傻”是不为眼前利益所动，坚定自己的理想，不忘初心。任正非深知，公司上市后就会身不由己，会被股东逼着向不精通的领域发展，就会丧失自身的优势，有始无终。“憨”就是多做功课，多出成绩。成功没有捷径，成功的路上必须洒有辛勤的汗水。华为花了 28 年时间向西方公司学习管理，每年花上亿美元请 IBM 顾问团队来帮助管理企业，这样才使得华为的生产过程走向了科学化、正常化。

任正非和华为公司，堪称当代商业史上的传奇。

不靠贷款靠研发，华为天地很广阔

早些年，在加拿大参观北方电信可以看到一个气势恢宏的场景：这家公司在美国和加拿大的边境上有一片风景优美的厂区，条件非常好，有 4000 个研发人员，其中不乏一些在美国、加拿大留学后留在那里工作的中国学生。如今的华为，早已把北方电信狠狠甩下去了。华为为什么能做到这样？那是因为华为确实在创新方面下了很大的工夫。数据显示，2012 年华为销售收入是 2200 多亿元，研发费高达近 300 亿元，占销售收入的 13.7%，而一般国际企业研发费用为销售收入的3%。到了2012年年底，华为累计申请中国专利41948件，其中在外国申请的专利是14494件，累计获得专利授权30240件。正是由于高强度的创新投入，华为能够成长为一个世界瞩目的高技术公司并脱颖而出，创新是非常重要的。

华为并不寄希望于政府的支持。在当初华为小有名气的时候，朱镕基总理曾去视察，表态说："你要什么条件我支持你，你资金紧张，给你解决3亿元贷款，好不好？"任正非当着朱镕基面说好，但看得出来他并不是很积极。后来，国家有关部门坚决落实要给他贷款，他不要。其实，3个亿的人民币，这对于华为当时因研发创新技术紧缺的资金链来说无疑是雪中送炭。在一般人看来，有这样的好机遇，任正非不要，实在不可思议。但后来证明，任正非与他的华为团队非常了不起。

中国商家经常说的一句话就是"物美价廉"，这个观点，以严谨著称的德国人不相信，很多科技发达国家的人也不相信。"物美"是需要投入真金白银的，需要几十年厚积薄发，巨大的投入后又何来"价廉"？过去，很多厂商标榜自己产品价低，结果出现了劣币驱逐良币效应，好的产品占不住市场，占住市场的产品满足不了需求，到头来被坑害的是消费者，只能费尽周折去外国狂购。

华为从来不做博得虚头的事，从来不相信忽悠出成绩。他们相信，一个公司要想立于不败之地，必须脚踏实地做市场，也必须大动干戈搞研发。在经济和社会持续迅猛发展的今天，研发已成为企业可持续发展的唯一选项，在研发方面做了几分功课，在市场就能有几分收获。研发经费、研发人员数量、研发成果（包括发表的论文、申请的专利）等，是衡量一个国家创新能力的重要指标。那么华为是如何搞研发的呢？在资金投入方面，华为2014年的研发经费400亿元，2015年达到500亿元，进入了世界各国非军工企业研发经费前十强。如果华为在日本，仅次于丰田，排第二，远超索尼的50亿美元。如果华为在德国，仅次于大众，远超排第二的西门子。最近10年，华为的研发经费已经达到 1900 亿元人民币，而赫赫有名的联想，在过去 10 年累计投入的研发成本只有 44.05 亿美元，连华为的零头都够不上。

四流企业做产品，三流企业卖技术，二流企业打品牌，一流企业定标准。注重研发的结果是华为已经拥有了 3 万项专利技术，其中有四成是国际标准组织或欧美国家的专利。到了能制定标准的层面，华为就有底气跟世界一流企业叫板。2015 年，华为向苹果公司许可专利 769 件，而苹果公司仅向华为许可专利 98 件。这意味着在专利许可方面，华为处于“顺差”地位，开始挣苹果公司专利使用费了。

2016 年 5 月 25 日凌晨，华为宣布在美国和中国提起对三星的知识产权诉讼，包括加州北区法院和深圳中级人民法院。华为在诉讼中要求三星公司就其知识产权侵权行为对华为进行赔偿，这些知识产权包括涉及通信技术的高价值专利和三星手机使用的软件。此番诉讼不仅彰显了华为在专利技术上的积累雄厚，更为华为智能手机品牌做了一次巨大的品牌营销推广。所以，不是华为总低调，而是未到张扬时。

阿里、腾讯、小米都在做平台，因为平台更广泛，空间足够施展，华为其实也在做平台，只不过是在做产品平台。华为的产品线已经覆盖了信息、通信和技术的全产业链。21 世纪初，西方八国集团在冲绳发表的《全球信息社会冲绳宪章》中指出:“信息通信技术是 21 世纪社会发展的最强有力动力之一，并将迅速成为世界经济增长的重要动力。”显然，所有的互联网企业和用户，都离不开这个平台。截至 2015 年 8 月底，华为已经在全球建设了 660 个数据中心，其中 255 个是云数据中心，这才是真正的平台，是人类未来的生态基地。

华为的产品已经基本实现了对全行业的覆盖，被广泛应用于金融、政府、能源等行业，以及以阿里、腾讯、百度为代表的互联网企业中。目前，华为正在为全球 30 亿人口提供信息、通信和技术服务，而阿里、腾讯、百度和小米都是华为服务圈中的一部分。2016 年，中国内地有 110 家企业进入财富世界 500 强，其中大多是金融、房地产及老牌规模化企业，靠技术创新能力挤入榜单的华为显得尤为突出。所以，有一个现象任何人都不能不承认，那就是在中国如果没有了华为，没有任何一家公司能替代。

与苹果PK：华为还有很长的路要走

与国内同行的一些公司相比，华为的成就鹤立鸡群、一马当先，尤其是在2016年“双十一”的疯狂购物中表现得更为直观、抢眼。其间，华为手机超越小米，成为国产手机销量冠军。在新品Mate8的发布会上，华为终端公司董事长余承东更是放言说，将于2017年超越苹果，成为全球手机市场老二。豪言出口，定是心中有数。否则不仅为世人耻笑，连掌门人任正非那道关也不好过。作为国产品牌最有力的代表，华为在自主研发上可谓下足了工夫，这与其他国产品牌缺乏自身核心技术形成了鲜明对比。

在品牌战略方面，华为目标明确，以华为主打高端，走海外运营商渠道，荣耀主打低端，走街机渠道，形成了高低搭配的双品牌战略。事实证明，“华为+荣耀”这种双品牌战略其实没有特别之处，甚至在招数上还不如“小米+红米”“魅族+魅蓝”会炒作，但华为和荣耀两个品牌形成了互相补充、互相借力、互相促进的关系，华为提升中高端形象，为荣耀的信任感争分值，在2015年的“双十一”战场上，荣耀畅玩5X凭借其良好的性价比快速夺得手机类单品销售额第一。荣耀与消费者拉近距离，让注重技术和品质的华为在高端市场站稳脚跟。这种优势互补，形成了1+1 ＞ 2的叠加效应。

华为拥有自主研发的芯片，这是能够战胜其他国产品牌的关键因素之一，虽然所用的安卓系统仍然受制于人，但拥有自家芯片才能防止受制于其他产业线。华为拥有自主研发的芯片不仅可以做专利互授权或者收费，而且会使后续成本大幅降低，这是其他品牌望尘莫及的。而通讯出身的华为尽占信号接收的先天优势，这一点，连技术更领先但没有通讯底蕴的苹果都无法比拟。

2015年华为销量猛增，超过上一年度40%，是国产手机品牌中第一个超过1亿销量的品牌，超越排名第一的三星和排名第二的苹果似乎指日可待。但三星依然处于上升阶段，若想超越，还存在相当大的难度，而苹果的衰落为华为提供了绝佳机会，华为也逐渐退去了罩在脸上的那层神秘面纱。

苹果公司的兴衰与乔布斯密切相关。在乔布斯带领下，苹果每一款新品都颠覆了人们的固有思维并迅速赢得市场份额，苹果也因此成为全球最具创新力的企业之一。但随着乔布斯的离世，苹果辉煌难再，创新能力不断下降并且看不到回转迹象。在这种情况下，华为超越苹果已变得可能。但“华为教父”任正非并没有因此喜形于色，他深知华为与苹果之间存在的差距。

1987年，43岁的任正非用2万元创立华为，1992年华为营收首次实现1亿元，2002年营收过100亿元，2008年营收过1000亿元，2015年营收达到3950亿元。特别是在2015年，华为营收比国内三大互联网巨头百度、阿里、腾讯营收之和（腾讯1028.63亿元，阿里巴巴1011亿元，百度663.82亿元）还多了1246.55亿元，已是名副其实的中国领军企业、世界级的巨头公司之一。虽然华为完成了“火箭级速度”成长，迈出了“革命进程”的一大步，但任正非和他的所有员工不得不面对一个事实，那就是，华为与苹果还有一定距离，“革命尚未成功，同志仍需努力”。2015年，苹果营收2337亿美元（超过1.5万亿元人民币），净利润534亿美元（约3486亿元人民币）。以苹果2015年的业绩将毫无悬念地获得全球最赚钱公司的桂冠。华为与苹果在营收和净利润上的差距还很明显，苹果的营收是华为的3.8倍，净利润近10倍（9.68倍）。

两者不仅在技术、营销推广方面存在差距，在体现企业内功的供应链管理的盈利能力上，同样存在很大差距！目前，手机厂商库存周转效率最高的企业是苹果，周转天数保持在5~6天，三星库存周转天数为20.3天，华为库存周转天数为94~104天。由此可见，苹果的骇人效率。“对比华为、苹果的周转天数，苹果的现金流转速度至少是华为的15倍，”著名供应链管理专家柳荣介绍，“也就是说，同样利润率的情况下，苹果的盈利能力是华为的15

倍。”2015 年，华为利润率 11%，苹果利润率 22%，苹果的盈利能力是华为的 30 倍。

近几年，华为持续高速发展，与苹果的距离越来越近，但要想达到苹果一样在国际市场的高度，想在短期内超越或者干掉苹果，没有长时间坐冷板凳的心理准备是不可能的。2016 年 5 月 30 日，在全国科技创新大会上，华为掌门人任正非作了题目为《以创新为核心竞争力，为祖国百年科技振兴而奋斗》的演讲报告。他在这篇报告中说：“应该持开发的心态接纳全球的顶尖人才，应让华为胸有成竹地在 2020 年实现销售收入超过 1500 亿美元。”1500 亿美元是什么概念？就是营业收入将接近 1 万亿元人民币，这绝对是中国民营企业史上从未达到过的新纪录。而即便如此，若与苹果的 2015 年 2337 亿美元的营业收入相比，两者的差距仍然是明显的。

一段时间以来，“华为干掉苹果”“华为把苹果逼上绝路”的炒作不绝于耳，让人感觉华为就要取代苹果的地位了。对于这个问题，华为高层内部很清醒，他们知道自己几斤几两，知道自己的差距在哪儿，他们不像其他企业高层那样陷入膨胀、四处贩卖成功论、导致业绩下滑，这是做企业应有的清醒和低调，也是非常难能可贵的。实际上，除了走技术驱动路线，走在中国技术前沿外，神秘而低调务实的作风也正是华为能够超越对手、在市场上屹立不倒的主要原因。华为掌门人任正非一直都有很强的危机意识，他总是提醒管理层要注意到自身与对手的差距。在华为近 30 年的发展历程里，因为保持了高速发展的态势，才能得以将一个个曾经望尘莫及的对手甩在身后。但即使如此，任正非仍然经常在内部“泼冷水”，比如说华为的“冬天来了”，“华为没有成功，只是在成长”。这是一种危机激励机制，不是狼来了的玩笑。

华为手机能在中高端市场取得成功，离不开任正非经常性的敲打。当荣耀取得销量的历史性突破时，当管理层都为之兴奋不已时，任正非的敲打也随之而来：“你们说要做世界第三，我很高兴。苹果年利润 500 亿美元，三星年利润 400 亿美元，你们每年若是能交出 300 亿美元利润，我就承认你们是世界第三。”“一部手机赚30元，这算什么高科技、高水平？现在赚几亿美元就牛起来了，拿自己的长板去比别人的短板，还沾沾自喜。坚持走一条正确的路是非常困难的，不要在胜利之后就把自己泡沫化，不要走偏了。”正是这种敲打，让华为手机更加注重品质，注重技术驱动的品牌溢价路线。

早在2015年瑞士达沃斯年会期间，任正非接受国内采访时表示：“从手机的真正比较来看，我们和苹果还是有差距的，在外观、质量上，和苹果比，我们确实有人很喜欢，其实拍照这一技术，我们今天才赶上苹果，因为这个要用数学突破，数学的突破，还是有差距的。”由于有任正非正确把控方向，华为手机在最初就没有把国内同行视为竞争对手，他们对标的是苹果和三星。走的路线从来不是国内同行的性价比、价格战，而是技术驱动、高品质产品，目前从量级上正在逐渐靠近，未来的想象空间很大，特别是目前华为在技术上竞争力越来越大，三星已不再是主要对手，主要技术对手瞄准的重点是苹果。一位华为内部人曾说：“两年前，老板（任正非）经常会召集终端的几个头，问我们跟三星还差多少，如果没有明显的进步，都会挨批。2015年开始，老板不再关注三星，而是开始问我们与苹果还差多少，超越三星只是时间问题。”

任正非也在一次公开讲话中表示：“在手机产业中，信息产业芯片与器件、软件、整机三方面中，美国在芯片和软件都占有优势，而日本在材料与元器件有优势，中国仅在整机有优势。”正是因为清楚自身劣势在哪里，华为在手机行业着意进行产业链布局，集天下人才之长进行整合竞争：华为硅谷的半导体和芯片研究，西雅图的软件研究，日本横滨的器件研究，欧洲和俄罗斯的数学与软件算法研究，加上中国整机的能力，必将为华为带来新优势。可以说，在国内手机领域，华为不仅是商业的领先，更是技术、整体布局上的领先。在别人认为的成功面前依然保持谦虚谨慎的心态，有着超常的危机意识，这也是任正非能够率领华为不断攀登一个又一个高峰的成功法宝。

请进来比走出去更重要，聘请高级顾问是成功的秘诀

每个失败的企业都有相似之处，但成功的企业却走出了不同的成功之路。概括来说，一个企业若想成功，要有高瞻远瞩的领路人制定发展战略，要有强有力的执行团队，更要请进高端专业人才，借助外部智慧为己所用，才能持续快速健康发展。华为已经是世界通信业巨头，拥有人数众多的各类人才，正因为如此，华为知道自己哪里行，知道自己哪里不行，也就能真正体验到专业经验和智慧的巨大引领作用。

很多人都知道，在20多年的成长进程里，华为技术研发累计投入3000余亿元，这种大手笔式的投入在中国无人能及；很多人不知道的是，华为对管理咨询的投入更是无人能及，竟然超过研发投入的10%，达300多亿元。从早年年终差点需要去借债来支付IBM的巨额咨询费，到20年来持续用遍全球各大优秀咨询公司，到身边始终保持一批优秀的外部咨询顾问，有几个顾问更是长年在总裁办拥有办公位、服务任正非长达10多年之久。

任正非与很多企业一把手不同的是，他从不将顾问当作花瓶或台面摆设，而是亦师亦友亦同学亦对手，他与高薪聘请来的顾问们PK、研讨，在共同探索中感受到人生的乐趣和价值。近些年来，华为的成功越来越引人瞩目，也越来越受到专业人士的关注，英国剑桥大学贾吉商学院管理学毕马威教席教授大卫·德克莱默和浙江大学田涛分别在其文章中总结华为的成功，主要是解决了三个机制，一是解决了评价机制，二是解决了分配机制，三是解决了决策机制。解决了评价机制是建立健全了评价体系，让有能力的人上、无能力的人下，让干得好的人上、干得不好的人下，让企业永葆青春，永具活力，永思进取。解决了分配机制，让薪酬向有能力的人倾斜，向具有创新思维的人倾斜，通过这个强大分配机制形成巨大的凝聚力和向心力。解决了决策机制，让更多了解市场、锐意创新的执行层人员参与到决策中来，使企业永远知道市场需要什么，技术能做什么，知道企业应该往哪里走。

华为是地地道道的中国本土成长起来的企业，但本土企业不等于排斥西方管理理念。华为之所以能成为全球领先的信息与通信解决方案供应商，得益于任正非及其团队恭恭敬敬地向西方学习管理。其中有一个角色不容忽视，也是华为成长中一个十分重要的见证方——那就是华为的外部“管理咨询”智囊团。1998年，成立仅十年的华为便敢于引入IBM参与自身的IPD和ISC项目的建立，虚心向IBM学习西方管理技能，并在产品中融入了IBM的技术，这是华为能从一家本土企业迅速成长为跨国公司的秘诀之一。这个过程，足见任正非和华为目光之远大、决心之强烈，实属业内少见。自20世纪90年代末以来，IBM的咨询师便一直与华为合作，目前仍在一些关键项目上提供帮助。

聘请高端智能人才带来的好处也是显而易见的。1998年，当时的华为还不太为大众所知，IBM咨询师在为华为做咨询顾问时，请华为介绍一下组织机构，他们看到华为连组织图都画得不得要领。经过指导、提升，华为在各个方面都显示出强大的进步能力，展板上的介绍、图示、标识等都清晰明了、井然有序，管理制度、流程科学适用。2011年，IBM建议华为向智能手机和平板电脑领域扩张并被采纳，该业务当年为华为贡献了五分之一的营业收入。IBM在华为提供服务可谓尽心尽力，人数最多时达到270人，少时也有20~30人。IBM这些顾问大致可分为两类：一类是专职顾问，对策略、方法、流程有深刻的认识；一类是实际从业者，有丰富实践经验。

华为的同事似乎更喜欢从事业务工作有实践经验的顾问人员，因为实践经验可以直接被拿过来应用，见效快。而对于专职的顾问，因为不能迅速见效，所以在实际工作中往往被轻视。这是一种认识上的严重误区。对于华为来说，两类顾问如同人的两只脚，若想前进，离开哪一只脚都不行。专职顾问沟通能力、表达能力好，对问题考虑透彻，带有明显的理论优势。而实际从业者和具体实施的人，他们对工作的实际情况比较熟悉，但在理论层面的认识相对欠缺，知道应该怎么做，对于为什么这么做，却不一定有很深刻的理解。只有汲取两类顾问所长，华为才能以最小投入获得最大产出。

当然了，仅仅聘请IBM一家是不够的，也满足不了任正非率领下的华为对技术、管理等各方面的需求，他们还聘请了埃森哲、波士顿咨询公司、普华永道、美世和合益的咨询师，在5年时间里拿出4亿美元，对华为的管理流程进行系统性的升级。从2007年开始，在埃森哲的建议下，华为启动了CRM(客户关系管理)，目的是加强从“机会到订单到现金”的流程管理。2008年，埃森哲对华为的CRM体系进行重新梳理，此举打通了华为从“机会到合同，再到现金”的全新流程，提升了公司的运作效率。2014年10月，华为和埃森哲的合作得到了进一步加强，双方正式签署战略联盟协议，共同面向电信运营商和企业信息与通信技术（ICT）两大市场的客户需求开发并推广创新解决方案。

对于这次深度合作，华为轮值CEO徐直军曾这样说:“在现实世界与数字世界加速融合的时代，任何单独一家企业都很难满足客户的所有需求。企业需要开放合作，整合优势资源和能力，共同助力客户成功。与埃森哲的合作，将进一步加强华为在企业ICT市场的能力，使我们在丰富的产品组合基础上，为企业和运营商客户提供更多创新的软件和服务解决方案，帮助其提升效率和增加收入。”然而在最初雇用管理咨询顾问的时候，跟任正非打天下的华为元老们很不情愿，他们认为自己也是师出名校的MBA，是经验丰富的职业经理人，管理理念并不落后。这些年，华为的高速发展就是这些元老们能力的充分证明。这些元老做出来的业绩，连国际一流企业的竞争对手们也不敢小瞧，还哪有必要聘请咨询顾问呢？元老不愿接受，公司内部员工也不愿接受，甚至是强烈抵触，原因是担心这些顾问挤掉自己晋升的路。面对这些问题，任正非拿出了他独断专行的一面，他指示自己的管理团队：一切听顾问的。不服从、不听话、要小聪明的，开除出项目组，按降职、降薪处理。之所以这样做，是因为任正非远在签顾问合同之前就已完成了对顾问的系统考察并对他们投下了信任票。这种系统考察是由任正非本人完成的，而不是他的管理团队。所以，任正非知晓一切，而公司元老及普通员工只知其一。

早在1997年，任正非即开始了深度谋划，计划实施人力资源开发与管理系统的规范化变革。在世界顶尖咨询公司美国合益集团 (Hay Group) 的帮助下，华为逐步建立并完善了职位体系、薪酬体系、任职资格体系、绩效管理体系，以及各职位系列的能力素质模型，逐渐形成了干部选拔、培养、任用机制化，考核与奖惩表单化的华为特色。在此计划的早期，美国合益集团帮华为设计了三张表单，主要是用来客观评价正常情况下不同岗位对员工的能力要求、风险和责任度，以及与之相对应的级别，并建立起了25级的薪酬架构体系。这一体系的建立，实现了华为内部价值分配的相对公平。概括起来讲，这一体系的核心包括三个方面。

一是职务晋升。任正非提出："要让最有责任心的人担任最重要的职务。"他所说的"责任心"，不是通常理解的对某个领导个人的责任心，而是对工作过程和结果的负责，并以完成绩效目标的进度和改进效率作为个人职务晋升的主要依据。

二是薪资问题。任正非提出，在薪资问题上"决不羞羞答答"，要敞开窗说话，"坚定不移地向优秀员工倾斜"。即以个人能力、对公司的贡献和岗位的重要性来判定员工的报酬标准，使那些认真负责、业绩出众的员工能得到丰厚的薪资回报。

三是股权分配。华为搞的是内部员工持股，员工的持股份额根据"才能、责任、贡献、工作态度、风险承诺"等情况综合确定，形成了优秀员工集体控股、骨干员工大量持股、低级员工适当参股的股权分配格局。

这三个方面综合起来，就形成了非常理想的状态，若员工想晋升、想加薪、想增加持股比例，进而想借助华为这个平台实现梦想，那就认真学习、努力工作、以身作则、提高绩效吧！除此之外，没有捷径可走。

人力资源配置、职务晋升、加薪、配股等，这些都是关键而敏感的问题，如果处理不好，容易形成新的不公平。在规范的HR机制控制下，华为的人力资源部每天可以对数万名员工进行精确的绩效考核，使敏感问题摆脱了人为因素的影响，各类人才所渴望的"公平竞争"也因此得以实现。据说有这么一句话："华为员工爱加班，因为分赃分得好。"虽是笑谈，但真实反映了华为人力资源管理的科学性。

任正非多次在内部会议上强调过，要重视流程。铁打的企业流水的员工，企业可以成为百年老店，但企业的人，无论哪一层级都是会流动、会变的。人走而流程在、规范在，这是企业得以基业长青的基础。任正非认为，必须有一套机制在起作用，无论谁在管理公司，这种机制不会因为某个人的变化而变化。但流程本身是死的，使用它的人是活的，当流程制约企业发展的时候，需要对公司有深刻见解的人加以修改完善并相对固化下来。所以，流程是相对固化的，真正起作用的是人，是人在与时俱进。如果人不愿意改变，再高明的顾问也解决不了问题。

在任正非眼里，国际著名公司退休人员都是不可多得的财富，一定要竭力聘请过来为己所用。丰田的董事退休后带着一个高级团队在华为工作了10年，德国的工程研究院团队在华为也待了十几年。他们的贡献，使华为的生产过程走向了科学化、正常化。从生产价值几万元的产品开始，到现在几百亿美元、上千亿美元的产值，华为越搞越好。华为每年花的几亿、十几亿美元的顾问费，都是值得的。

“华为走出国门、走向全世界的时候，什么都不会，不知道什么叫交付，全是请世界各国的工程顾问公司帮助我们。第一步就是认真学习，使公司逐步走向管理规范化。现在我们正在自己往前一步，就想再做得更简单一些、更好一些。”任正非这样评价顾问的作用。

可以这样说，华为的成功，不仅仅是因为任正非个人能力的强大，也不只是因为他带出了一个非常好的团队，善于使用“外脑”、借助外部智慧为自己所用，即“专业的事，让专业的人做”，这才是华为从本土企业成长为国际巨头的秘诀。

28年的初心，只想狠狠对准一个城墙口冲锋

任正非说过：华为28年只对准一个城墙口冲锋，最终领先了世界。

的确，任正非绝对是一个低调而神奇的人物，他创建的华为公司，在当代商业史上也堪称传奇。1987 年，年满 43 岁已是人到中年的任正非和 5 个同伴集资 2.1 万元在深圳的一个“烂棚棚”里成立了华为公司，当时的华为，最值钱的家当仅仅是两台万用表加一台示波器。

也许谁都没料到，一个极不起眼的小作坊型的公司，经过 28 年的打拼，竟然成为全球通信领域的领导者，2015 年营收 3950 亿元人民币，净利润 369 亿元，增速均达 30% 以上。作为这个领军企业的创始人和领导者，任正非从一名中年创业者成为全球知名企业家，这本身就足以令人叹服不已。对于成功，任正非说，28 年来，我们只做了一件事，就是坚持不懈地对准通信领域这个“城墙口”发起一轮又一轮的冲锋，这就是华为的成功密码。

同时，任正非坦诚表示，华为的迅速崛起，还得益于一个大前提，即国家政治大环境和深圳经济小环境的改变。如果没有改革开放，就没有中国经济的迅猛发展，也就没有华为崛起的可能。如果不是因为深圳在 1987 年 18 号文件中明晰了民营企业产权，任正非就不会创建华为。如果没有后来的政策文件跟上，已陷入税负之痛的华为极有可能半路解体，创业元老们也极有可能坐地分家后分道扬镳。

没有半路解体的华为在特殊环境里成长起来后，坚持做的一件事就是对着一个“城墙口”进攻。只有几十人的时候是这样进攻，发展到几百人、几万人的时候也是这样进攻，现在十几万人还是这样进攻。每年近 600 亿元的研发经费，500 亿 ~600 亿元的市场服务，都轰在了这个“城墙口”上。猛烈进攻的结果是企业做大做强，最终在大数据传送上领先了世界，并倡导建立世界大秩序，建立一个开放、共赢的架构，有利于世界成千上万家企业一同建设信息社会。

在 28 年的进攻过程中，华为没有蛮攻蛮干，而是选择持续变革，全面学习西方公司管理，这也是不同于国内其他企业的道路。对此，任正非坦诚道：“我们向西方学习了 28 年，但至今还没有打通管理全流程，虽然和其他一些公司相比，我们管理得已经很好了，但这个比较是很低的，华为的目标应该放在世界大格局里做比较。”所以，和爱立信这样的国际著名公司相比，华为多了两万管理人员，也即每年多花40亿美元的管理费用，这就是差距。所以，任正非认为，华为还要不断优化组织和流程，提升内部效率。

华为一直注重创新，视创新为追求的目标。任正非认为，创新就是最大限度地释放生产力，创造具体的财富，从而使中国走向繁荣。一个国家，尤其是一个大国的发展，只靠虚拟经济是不行的，必须得重视发展实体企业，才能够解决人们真正的物质和文化需要，才能使社会稳定下来。任正非有一个非常形象的比喻，虚拟经济是工具，要想生产出社会需要的成果，必须有实体经济。

同时，任正非也注意到，在实体经济的高科技领域里，能沉得下心，以十年寒窗的劲头钻研基础理论，这样才有可能做成大产业。无论是一个国家还是一个企业，若想搞科研，任何时候都是人比设备更重要。用简易的设备能做出复杂的科研成果来，如果人的思维和能力跟不上，再先进的设备也只是一堆废物。

对于当下的中国经济，任正非有着比较清醒的认识，他认为:“泡沫经济对中国是一个摧毁，华为一定要踏踏实实走科研兴企战略。一个基础理论变成大产业，要经历几十年的工夫，这就需要有战略耐性。要尊重科学家，要有一些人在踏踏实实做研究工作。如果学术研究泡沫化，中国未来高科技很难有前途。企业要想持续健康发展，就不要着急，不要大跃进，不要泡沫化。每个企业的领导人都必须要清楚一件事，那就是，没有理论的创新是不可能持久的，也不可能成功。”

华为在世界资源聚集地建立了20多个能力中心，这些能力中心科学家的理论突破，成就了华为的世界领先地位。一个公司如此，一个国家更应如此。在理论上大幅突破，万众创新才有出路。否则，仅靠小改小革是不可能成为大产业的。理论创新比基础研究还要超前，因为他写的方程也许连神仙都看不懂，就像爱因斯坦一百年前写的引力场方程，当时谁也看不懂，经过许多科学家一百年的研究才终于证明理论是对的。这也就意味着，一个公司或国家取得了理论创新，就可以领先世界几十年甚至上百年。

有理论创新才有可能产生大产业，但技术创新也能使企业持续前进。可以说，它们如同人的两只脚，二者协调发展，才能正常行进。在技术创新方面，日本一个做螺丝钉的小企业非常有代表性。几十年来，他们不去关注重大理论突破，只埋头研究螺丝钉。他们做的螺丝钉永远不会松动，正因如此，全世界的高速铁路大都是用这个公司的螺丝钉。还有一家德国的小村庄工厂，几十年只做一个产品，他们的产品简介不是说生产了多少、销售了多少，而是该产品占世界份额是多少。这就是做好技术创新的惊人之处。

对于社会的未来发展方向，任正非认为："未来信息社会的深度和广度不可想象，未来二三十年将是人类社会发生重大变化的时代。伴随生物技术的突破、人工智能的实现等，未来人类社会一定会崛起非常多的大产业。""我们面对着极大的知识产权威胁。过去二三十年，是从落后通信走向宽带通信的二三十年，全世界出现多少大公司，美国思科、谷歌、Facebook、苹果，中国没有出多少，就是因为对知识产权保护不够。未来还会出现更多的大产业，如VR虚拟现实，中国在这些产业方面是有优势的，但是要发展得更好，必须有十分苛刻的知识产权保护措施。"所以，这也就不难理解，为什么28年来华为一定要集中火力对着一个"城墙口"进攻，因为任正非和他的团队都明白一个道理，做企业一定要做领域内最专业、最有权威的。

荣光与梦想，要的是有过万的员工年薪超百万

《华为基本法》里面写道：华为公司保证在经济景气时期和事业发展良好的阶段，员工的人均收入高于区域行业相应的最高水平。任正非也强调过，"华为以前往海外派人都派不出去。大家都想在北京买房、陪小孩，都想在好地方待。我们就琢磨，为什么不提升一线作战人员的待遇呢？我们确定非洲

‘将军’的标准与上海、北京的标准不一样，年轻人在非洲很快就当上‘将军’。你在非洲干，就朝着这个非洲‘将军’的标准，达到了就是‘将军’，就可以拿‘将军’的钱。现在，我们的非洲员工根本不想回来。”

作为世界500强企业，华为的成长速度是惊人的，尤其是手机消费业务表现突出，为华为的迅猛发展做出了重要贡献。水涨船高，华为员工的腰包也都鼓胀起来。2015年，华为一年开展两次奖金评定，这在华为的企业发展史上是鲜有先例的。华为一直奉行高薪政策，他们相信，只有高薪才能留住高端人才，才能使企业保持迅猛发展的势头。所以，即便在经济低迷的情况下，华为也会尽力保证员工的收入不减，甚至高出行业水平。

华为员工到底能挣多少钱，外人不得而知，华为也不愿公开披露这些信息。但华为在全球约有17万人，即使没有官方薪资方面的公开信息，从一些员工口中还是能透漏出星星点点，将这些信息串联起来就能窥见华为的薪资体系。华为员工的薪酬主要包括三部分：基础工资、绩效奖金和股票分红。外派海外的另有补助。华为的员工大都认为，派往海外对一个员工来说是职场的转折点，若有被派往海外的机会，那说明该员工将有机会获得提升。

在基础工资之上，华为还设计了一套“定岗定薪，易岗易薪”的职级制度，意思就是工资薪酬是根据岗位来设定，并设定了13~23级，每一级设A、B、C三个层次，不同级别的基础工资大概相差4000~5000元。如应届本科硕士入职通常是13级，博士是14级，社招需要看工作年限及所需岗位的重要性，普遍在15~19级，18级起便属于管理层。目前，华为17万员工中，基干、中干及以上干部约1万人。

华为的薪资是广受外人关注的焦点之一，曾有多家媒体进行挖掘采访并予以披露，总结来说，入职华为10年，职级在18级以上，考评中等以上，再加上较高的内部配股，税前年薪都超100万元。在华为，这样的员工人数有数千人，加上海外常驻人员外派补助，年薪税前超百万人数估计过万人。在华为内部流传着这样一段话：“三年一小坎，五年一大坎。”意思是入职华为三年内大部分靠工资，三年后奖金逐步可观，五年后分红逐步可观。所以，仅从收入这一硬性标准来看，华为帮助员工实现了人生梦想。再加上全员持股的制度落实，华为员工在“主人翁”意识支配下与公司同舟共济、荣辱与共。

但是，想要达到年薪过百万并非易事，因为在华为令人羡慕的绩效福利之外，还跟着极其严格的考核。如果某员工考评为C或D，那么在未来三年中就不可能享受到涨工资和配股的待遇，而且当年的奖金一分都没有。所以，这种严格的考核被戏称为“一C毁三年”。华为的企业文化有两点：一是奋斗文化；二是不让雷锋吃亏。也就是说，华为提倡的不是无私奉献，而是奋斗。你奋斗了，付出了，公司必然给你好的薪资回报，给你发展成长的机会。

根据华为2015年年报，华为花在员工身上的钱达1377亿元，17万名员工，人均超过80万元。所有这些，都在《华为基本法》的框架下运行。

华为的成长、成功也许存在中国改革政策导致的太多偶然，但偶然之中存在着必然，华为的辛苦成长之中透着“西学为体、中学为用”的大智慧。透过一次次交织了荣光与梦想的华为历史大事件，透过任正非的变与不变，在重重矛盾之中略可窥见华为成功的几点奥秘。

奥秘之一：研发人员拼死奉献。视创新为生命的华为，其研发人员占公司员工总数一半。曾在华为“卧底”8年的杨少龙，在历时5年写就的《华为靠什么》这本书中骄傲地引用了来自阿尔卡特的一份调研分析报告（2004年前后）：华为研发人员年平均收入3万美元，而阿尔卡特为15万美元；华为研发人员年平均工作超3000小时，而阿尔卡特约为1400小时，华为1元钱的研发投入相当于阿尔卡特10元的投入。这是华为骄人业绩的来源之一。华为员工的收入与阿尔卡特相差5倍，工作时间却被拉长了1倍。在这样的高压环境下，研发人员拼死奉献，仅仅靠与中国同行比较出来的高福利待遇是不足以说明问题的，其中必然有员工视工作为乐趣、视事业为生命的精神，也必然有任正非教父般的领袖魅力在起作用。

奥秘之二：销售人员“狼狈为营”。在华为的全部员工中，营销队伍占到了33%，其中85%以上都是国内名牌本科毕业生，且都是经过华为的魔鬼训练之后投入到市场第一线去的。他们拿的虽然是诱人的薪水，但一线市场的职业寿命一般只有3年，之后便被调到其他部门，一线的营销任务交给新人去完成。因为营销人员对自己产品在市场中的优劣比别人看得更透彻，时间久了容易对自己的产品丧失信心，进而褪去工作激情和攻城拔寨的决心。华为起步之初，任正非便对营销人员提出了“狼狈组织计划”，组成由客户经理、产品经理、售后技术人员等20多人为一组的团队，奔赴全国270多个地区经营部，甚至北至大兴安岭的各农垦管理局都有专人负责把守。对于攻不下的硬骨头，华为销售人员可驻守客户单位长达半年，用洒水、扫地、擦桌子等基础工作博得客户的认可，进而巩固关系堡垒。在山东聊城，华为就是凭借这种“狼狈组织计划”和滴水穿石的精神实现了销售额由0到2亿的飞越。

奥秘之三：主帅任正非的狼性原则。高科技企业的生存如逆水行舟，不进则退，又如钢丝上行走，非生即死。要想称雄国际市场，小改小革或修修补补的管理改变是行不通的，必须摒弃中国民企高耗低效的管理方式，引进现代的国际化玩法。与狼共舞，你必须是狼。早在1998年，任正非就力排众议，斥20亿元巨资引进IBM管理模式，在管理上全盘西化。虽然这种全盘西化出现了员工的情感不适、内部管理的关系不适、对外销售的流程不适、中西方文化在企业磨合期不适，甚至有人呼吁要以本土化的方式改良西方管理流程，即“洋为中变，变为我用”，或者以渐进的方式逐步向西方管理靠拢，但任正非却拿出了破釜沉舟的蛮劲与勇气，强令企业上下先行无条件全盘接受西式流程。按照任正非“先僵化、后优化”的实施步骤，一旦确定的事情绝无回头路可走。不适应的人要从岗位上下来厘清思路，抵触的人要立即撤职，绝不能成为改革中的阻碍。凭借这股唯我独尊、说一不二的霸气，任正非成功引进了IBM管理模式，为企业腾飞插上了制度保障的翅膀。

除了柳传志和王石，真没人和我玩喽

任正非说过：除了柳传志和王石没人能和我一起玩，我非常寂寞！一个高端企业的持续高速发展，往往看上去一派繁荣景象，但有谁知道老板的苦衷？当他坐足了冷板凳，将企业带入辉煌的时候，当他环视天下竟然找不到可以与之对等竞争、对等玩耍的高人的时候，他感到的是寂寞，是孤独。任正非，这位号称企业界最神秘的大佬，面对各种关于他或是关于华为的猜想或是负面言论汹涌袭来时，以“非常寂寞”的王者姿态，主动而又猛烈地发声，让所有正面的或负面的言论全都相形见绌。他及他率领下的华为，就像一个永远解不开的谜一样，神秘而又吸引众多人的眼球。没有人能说得清，他到底想要做什么，华为会向哪里发展。他在人们的猜测中构筑着华为的“舆论理想国”。与其他成功的企业家不同，从1988年创办华为至今，任正非从没接受过任何媒体的正面采访，从不参加评选、颁奖活动和企业家峰会，甚至连有利于华为品牌形象宣传的活动，他都一律拒绝。

不仅是他自己，他甚至还直白地“强迫”所有员工都要低调。为什么要如此低调？任正非在《华为的冬天》里做出了说明：“对待媒体的态度，希望全体员工都要低调，因为我们不是上市公司，所以我们不需要公示社会。我们主要是对政府负责任，对企业的有效运行负责任。”

“我为什么不见媒体，因为我有自知之明。见媒体说什么？说好恐怕言过其实；说不好别人又不相信，甚至还认为虚伪，只好不见为好。因此，我才耐得住寂寞，甘于平淡。我知道自己的缺点并不比优点少，并不是所谓的刻意低调。”“媒体记者总喜欢将成绩扣到企业老总一个人头上，不然不生动，以虚拟的方法塑造一个虚化的人。我不认为自己像外界传说的那样有影响力，但是很敬业、无私、能团结人。这些年华为有一点成绩，是在全体员工的团结努力，以及在核心管理团队的集体领导下取得的。只是整个管理团队也很谦虚，于是就把一些荣誉虚拟地加到了我的头上，其实难副。”这种对自己、对团队、对媒体特性的深刻认识，不是一般企业老总能具备的。正因如此，任正非才能做到在无数光环中保持隐身的状态。也正是因为此，使任正非和华为变得愈发神秘，但这丝毫没有影响媒体对他的关注。相反，任正非越来越成为媒体眼中的“香馍馍”，各种雅的俗的名号也随之而来，“土狼”“硬汉”“华为教父”“老工人”“偏执狂”，不管任正非认不认同，媒体以它自有的任性态度对任正非进行了解读。

当然了，有些名号是媒体根据自己的臆想强封给任正非的，有些则恰如其分。说他是“老工人”，是因为任正非一脸的沧桑，平时衣着打扮稀松平常，的确像一个老工人。而“偏执狂”的称呼，则是来自某次华为的中层干部会议。在那次会议上，任正非很少见地表扬了华为财务总监，说他长进非常大。正当财务总监心里甚美之时，任正非又说了一句：“从水平特别差变成比较差。”然而，媒体对任正非的认识并不仅限于此。2008 年，任正非荣膺《中国企业家》杂志评选的“2008 年度中国最具影响力企业领袖终身成就奖”。2010 年，著名财经杂志《福布斯》中文版首次推出有 12 人入选的“最受国际尊敬的中国企业家”年度人物榜，任正非高居榜首。《福布斯》中文版表示，任正非虽然不喜欢在公众面前露面，但他在全球大型跨国公司领袖中受到尊敬的程度，在中国国内无人能出其右，华为至今几乎是唯一在高科技领域内具有全球竞争力的中国内地跨国公司。2011 年，《财富》中文版公布了“中国最具影响力的 50 位商界领袖”榜单，华为 CEO 任正非位列榜首，联想控股董事长柳传志和海尔董事局主席张瑞敏分列第二、三名。

对所有这一切，任正非从未正面回应。只在自撰文章《我的父亲母亲》里，以宽慰母亲的口吻，解释了面对华为的负面舆论不争辩的另一层深意：“我们不能在媒体上去辩论，这样会引起争论，国家纸太贵，为我们这样一个小公司争论太浪费。为我们这样一个小公司，去干扰国家的宣传重点，我们也承担不了这么大责任。他们主要是不了解，我们也没有介绍，了解就好了。”然而，什么时候能了解，怎么了解，却都掌握在任正非手里。他和他的华为变化太快，让人来不及跟上去了解。

2001年，在国际高科技产业哀鸿遍野之际，华为却凭借不俗的成绩一枝独秀，位居全国电子百强首位。正当人们为之欣喜之时，任正非用《华为的红旗能打多久》《活下去是企业的硬道理》来警示员工，居安思危。随后，又发表了《华为的冬天》。他认为："华为存在的问题不知要多少日日夜夜才数得清楚……华为的冬天正在到来，各种机制、管理等正面临危机，已经到了不得不调整、改革的地步。"事情不止于此。对员工敲了一记警钟之后，任正非没有忘记自己的优势，没有忘记正面激励。他在《北国之春》中说："只要我们不断地发现问题，不断地探索，不断地自我批判，不断地建设与改进，总会有出路的……我们趁着冬天，养精蓄锐，加强内部的改造。我们定会迎来残雪消融，溪流淙淙。华为的春天一定会来临。"

几个回合下来，人们逐渐意识到，其实任正非很善于谈问题，他眼里的华为永远都有问题。同时，任正非利用自己的"言论"，一点一点地向公众剖白华为，甚至连自己也不放过："我个人与任何政府官员没有任何私交关系，没有密切的工作伙伴；除了联想的柳传志、万科的王石，在20年中有过两次交往外，我与中国任何企业家都没有往来，也没有与任何媒体任何记者有交往。我的私人生活很痛苦，非常寂寞，找不到人一起玩。和基层员工离得更远一些，为了公司能够平衡，我得忍受这种寂寞，忍受这种孤独。"如果，你天生就是一位"孤独的国王"，那么就得忍受得住寂寞与孤独。毕竟，这个世界上与孤独为伍的人少之又少。在成功的金字塔尖，能玩的人永远就那么几位。你只需倔强地活在自己的声音中，任何赞誉或是贬损，都与己无关，也都是徒劳的。

对任正非这样一位"孤独的国王"，人们有理由透过他的华为帝国光环去窥视他的家庭、他的成长之路，从而得出正确的或者似是而非的判断。

第十二章

给极客一个新战场“让草原满血复活”

我国广阔的草原，因为过度放牧，如今已变得稀疏矮小，草原经济亟需转型。草原的未来，将何去何从？这是每一个心系草原的人都挂念着的问题。希望极客们能满怀责任，发明一个草原模式，改变草原的经济生态，让草可持续生长，让梦中的草原重回现实。

回放草原的盛装

草原是内蒙古的“活翡翠”，它是中国人民的，也是世界人民的。“敕勒川，阴山上，天似穹庐，笼盖四野。天苍苍，野茫茫，风吹草低见牛羊。”一首北朝民歌，不知唤起多少人对草原的无限遐想。那蔚蓝的天空、洁白的云朵，那成群结队的牛羊、丰茂肥美的草场，恍如一幅巨大的水彩画，明丽、鲜亮，让人对美丽的草原心生向往。草场里的草高达七八十厘米，牧民每十几天就要搬一次家，孩子觉得特别奇怪，为什么总是搬家？大人们宽厚地一笑，道：这是我们游牧民族的传统，是让草原休养生息最简单的法子。牧人一年有四季营盘，冬天牧民们赶着羊群到冬营盘过冬，茫茫大雪过后，牛羊可以尽情享受丰美的冬草。到了夏天，牧民们再从冬季营盘回到夏季营盘放牧。这时，夏季营盘的草场仿佛绿色的翡翠，这里的草鲜嫩无比。这就是二十世纪五六十年代的草原，逐水草而居的牧民生活。

有首歌是这样的：

我的心爱在天边，
天边有一片辽阔的大草原。
草原茫茫天地间，
洁白的蒙古包撒落在河边。
我的心爱在高山，
高山深处是巍巍的大兴安。
云海茫茫云雾间，
矫健的雄鹰俯瞰着草原。

……

草原母亲我爱您，

深深的河水深深的祝愿。

乌拉盖，天边的草原。作为一个内蒙古人，我一度认为风吹草低见牛羊的草原已经离我们远去，在我稀里糊涂闯入这片土地的时候，已被马路两边的草海、花海完全淹没，不远处依稀看到几只动物，让我嗅到了原始的气息。这一刻，我的心一下子被掏空了。

在内蒙古高原上，乌拉盖是世界水草保护最好的地方，由于乌拉盖草原具有完好的草原生态性。由法国导演让·雅克·阿诺执导，冯绍峰、窦骁等主演的电影《狼图腾》取景于此。2013 年，该片在内蒙古乌拉盖草原杀青，并于 2015 年上映。乌拉盖草原不仅以美丽著称于世，也有其深厚的历史文化，乌拉盖河与其支流色也勒吉河汇合处，就是一处闻名的古战场遗址。当年成吉思汗在统一蒙古诸部战斗中，在这片神奇的土地上，彻底歼灭了曾不可一世的宿敌——塔塔尔部，为统一蒙古大业扫清了一个巨大的障碍。

乌拉盖草原因乌拉盖河得名，位于内蒙古锡林郭勒盟东北部，南临“草原煤城”霍林郭勒市，东北与“温泉胜地”阿尔山市接壤，与沈阳、长春、哈尔滨等东北大城市相距均在 600 公里以内，是隶属于锡林郭勒盟行使旗县级行政管理权的地区。土地总面积 5013 平方公里，现辖哈拉盖图、乌拉盖、贺斯格乌拉三个农牧场和巴音胡硕镇，管委会所在地巴音胡硕镇是管理区政治、经济、文化中心和交通枢纽。

乌拉盖草原是世界上保存最完好的天然草原，草原可利用面积 4618 平方公里。2016 年乌拉盖草地植被平均高度为 29.7 厘米，草原覆盖率为 80.5%。动植物种类繁多，野生植物 500 多种，有 62 科 501 种，以木科豆科为主，牧草种类优良，除优良牧草外，具有不同价值用途的野生植物较为丰富，中蒙医药用植物较多，主要有大黄、桔梗、甘草、柴胡等。野生动物有黄羊、草原狼、骆驼、狐狸、獾、野兔等。全国第二大内陆河乌拉盖河及其支流色也勒吉河纵贯全境，大小湖泊 12 个，泉水 23 处。

我穿越了乌拉盖的原始草原、湖泊、湿地、白桦林、芍药沟、黄花沟等独特的自然景观，串联了布林庙、农乃庙、成吉思汗边墙、固腊卜赛汗国际敖包等历史文化遗迹，还感受了独特的乌珠穆沁部落蒙古族民俗风情文化，被草原浸泡的心，只能用歌来回放。

美丽的草原我的家，
风吹绿草遍地花。
彩蝶纷飞百鸟儿唱，
一弯碧水映晚霞。
……
草原就像绿色的海，
毡包就像白莲花。
……
牧羊姑娘放声唱，
愉快的歌声满天涯。

当地居民郜文兵写过一篇《远在天边》，我们可以通过这篇文章了解一下乌拉盖。全文如下：

我曾经以为乌拉盖草原，远在天边，遥不可及。2002 年夏天，我第一次踏上乌拉盖草原。一路的颠簸、长长的车程，再加上急迫的心情，实在太遥远了，真有到了天尽头的感觉。直到那一望无际的绿色在眼前恣意铺陈，清新的空气汪洋左右，一瞬间放下了疲惫，忘却了遥远。

驻足在乌拉盖高尧乌拉山顶，我分明地在风中听到了草的呼啸，在草上我看到了风的舞蹈。脚下就是原点，一波一波的涟漪从脚下向四周荡漾，山脚下的乌拉盖河欢快地流淌，像有不少人在那里大声喧哗，百灵鸟在云中歌唱，婉转空灵。美丽的乌拉盖草原令人目眩神迷，久久难忘。

那一次短暂的会晤啊，像两颗年轻的心脏的相遇，急促地想要合拍，又慌乱地无法自已，一瞥惊鸿之后更多的时候是对这片草原的想象和思念。

十年之后再次踏上这片草原，我才有机会对她仔细端详，小心地接近，甚至有些谄媚和讨好，以便更多地了解，讨她的欢心。我显然有着足够的时间和精力，创造亲近她的每一次机会，乌拉盖草原的美丽在我心里一次次充盈而结实起来。

乌拉盖草原有多么美丽？不知道。但人们喜欢把这里叫作天边草原。对此我也曾经讨教过许多人，但大家的解读显然不一而足，莫衷一是。然而我觉得天边草原，不唯言其僻远，盖言其远避尘嚣抱朴归元也；言其养在深闺守身如玉也；言其万物峥嵘井然有序也。

行走在茫茫的乌拉盖草原，你可以感受辽远和博大，也能够真切地领略妩媚与多情。高天流云，蓝白相衬，像大海一样宽广的草原绿浪翻滚，珍珠一样洁白的羊群游弋其间，天地相接，远山含黛，逶迤起伏，连绵不断。

乌拉盖河源起宝格达山，一路奔腾而来，地域渐行渐开阔平坦，于是因着地势，盘桓曲折，委婉如练，极尽缠绵。在进入湖区之前最终形成这“只应天上有”的云河九曲。这是河流对草原的迷恋，更是草原与水的相拥。河流两岸盛开着数不清的鲜花，红黄蓝紫，色彩缤纷。好一派绚烂蒸腾。朝阳里，弥漫的山岚雾气与这些镶上了金边的花花草草恰似一出盛大舞剧的序幕，关于生命和生长的故事在草原上恢宏上演。

关于这条河流，我坚定地认为他是有性别的。在乌拉盖河的右岸，葳蕤着一种河柳，密密地生长，傲岸而挺拔。站在高处看，像男人修剪整齐的鬓角的胡须。在我的眼里这条河阳刚十足，河水奔放，涛声轰然，就连九曲逶迤也让人觉得那么荡气回肠，大气磅礴。

而在数十公里外的满都草原上，乃林郭勒就是乌拉盖河的相好，青梅竹马，两小无猜，如舒婷诗中的橡树和木棉，乃林河以一条河的形象静静地与乌拉盖河遥遥相望，情深意厚感动天地。

同样令人感动的还有草原上的秩序和伦理。草原上的秩序是天然的，是自然而然，不期然而然。几百上千种植物在这里生长，它们在植物学上分属不同的属、科、目、纲，我们大多数普通人很难分辨它们。即使是看上去极其相似的两个植物，在专家的眼里它们也可能有着极大的差异。也有相反的情况，看着差异很大的一对也许还真是近亲，甚至连名字都是一样呢。不管怎样，它们都按照各自的习性规律在这里生长繁衍。

北方的草原由于气候的原因，春天总是来得很晚。已经是四月了，湖面上还结着大块的冰，湖边消开的湖水在阳光下显得格外耀眼。迁徙的天鹅、灰鹤、大雁从遥远的南方飞抵这里，一大群一大群的候鸟远远望去像草原上的羊群，一排排一列列远在湖水里悠闲地觅食。远远地看到有人走过来，它们会集体轰地一下飞到对岸。

候鸟的飞翔舒展大方，伴着悠长的鸣唱，在空中掠过，撩人心魄。这预示着乌拉盖草原已经从沉睡中苏醒了，乌拉盖湖湖面上的冰一块块瓦解，一簇簇漂移，乌拉盖河开始发出淙淙的流水声。几乎是一夜之间，布林泉的四周开满了一种粉红色的小花，像一块硕大的地毯，铺满了草原。有人说这种粉红色的花叫点地梅，但我更愿意它是报春的信使。草原的春天真正到来了。

时间进入六月，天气渐渐热了起来，知名的不知名的花朵开满草原，生机勃勃，郁郁葱葱，姹紫嫣红。开放是它们的生命状态，按照自身基因赋予的性状、颜色、花型，只要有充足的土壤、水分和阳光，就义无返顾地开放。而且各种各样千姿百态的植物种群相互之间保持着一种天然的和谐，彼此也不会因为生长要素紧缺或配置不均而争吵，恰恰相反，它们之间相互揖让，彼此关心，共享共荣。它们或在空间上呈现出错落有致，或在时间上表现为次第开放。于是在草原上生活的人们就会发现，不同的季节草原上的花朵往往不同。黄的是金莲，红的是山丹，蓝的是大蓟和兰雀，白的是芍药，你方唱罢我登台，各领风骚，异彩纷呈。当然也有同台献艺的时候，草原上百花盛开，五颜六色，争奇斗艳。这时的草原真的就成了花的海洋。风从草原吹过，芬芳弥漫开来，引得蜂飞蝶舞，好不壮观。

这也许就是草原的秩序和伦理吧。它们各自恪守着自己的层级，遵从着自然的法则，不卑不亢，共生共荣，不以物喜，不以己悲。即便是最平常的根本不会被人欣赏的一株小草，它的茎脉、叶片、颜色都生长得完完全全合乎规矩，那细小的纹路精致而严谨。这实在是令人感动。

或许，我更热爱这里的纯净。这里有几十处泉眼。乌拉盖河的源头就是九个涌流充沛的泉子。而用阿尔善泉生产的原之源矿泉水则是乌拉盖一张小小的名片。前面提到的布林泉因为距离镇子近，常常会有人来这里汲水，用以泡茶。水是生命之源，水利万物而不争，上善若水。我们的祖先对水的品行上升到道德层面做的这些评价那是再恰当不过。

当然，纯净的不仅仅是水，还有这里的空气，这里的民风。在乌拉盖，白天你可以看到最蓝的天空，最白的云；夜晚你可以欣赏到最晴朗的夜空，遥望一天银河，繁星闪烁，那属于你自己的星座是否正在向你发出真挚的邀请和问候？即使是盛夏季节，清晨外出，你需要穿上长袖。因为这里的温度只有二十六七度。我常常想，生活在高温三十七八度不退的地方的人们，他们如果知道在这个他们赖以生存的星球有这样一片草原，是要感谢造物主的仁慈，还是该诅咒上帝的偏心？会不会试图亲自来一趟草原呢，感受一下这里的纯净和魅力。

乌拉盖草原的的确确养在深闺太久太久了，以至于在现行的电子地图上都找不到这个神秘的地方所在。她神秘得如同一个传说，古老的不知名的墓葬、金人用来防御蒙古人的界壕、贺兰真沙陀之战的古战场，抑或还有成吉思汗大败宿敌的阔亦田遗址、苏联红军进剿日寇的红军崖、见证了军垦的七棵树，等等，如此真实的存在让传说具有了史诗的价值。不是吗？

纯净之地哺育了善良的人们。

这里延伸着北纬四十度的东方传奇，小镇巴音胡硕在新世纪得以快速成长起来，各种建筑被红蓝颜色装扮得别具风情。小镇上居住着不超过两万的人口。人们彼此在通往上班的途中热情寒暄，向家中的老人问候，打听子女婚恋的情况。这里的人们熟悉得几乎可以上溯三代人，谁的酒量最大，谁前一段刚刚评了高级职称。在交错而过的最后当口，还会邀约下班后是否聚在一起小酌一杯。宽阔的大马路经历半个小时的喧嚣很快归于平静。

在这样没有一丁点遮拦的大草原上，小镇的建筑普遍在五层以下，阳光懒懒地从云层里钻出来，向马路两侧绿化带里的小草轻轻打着招呼，就像城市里上班的人们签到一样，签了名又和云朵自顾嬉戏去了。一天中除了方向的差异，上午和下午的情形如出一辙。是这样的一种节奏啊，一如我们欣赏的古典音乐，它舒缓的节拍与我们心脏的跳动完全合拍，以至于我会以为我们的心跳是受了这里生活节律的诱惑。

而现在，我躺在南湖广场五帆雕塑的基座之上，眯着眼看穿过树丛的斑斓的阳光，一条小狗径自走过来，在我的身边嗅了嗅，大大咧咧地躺到我的身边，可能是因为姿势不太舒服，它懒懒地翻了个身，两个前爪交替向前伸了伸，平铺了四肢，头努力地向一侧歪了歪，两个耳朵经过一番尝试，终于调整到一个合适的姿势，安然睡去。

这里的人们实实在在，毫不做作。他们来自四面八方，原来根本互不相干。从二十世纪六七十年代到现在，这里经历了很难说清楚的复杂的体制变迁。但不论怎样变迁，这片草原接纳四海的包容，艰苦奋斗的精神没有变。有时我会莫名地想到描写美国黑人的三部作品，《根》《飘》《汤姆叔叔的小屋》。是的，来自不同地方的人们经历了多年漂泊，终于在这里扎下了根。如今，三万多乌拉盖各族儿女正在为建设共有的家园而不懈奋斗。

心远地自偏。当你真的融入这片草原，你就会明白，乌拉盖草原，远在天边，近在眼前。

再透过作者张春燕的乌日图的故事，见证草原的变迁。

乌日图是内蒙古锡林郭勒盟正蓝旗巴音胡舒嘎查（“嘎查”蒙古语意为“村”）的村支书。乌日图从 1979 年起开始担任巴音胡舒嘎查的村干部，而中国改革开放的列车也在此刻启程。透过他的眼睛，我们看见了一个关于人和草原变化的传奇。

4 月的一天清晨，乌日图戴上头盔，纵身跃上自己的黑色摩托。乌日图脚一踩，一拧油门，摩托飞驰起来，大风呼啸在他耳边，他穿梭在风中。如果一个牧民恰好遇见了这辆摩托，他会觉得像一阵风般刮过，并伴着凉意。回头一看，那位黑衣骑士已朝着太阳升起的地平线奔驰，最后一个黑点消失在云团里。

乌日图全神贯注地驶向目的地。到了，就在眼前，一片围封的草场。他停好车，小心翼翼地跨过围封草场的铁丝。草色在他脚下蔓延，与天相接，穿行其中，草场上散布着成片的红柳、沙棘、沙榆。他不由自主地比画了下草的高度，长势好的草，已能没到他的胸口处。现在他能感觉到温暖的阳光渗进草丛的缝隙里，散落在地上，微风浮动着地面，那些晃动的光斑犹如天籁之音袅袅飘浮。而10年前，同样是站在这个地方，他的背后渗出一层如油般的汗水，继而全身都渗出一层冷汗。热，火辣辣的太阳靠在斑秃的草地上，也烤在他身上。刺眼的光，令他无法睁开眼睛。草场严重退化，流沙发白，太阳之下光芒刺眼。这个地方，它的名字叫浑善达克，我国十大沙漠地之一，位于内蒙古中部锡林郭勒草原南端。传说，浑善达克是成吉思汗留下的一匹金色小马驹生活的地方。然而，乌日图的眼睛里并没有看见金色的小马，却只看见了太阳底下漫天的黄沙，尤其是春天，被沙尘笼罩的天空。这些沙子的来源地，就是那个曾经水草丰美的草原——浑善达克。

在沙化最为严重之地，阔达无疆的大地一片焦黄，稀疏的狼毒草棵棵憔悴。一棵和另一棵距离遥远，像是一群孤立无援的战士，矗立在旷世的沙地，看日月流转，大风奔袭。可是，二十世纪五六十年代里的草原确是秀美的一道风景。那时，草场里的草高达七八十厘米，嘎查的12万亩草地上，大型的淖（蒙古语，指有水的地方）16个，小型的淖不计其数，夏天到处流水淙淙，果真如敕勒歌所唱:天似穹庐，笼盖四野。天苍苍，野茫茫，风吹草低见牛羊。

乌日图闭上眼睛回忆起来，觉得一切变得太快了。他记得，自己很小的时候，每十几天就要搬一次家，幼年的乌日图睁大眼睛问:“阿爸，为什么我们经常要搬家？”父亲宽厚地一笑:“这是我们游牧民族的传统，是让草原休养生息最简单的法子。”父亲说:“我们的祖先蒙古牧人一年本有春夏秋冬四处营盘。冬天，牧民们赶着牛羊来到冬营盘生活，茫茫大雪以后，牧羊优哉游哉地俯下身吃草，夏营盘因此得到喘息。到了夏天，我们又从冬营盘迁移出来，住在夏营盘里放牧，这就是逐水草而居的生活。不过，我们蓝旗所在的锡林郭勒现在只有春冬、夏、秋三季营盘了。”父亲叹了口气，眼神飘到草原的方向。他的话音里包含着些许担忧，放牧活动越来越多，水淖干涸甚至消失，未来会怎么样，谁又能说得清楚呢？

草场又是怎样一点一点变化的呢？他把自己扎进回忆的旋涡里。那时候是1979年，中国社会酝酿着一股巨大的改革浪潮。改革开放，要充分调动起人的积极性，要打破旧的观念，缔造一个新的世界。家庭联产承包责任制犹如一个个浪花“惊涛拍岸”。在草原，这个“包”字，充分调动起人们的积极性来。使人们头脑中的“私”字得到了极大的释放，简直就像脱缰的野马，一发不可收拾。草场承包给牧民，牧民们开始把承包的草场视为个人的私有财产，在上面盖房定居。在四周修建围栏。在各自的“自留地”里放养牧畜，草场从原先“轮休”的状态转变为全年放牧。畜群在房子附近来回踩踏，草场得不到休养，定居点附近普遍出现沙化的迹象，围栏把原来的大草原打成了方格本。

1979年，对乌日图来讲，也是人生的大转折点。他从一个普通的牧民，成了村干部。他被村民选为副嘎查长。那时他很年轻，他有一头黝黑的头发，挺拔的鼻梁。他干活勤快为人热情，大家都信任他拥护他。23岁的他迎着村民们热情的眼神。他自信满满，要带领大家趁着好时光，走上致富之路。如何才能让牧民们富裕起来呢？很简单，牧民的生计主要靠饲养牲畜，那就发展畜牧业吧，鼓励牧民多养牛羊。这样草原上的牛羊群们就如雪球一样越滚越多，财富就会日积月累了。真是说到做到，很快嘎查里牛羊马多了许多，连骆驼都养了起来。可是，乌日图却惊讶地发现，牛羊多了，财富增加了，可沙子却流动了。

他做了一个统计，1979年时，嘎查大约有268人，牲畜6000头；1999年时，人口300多人，牲畜数量却达到1万多头。草场不堪重负，草成了珍稀之物。牧民看到草地上有长高的青草，就割回家。冬营盘的草吃完了，牛羊就吃夏营盘的草，如此恶性循环。到了1999年，最为严重的4万亩草场有80%完全成了沙地。

草场开始变化了，风越来越大，从20世纪90年代起，草原上开始刮起大风。草越来越少，沙子越来越多。他听见有人开始议论：怎么风越来越大了？一到春天就刮大风？沙子太多，窗户不敢打开，沙子都进锅了，蒙古包里怎么住人？乌日图笑不出来了，如果继续这样下去，牛羊虽然众多，可是草场日益恶化。气候异常，没有水、没有绿色。财富再多，环境变迁了，人要怎样才能生存下去？这让他惊出一身冷汗。他好像看到自己流逝的青春，布满了刀子一样的纹路，一再裂开。这是沙漠化后的草地留给他的念想。

错了！真的错了！乌日图意识到，再这么下去，会彻底毁了草场。他联合嘎查干部们，赶紧治沙，刻不容缓。正好，从20世纪90年代起，正蓝旗政府也十分重视巴音胡舒草场沙化的问题，政府下达通知，严重退化的草场，蓝旗政府分发黄柳条（一种固沙的植物），号召牧民们治沙。乌日图就领着牧民们种黄柳条。每年秋天11月和春天4月中旬的时候种下，这两个时期黄柳条都容易存活。“户均三亩治沙”，这是一直也在做的事情，有些牧民自己用网子把地圈起来，希望草场能有所转机。乌日图觉得看见了曙光。可是黎明前总是要经历漫长的黑暗。有的沙化草地刚刚恢复生机、长出草来，就成了牛羊的食物。树种下去了，成活量很少，年年种，年年都不见草场有转机。人为治沙好像扔了一块小碎石到水池里一样，淡淡涟漪过去，水面又恢复平静。沙子照样白花花地存在，人“进”了，沙还是不退。

这该怎么办？2000年，乌日图和嘎查里的村干部们一合计，把巴音胡舒草场的现状写成报告提交给了正蓝旗政府，请求统一治理草场。报告提交上去了，很快，正蓝旗的领导们带着一群专家风尘仆仆地找到乌日图。在自己的小屋前，乌日图眼睛亮了，他遇见了来自中科院植物研究所的首席科学家蒋高明。幸运女神眷顾着那片逐渐消失的草场，中科院的科学家们正好在当年启动了西部行动计划的治沙项目。乌日图的那份报告，给正蓝旗的副旗长刘果厚留下了深刻的印象，她推荐科学家们选择巴音胡舒草场地为实验地，也许草场有希望了！乌日图开心地认为。

科学家来了，实验开始了，做实验，当然得有实验基地。科学家选中巴音胡舒草场沙化最严重的4万亩地，决定先从这里开刀。第一步就是得把草场围封起来，不让牧畜进去。乌日图当然拥护这个决定。他骑着自己的摩托，挨家串户地通知。在牧民大会上，他把这个决定宣告给大家。可是他没有注意的是，会场上有几双焦虑的眼睛。

乌达找上门来了，他几乎和乌日图同岁，在村里德高望重。乌达是一家之主，也是嘎查里的能干人。他这人说起话来很不客气，当然他并不是不讲理的人。乌达进门后并不寒暄，直接开门见山。他亮着嗓门说："乌日图，草场围封，我家的牲畜怎么办？"乌达家共有4口人，他们在草场上有草地1080亩，2001年决定围封草场时，他家里有200多只羊和四五十头牛，本来牧草就短缺，要是围封，这牛羊岂不得饿死？乌日图当然知道这些，他是个好脾气的人，纯真、善良、正直。他憨厚地一笑，指着沙发说："坐下说，坐下说。"然后，乌日图解释了围封草场的原因，他说得诚恳，希望乌达能理解，倘若再不做点什么，草场就真没救了。可是乌达却抛出一个问题："那么，要是草场围封了，又不能长出草来，你怎么交代？"这下，真把乌日图难住了。是啊，以前也没有这样大规模地围封，要是真的长不出草来，那怎么办？这是一个巨大的赌注啊。这场赌局也很奇妙，是人和自然的一场博弈，谁也不知道王牌在哪里，乌日图喃喃地说："试试吧。也许你说得有道理，可是，要是不尝试的话……还是先试试？"最后乌日图并没有说服乌达，这场对话就这么打住了。

乌达甩门走了，乌日图陷入两难境地，一面是牧民的生活需要继续，一面是草场需要保护。别人说得有道理，草场围起来以后，到底能不能长出草来呢？乌日图开始失眠，往常10点钟他就入睡了。现在心里有事，睡不着，晚上12点他又起床，披着衣服到草原上散步。在寂寥的大草原上，他一个人，拖着黑黑的长影子。他的脑海里始终回荡着最后离别时他对乌达的一句话："不做点什么，草场就会彻底断草，到时候一切都完了。"一定要让草场休养生息，他打定主意，决定配合科学家，把草场治理好。既然决定了，就这样做吧。4万亩的草场，从决定围封到打好水泥桩子、拉上铁丝网，一共就花了一个月的时间。离家近的地方好说，早起晚归就行。太远的地方，每天回家不方便，乌日图索性就和牧民们住在沙坑里。夏天，中午阳光暴晒，牧民们就早上五六点起来干活，中午吃干粮，午休一会，下午再接着干，一直到月上柳梢头。沙漠化最严重的地方，车无法行驶，七八十斤的水泥桩子，乌日图硬是和牧民们扛着走进去。连着一个星期，他们都睡在沙坑里，条件这样艰苦，乌日图却睡得香了。

科学家们根据草场的实际情况研究决定，牧民每年 10 月可以到草场打草，备足一年的分量，这样，牛羊就不至于饿死了。治沙工程轰轰烈烈地进行着！2001 年，中科院的专家和正蓝旗林业局按传统方式，设计了一层层防护林带，种了柳树、榆树，也采用飞播的手段在流沙上撒山杏、沙柳、沙棘种子。飞播的时间定在 6 月中旬。专家告诉乌日图，飞播的日子很重要，最好飞播完后第二天有雨，这样种子就容易成活。飞机也来了，种子也撒下去了，结果怎么样？第二年，山杏、沙棘和沙柳几乎都没有长起来，投入的五六十万元打了水漂。这下子，连科学家们都仿佛手足无所措了，科学、技术，怎么到了这浑善达克，到了这正蓝旗，就不起作用了呢？这个地方，简直就是冥顽不化。

一天早上，乌日图的儿子胡赫图格和蒋高明吃早饭时，无意中说到他的一个发现，他连比带画、用蒙汉语交织的语言告诉蒋高明，实验地里的草长到了半人高。说者无心，听者有意。蒋高明非常兴奋，早饭也顾不上吃，拿上照相机、摄像机，胡赫图格带路，他们俩开着车就去了实验地。眼前的景象令蒋高明大吃一惊，这草居然有半人高。上去一量，草丛高度达 1.43 米！可是，这草却不是蒋高明种的。

蒋高明很快把这一消息告诉乌日图，他说：“我国的生态背景决定了不是所有的地方都适合种树的，在降水量不足 300 毫米的地方，天然分布的就是草原，如果强行改变它，就会付出惨重的代价。”科学家们结合恢复生态学的理论和牧民游牧的实践，提出在已经严重退化的土地上要继续实行禁耕、禁牧，让其自然恢复，从而使大面积的天然草地获得喘息机会。乌日图也十分惊叹，他虔诚地在心里祷告，但愿草场出现奇迹。

奇迹真的出现了。草原围封后的第三年，草纷纷长了起来，高度就有1米左右，各家每年 10 月定期一个月进草场打草，草料也实现了自给。牲口吃不完的，还做成了青储饲料，留待来年春天喂养。不过，尽管围封施行了，但仍有牧民偷偷地将牛羊放进了围封的草场内。嘎查选举产生了两个巡逻员，他们的职责是防止牲口进入。2010 年冬天，巴音胡舒草场积下厚厚的大雪。蒋高明建议下雪的这一个月里可以适当放牧，每户放牧不能超过 20 头牛，因为草场不用，也会退化的。雪厚，牛羊只能吃到地面上的草，草籽和草根没有被破坏。牛羊还能把草场踩实在，牲畜的粪便还可以当草场肥料。乌日图感慨：还是自然的力量强大啊。人退，沙自然就退了。可是退出来的人怎么解决呢？

新的难题又摆上桌面了，牧民们不能养太多牛羊，草场也围封了，怎样才能让大家增收？好书记乌日图又睡不着觉了。蒋高明给他提供了一种思路：养鸡。蒋高明的理论是：要限制中型和大牲畜数量，发展对草原破坏很小的禽类(鸡、鹅、鸭)来增加牧民收入；同时引导牧民进行生态保护。在草原上养鸡，本身就是一件新鲜事。养牛羊的多了，两个小爪子的动物还真没听谁养过。不过，市场经济同样也要绽放在大草原之上。中科院的专家们联系了深圳一家企业，通过解决产业下游的方式，先打出破冰的一拳。

乌日图又做了第一个“吃螃蟹”的人。他决定自己先尝试一下，养鸡对乌日图来说是个难题，祖祖辈辈生长在马背上的他，对养禽业实在生疏。一开始，由于不适应草原气候，鸡容易感冒，没有精神，趴地上不活动。乌日图着急，就常去新华书店买书，买中蒙文对照的、内蒙古农业大学出版的书，跟着书里学习、实践。第二年情况就好多了。2008 年乌日图养了 2000 多只鸡，2010 年已经有 6000 只了。

两年过去了，实践证明，养鸡的确可以为牧民增收。乌日图便开始推广养禽业。他找到嘎查里勤快的能人苏雅拉图。他说：“我养了鸡，对草场没有破坏，还能增加收入。你也是能干人，一起养养看吧。”苏雅拉图跟妻子商量后，一个星期后就给乌日图回话，他答应了。现在，乌日图已经动员了 5 户人家养鸡，基本上都能挣到钱。

乌日图有三个孩子，两个儿子一个小女儿。小儿子胡赫图格2000年高中毕业考大学没有考上。他说："暂时就不继续念书了，我帮着爸爸治沙吧。"乌日图说："草原就是我的母亲，我祖祖辈辈在这里长大。草原给了我生命。假如让我搬到城市里，我不愿意，我不能远离草原。"如果没有特殊的事情，乌日图一天的时间是这样安排的：早上6点起来，喝妻子准备好的奶茶，喂鸡，接着骑摩托去草场巡视一下。看水泥桩子坏了没有，如果桩子倒了还得修复。

浑善达克沙地位于内蒙古中部锡林郭勒草原南端，距北京直线距离180公里，是距北京最近的沙源地，也被专家们认为是造成北方沙尘的主要策源地之一。从北京开车前往正蓝旗，一到张家口、张北高速路段，黄沙漫天，能见度极低，到了太仆寺，越靠近正蓝旗，风沙越小。一边是高速路旁黄沙连天的沙地，一边是人退沙退的青青草原，这种差异，只有亲身经历，才有深刻体会：以草固沙，比植树造林更为重要。

乌日图站在草场上，54岁的他对着辽阔的草原放声歌唱："蓝蓝的天上白云飘，白云下面马儿跑。挥动鞭儿响四方，赞歌更嘹亮。要是有人来问我，这是什么地方。我就骄傲地告诉他，这是我的家乡……"

草原的迷茫需要极客来改变

很显然，我国的草原已经陷入了尴尬的处境。

如果实地走访新疆、内蒙古等地，我们会发现原本面积十分广阔的草原，因为过度放牧，曾经生长茂密的草甸如今已变得稀疏矮小，可以供牛羊等牲畜吃的牧草也越来越少。草原没草，这真的是一个最大的尴尬。其实早在2009年，《人民日报》海外版记者刘晓林就曾在他的一次挂职采访中提到这个可怕的现象："内蒙古地区许多牧民家分到了6000多亩草场，但目前300亩草场才能承载1只羊的生长。"换句话说，6000亩草场最多只能养20只羊，才能保障草原自然生态不会退化。然而，何处草场放养的密度能控制到这样的状况呢？好多牧民养牛羊的数量都在百头以上，于是每个被牛羊走过的草场，留下的不再是草根，而是一片沙地。其结果，只能是恶性循环。草原上的草越来越少，直至变成荒漠，然后人们再开始研究如何在沙漠种植的世界难题。

说起来，我国是一个草原大国，近4亿公顷的各类天然草原，形成我国面积最大的绿色生态屏障，帮助自然环境严酷、生态环境脆弱的区域缓解了干旱与高寒。然而从20世纪60年代开始，我国的草原生态系统普遍出现了退化的现象。撇开自然因素不说，最主要的原因就是人们长时间的不合理利用，甚至可以说是掠夺式利用，使得草原上大量的物质资源被带走，却又得不到及时补充。从而违背了生态系统中能量与物质共同守恒的基本原理，导致整个草原的生态系统出现了极为严重的紊乱与崩溃。

A专家建议:在目前的气候环境下，控制牲畜存栏数，减低对草场的依赖。现实是物价在上涨，对畜肉的需求在涨，但草地没有涨，羊肉的价格没有涨。结果是牧民的生活无法得到成比例的改善，夏天要用的钱，冬天就的开始借。

B专家建议：开发利用区内丰富的矿产资源，也都是可选的路子。然而，矿产资源的开发，要付出多大的环境成本和生态成本，且不说采矿本身就是对草原的破坏，很多矿产中，会有许多有害元素渗透到周围水系与地下水水体，这对周围环境的影响也是致命的。

C专家建议：发展旅游业，可是到内蒙古旅游的游客每人每次平均消费不足500元。在南方吃两只螃蟹要400多元，快赶上内蒙古半只羊了，你说内蒙古这旅游业还是产业吗？

D专家建议：内蒙古地区应放弃游牧方式，采取定牧和轮牧结合的方式进行畜牧业生产。生活在草原上的人们其实可能还是认可游牧方式的多，因为它适应大自然的规律，是一种自然的旨在通过轮牧来保护草原的形式。虽然牧民们会辛苦一些，但是能够适应各种牲畜的自然生长规律，也就是对牲畜进行散养，使牲畜能在较大范围内采食多种饲草，自在地吃草和饮水，踩踏率却相对较低。可是现在，那顺乎自然规律保护草场的轮牧、合乎天时地理的草场统一安排等诸如此类的牧业传统，已经渐渐沦为一种外地游客体验草原生活的方式，或者说是一种表演。但是，当有一天草原上的草都不知踪迹的时候，这样的表演也将失去任何意义。显然，草原的发展，无论如何都跨不过生态问题。

E 专家建议：在草原上养鸡。今后的旅游就是来草原来看鸡，也许这预示着草原文化将出现断层，或将开始新的篇章。

草原的未来，将何去何从？这是每一个心系草原的人都挂念着的问题。国务院建立全面草原生态保护奖励机制。中央财政按照每亩每年 6 元的测算标准对牧民给予禁牧补助。有材料显示，内蒙古地区尚需治理的荒漠化土地占全区总土地面积的 60%，而那些已经治理过的荒漠化土地也并不能保证百分之百的改变，还要看后期的巩固与完善。在几个生态最为恶化的地区，更是集中分布了 50 个贫困旗县和 200 多万贫困人口。与他们相伴的，不是风吹绿草遍地花，也不是牛羊好比珍珠撒，而是频繁发生的干旱、洪涝等自然灾害。靠山吃山、靠水吃水已然满足不了这些地区经济的发展，草原经济的转型已到箭在弦上的时候。

政府的重视，固然为草原的回归带来了福音，更为重要的是，希望极客们能满怀责任，发明一个草原模式，改变草原的经济生态，让草可持续生长。有一天，当我们站在一望无垠的草场上，抬头望远方蓝天白云，青山连绵，低头看绿浪翻滚，星罗棋布的池塘湖泊与草原一起构筑出百鸟栖息的天堂、野兽出没的家园时，我们梦中的草原，将重新走向现实。

附　录

致新员工书

《致新员工书》最早发表于 1994 年 12 月 25 日第 11 期《华为人》，多年来任正非亲自修订了数次，2015 年再次对此文做出了修订。

以下为任正非《致新员工书》原文：

您有幸加入了华为公司，我们也有幸获得了与您合作的机会。我们将在相互尊重、相互理解和共同信任的基础上，与您一起度过在公司工作的岁月。这种尊重、理解和信任是愉快地进行共同奋斗的桥梁与纽带。

华为公司共同的价值体系，就是要建立一个共同为世界、为社会、为祖国做出贡献的企业文化。这个文化是开放的、包容的、不断吸纳世界上好的优良文化和管理的。如果把这个文化封闭起来，以狭隘的自尊心，狭隘的自豪感为主导，排斥别的先进文化，那么华为一定会失败的。这个企业文化黏合全体员工团结合作，走群体奋斗的道路。有了这个平台，您的聪明才智方能很好发挥，并有所成就。没有责任心，缺乏自我批判精神，不善于合作，不能群体奋斗的人，等于丧失了在华为进步的机会，那样您会空耗了宝贵的光阴。

公司管理是一个矩阵系统，运作起来就是一个求助网。希望你们成为这个大系统中一个开放的子系统，积极、有效地既求助于他人，同时又给予他人支援，这样您就能充分地利用公司资源，您就能借助别人提供的基础，吸取别人的经验，很快进入角色，很快进步。求助没有什么不光彩的，做不好事才不光彩，求助是参与群体奋斗的最好形式。

实践是您水平提高的基础，它充分地检验了您的不足，只有暴露出来，您才会有进步。实践再实践，尤其对青年学生十分重要。只有实践后善于用理论去归纳总结，才会有飞跃的提高。要摆正自己的位置，不怕做小角色，才有可能做大角色。

我们呼唤英雄，不让雷锋吃亏，本身就是创造让各路英雄脱颖而出的条件。雷锋精神与英雄行为的核心本质就是奋斗和奉献。雷锋和英雄都不是超纯的人，也没有固定的标准，其标准是随时代变化的。在华为，一丝不苟地做好本职工作就是奉献，就是英雄行为，就是雷锋精神。

实践改造了，也造就了一代华为人。“您想做专家吗？一律从基层做起”，已经在公司深入人心。一切凭实际能力与责任心定位，对您个人的评价及应得到的回报主要取决于您的贡献度。在华为，您给公司添上一块砖，公司给您提供走向成功的阶梯。希望您接受命运的挑战，不屈不挠地前进，您也许会碰得头破血流，但不经磨难，何以成才！在华为改变自己命运的方法，只有两个：一是努力奋斗；二是做出良好的贡献。

公司要求每一个员工，要热爱自己的祖国，热爱我们这个刚刚开始振兴的民族。只有背负着民族的希望，才能进行艰苦的搏击，而无怨无悔。我们总有一天，会在世界舞台上占据一席之地。但无论任何时候、无论任何地点都不要做对不起祖国、对不起民族的事情。不要做对不起家人、对不起同事、对不起您奋斗的事业的人。要模范遵守所在国家法规和社会公德，要严格遵守公司的各项制度与管理规范。对不合理的制度，只有修改以后才可以遵守。任何人不能超越法律与制度，不贪污、不盗窃、不腐化。严于律己，帮助别人。

您有时会感到公司没有您想象的公平。真正绝对的公平是没有的，您不能对这方面期望太高。

但在努力者面前，机会总是均等的，要承受得起做好事反受委屈。“烧不死的鸟就是凤凰”，这是华为人对待委屈和挫折的态度和挑选干部的准则。没有一定的承受能力，今后如何能做大梁？其实一个人的命运，就掌握在自己手上。生活的评价，是会有误差的，但绝不至于黑白颠倒，差之千里。要深信，是太阳总会升起，哪怕暂时还在地平线下。您有可能不理解公司而暂时离开，我们欢迎您回来。

世上有许多“欲速则不达”的案例，希望您丢掉速成的幻想，学习日本人踏踏实实、德国人一丝不苟的敬业精神。现实生活中能把某一项业务精通是十分难的，您不必面面俱到地去努力，那样更难。干一行，爱一行，行行出状元。您想提高效益、待遇，只有把精力集中在一个有限的工作面上，不然就很难熟能生巧。您什么都想会、什么都想做，就意味着什么都不精通，做任何一件事对您都是一个学习和提高的机会，都不是多余的，努力钻进去兴趣自然在。我们要造就一批业精于勤、行成于思，有真正动手能力和管理能力的干部。机遇偏爱踏踏实实的工作者。

公司永远不会提拔一个没有基层经验的人做高层管理者。遵循循序渐进的原则，每一个环节对您的人生都有巨大的意义，您要十分认真地去对待现在手中的任何一件工作，十分认真地走好职业生涯的每一个台阶。您要尊重您的直接领导，尽管您也有能力，甚至更强，否则将来您的部下也不会尊重您。长江后浪总在推前浪。要有系统、有分析地提出您的建议，您是一个有文化者，草率的提议，对您是不负责任，也浪费了别人的时间。特别是新来者，不要下车伊始，动不动就哇啦哇啦。要深入、透彻地分析，找出一个环节的问题，找到解决的办法，踏踏实实地一点一点地去做，不要哗众取宠。

为帮助员工不断超越自我，公司建立了各种培训中心，培训很重要，它是贯彻公司战略意图、推动管理进步和培训干部的重要手段，是华为公司通向未来、通向明天的重要阶梯。你们要充分利用这个“大平台”，努力学习先进的科学技术、管理技能、科学的思维方法和工作方法，培训也是你们走向成功的阶梯。当然您想获得培训，并不是没有条件的。

物质资源终会枯竭，唯有文化才能生生不息。一个高新技术企业，不能没有文化，只有文化才能支撑她持续发展，华为的文化就是奋斗文化，它的所有文化的内涵，都来自世界的、来自各民族的、伙伴的……甚至竞争对手的先进合理的部分。若说华为自己的核心文化，那就剩下奋斗与牺牲精神算我们自己的吧！其实奋斗与牺牲也是从别人那里抄来的。有人问我，您形象地描述一下华为文化是什么。我也不能形象地描述什么叫华为文化，我看了《可可西里》的电影，以及残疾人表演的《千手观音》后，我想他们的精神就叫华为文化吧！对于一个新员工来说，要融入华为文化需要一个艰苦过程，每一位员工都要积极主动、脚踏实地地在做实的过程中不断去领悟华为文化的核心价值，从而认同直至消化接纳华为的价值观，使自己成为一个既认同华为文化，又能创造价值的华为人；只有每一批新员工都能尽早地接纳和弘扬华为的文化，才能使华为文化生生不息。

华为文化的特征就是服务文化，谁为谁服务的问题一定要解决。服务的含义是很广的，总的是为用户服务，但具体来讲，下一道工序就是用户，就是您的“上帝”。您必须认真地对待每一道工序和每一个用户。任何时间、任何地点，华为都意味着高品质。希望您时刻牢记。

华为多年来铸就的成就只有两个字——诚信，诚信是生存之本、发展之源，诚信文化是公司最重要的无形资产。诚信也是每一个员工最宝贵的财富。

业余时间可安排一些休闲，但还是要有计划地读些书，不要搞不正当的娱乐活动，为了您成为一个高尚的人，望您自律。

我们不赞成您去指点江山，激扬文字。目前，在中国共产党领导下，国家政治稳定、经济繁荣，这就为企业的发展提供了良好的社会环境，我们要十分珍惜。21 世纪是历史给予中华民族一次难得的振兴机会，机不可失，时不再来。“21 世纪究竟属于谁”，这个问题的实质是国力的较量，国际竞争归根到底是在大企业和大企业之间进行。国家综合国力的增强需要无数大企业组成的产业群去支撑。一个企业要长期保持在国际竞争中的优势，唯一的办法便是拥有自己的竞争力。如何提高企业的竞争力，文章就等你们来做了。希望您加速磨炼，茁壮成长，我们将一起去托起明天的太阳。

华为的冬天

公司所有员工是否考虑过，如果有一天，公司销售额下滑、利润下滑甚至会破产，我们怎么办？我们公司的太平时间太长了，在和平时期升的官太多了，这也许就是我们的灾难。泰坦尼克号也是在一片欢呼声中出的海。而且我相信，这一天一定会到来。面对这样的未来，我们怎样来处理，我们是不是思考过。我们好多员工盲目自豪，盲目乐观，如果想过的人太少，也许就快来临了。居安思危，不是危言耸听。

我到德国考察时，看到第二次世界大战后德国恢复得这么快，当时很感动。他们当时的工人团结起来，提出要降工资，不增工资，从而加快经济建设，所以战后德国经济增长很快。如果华为公司真的危机到来了，是不是员工工资减一半，大家靠一点白菜、南瓜过日子，就能行？或者我们就裁掉一半人是否就能救公司？如果是这样就行的话，危险就不危险了。因为，危险一过去，我们可以逐步将工资补回来，或者销售增长，将被迫裁掉的人请回来。这算不了什么危机。如果两者同时进行，都不能挽救公司，想过没有？

十年来，我天天思考的都是失败，对成功视而不见，也没有什么荣誉感、自豪感，而是危机感。也许是这样才存活了十年。我们大家要一起来想，怎样才能活下去，也许才能存活得久一些。失败这一天是一定会到来的，大家要准备迎接，这是我从不动摇的看法，这是历史规律。

华为公司老喊狼来了，喊多了，大家有些不信了，但狼真的会来。当前，我们要广泛展开对危机的讨论，讨论华为有什么危机，你的部门有什么危机，你的科室有什么危机，你的流程的那一点有什么危机。还能改进吗？还能再改进吗？还能提高人均效益吗？如果讨论清楚了，那我们可能就不死，就延续了我们的生命。怎样提高管理效率，我们每年都写了一些管理要点，这些要点能不能对你的工作有些改进，如果改进一点，我们就前进了。

1. 均衡发展，就是抓短的一块木板

我们怎样才能活下来。同志们，你们要想一想，如果每一年你们的人均产量增加 15%，你可能仅仅保持住工资不变或者还可能略微下降。电子产品价格下降幅度一年还不止 15% 吧。我们卖得越来越多，而利润却越来越少，如果我们不多干一点，我们可能保不住今天，更别说涨工资。不能靠没完没了地加班，所以一定要改进我们的管理。

在管理改进中，一定要强调改进我们木板最短的那一块。各部门、各科室、各流程主要领导都要抓薄弱环节。要坚持均衡发展，不断地强化以流程型和时效型为主导的管理体系的建设，在符合公司整体核心竞争力提升的条件下，不断优化你的工作，提高贡献率。

全公司一定要建立起统一的价值评价体系、统一的考评体系，才能使人员在内部流动和平衡成为可能。比如有人说我搞研发创新很厉害，但创新的价值如何体现，创新必须通过转化变成商品，才能产生价值。我们重视技术、重视营销，这一点我并不反对，但每一个链条都是很重要的。研发相对用服来说，同等级别的一个用服工程师可能要比研发人员综合处理能力还强一些。所以如果我们对售后服务体系不给认同，那么这体系就永远不是由优秀的人来组成的。不是由优秀的人来组织，就是高成本的组织。因为他飞过去修机器，去一趟修不好，又飞过去修不好，又飞过去又修不好。我们把工资全都赞助给民航了。如果我们一次就能修好，甚至根本不用过去，用远程指导就

能修好，我们将省多少成本啊！因此，我们要强调均衡发展，不能老是强调某一方面。

2. 对事负责制与对人负责制是有本质区别的，一个是扩张体系，一个是收敛体系

为什么我们要强调以流程型和时效型为主导的体系呢？现在流程上运作的干部，他们还习惯于事事都请示上级。这是错的，已经有规定，或者成为惯例的东西，不必请示，应快速让它通过去。执行流程的人，是对事情负责，这就是对事负责制。事事请示，就是对人负责制，它是收敛的。我们要简化不必要确认的东西，要减少在管理中不必要、不重要的环节，否则公司怎么能高效运行呢？现在我们机关有相当的部门及相当的编制，在制造垃圾，然后这些垃圾又进入分捡、清理，制造一些人的工作机会。制造这些复杂的文件，搞了一些复杂的程序及不必要的报表、文件，来养活一些不必要养活的机关干部，机关干部是不能产生增值行为的。我们一定要在监控有效的条件下，尽力精简机关。

市场部机关是无能的。每天的纸片如雪花一样飞啊，每天都向办事处要报表，今天要这个报表，明天要那个报表，这是无能的机关干部。办事处每一个月把所有的数据填一个表，放到数据库里，机关要数据就到数据库里找。从明天开始，市场部把多余的干部组成一个数据库小组，所有数据只能向这个小组要，不能向办事处要，办事处一定要给机关打分，你们不要给他们打那么高的分，让他们吃一点亏，否则他们不会明白这个道理，就不会服务于你们，使你作战有力。

在本职工作中，我们一定要敢于负责任，使流程速度加快，对明哲保身的人一定要清除。华为给了员工很好的利益，于是有人说千万不要丢了这个位子，千万不要丢掉这个利益。凡是要保自己利益的人，要免除他的职务，他已经是变革的绊脚石。在去年的一年里，如果没有改进行为的，甚至一次错误也没犯过，工作也没有改进的，是不是可以就地免除他的职务。他的部门的人均效益没提高，他这个科长就不能当了。他说他也没有犯错啊，没犯错就可以当干部吗？有些人没犯过一次错误，因为他一件事情都没做。而有些人在工作中犯了一些错误，但他管理的部门人均效益提升很大，我认为这种干部就要用。对既没犯过错误，又没有改进的干部可以就地免职。

3. 自我批判是思想、品德、素质、技能创新的优良工具

我们一定要推行以自我批判为中心的组织改造和优化活动。自我批判不是为批判而批判，也不是为全面否定而批判，而是为优化和建设而批判。总的目标是要提升公司整体核心竞争力。

为什么要强调自我批判？我们倡导自我批判，但不提倡相互批评，因为批评不好把握尺度，如果批判火药味很浓，就容易造成队伍之间的矛盾。而自己批判自己呢，人们不会自己下猛力，对自己都会手下留情。即使用鸡毛掸子轻轻打一下，也比不打好，多打几年，你就会百炼成钢了。自我批判不光是个人进行自我批判，组织也要对自己进行自我批判。通过自我批判，各级骨干要努力塑造自己，逐步走向职业化、走向国际化。公司认为自我批判是个人进步的好方法，还不能掌握这个武器的员工，希望各级部门不要对他们再提拔了。两年后，还不能掌握和使用这个武器的干部要降低使用。在职在位的干部要奋斗不息、进取不止。

干部要有敬业精神、献身精神、责任心、使命感。我们对普通员工不作献身精神要求，他们应该对自己付出的劳动取得合理报酬。只对有献身精神的员工作要求，将他们培养成干部。另外，我们对高级干部实行严要求，不

对一般干部实施严要求。因为都实施严要求，我们管理成本就太高了。因为管他也要花钱的呀，不打粮食的事我们要少干。因此我们对不同级别的干部有不同的要求，凡是不能使用自我批判这个武器的干部都不能提拔。

自我批判从高级干部开始，高级干部每年都有民主生活会，民主生活会上提的问题是非常尖锐的。有人听了以后认为公司内部斗争真激烈，你看他们说起问题来很尖锐，但是说完他们不又握着手打仗去了吗？我希望这种精神一直能往下传，下面也要有民主生活会，一定要相互提意见，相互提意见时一定要和风细雨。我认为，批评别人应该是请客吃饭，应该是绘画、绣花，要温良恭让。一定不要把内部的民主生活会变成了有火药味的会议，高级干部尖锐一些，是他们素质高，越到基层应越温和。事情不能指望一次说完，一年不行，两年也可以，三年进步也不迟。我希望各级干部在组织自我批判的民主生活会议上，千万要把握尺度。我认为人是怕痛的，太痛了也不太好，像绘画、绣花一样，细细致致地帮人家分析他的缺点，提出改进措施来，和风细雨式最好。

4. 任职资格及虚拟利润法是推进公司合理评价干部的有序、有效的制度

我们要坚定不移地继续推行任职资格管理制度。只有这样才能改变过去的评价蒙估状态，才会使有贡献、有责任心的人尽快成长起来。激励机制要有利于公司核心竞争力战略的全面展开，也要有利于近期核心竞争力的不断增长。

什么叫领导？什么叫政客？这次以色列的选举，让我们看到了犹太人的短视。拉宾意识到以色列一个小国，处在几亿阿拉伯人的包围中，尽管几次中东战争以色列都战胜了，但不能说 50 年、100 年以后，阿拉伯人不会发展起来。今天不以土地换和平、划定边界，与周边和平相处，那么一旦阿拉伯

人强大起来，他们又会重新流离失所。要是这样，犹太人再过 2000 年还回不回得来，就不一定了。而大多数人，只看重眼前的利益，沙龙是强硬派，会为犹太人争得近期利益，人们拥护了他。我终于看到一次犹太人也像我们一样的短视。我们的领导都不要迎合群众，但推进组织目的，要注意工作方法。

干部要有敬业精神、献身精神、责任心和使命感。区别一个干部是不是一个好干部，是不是忠臣，标准有四个：第一，你有没有敬业精神，对工作是否认真，改进了，还能改进吗？还能再改进吗？这就是你的工作敬业精神。第二，你有没有献身精神，不要斤斤计较，我们的价值评价体系不可能做到绝对公平。如果用曹冲称象的方法来进行任职资格评价的话，那肯定是公平的。但如果用精密天平来评价，那肯定公平不了。我们要想做到绝对公平是不可能的。我认为献身精神是考核干部的一个很重要因素。一个干部如果过于斤斤计较，这个干部绝对做不好，你手下有很多兵，你自私、斤斤计较，你的手下能和你合作很好吗？没有献身精神的人不要做干部，做干部的一定要有献身精神。第三点和第四点，就是要有责任心和使命感。我们的员工是不是都有责任心和使命感？如果没有责任心和使命感，为什么还想要当干部？如果你觉得还是应有一点责任心和使命感的，赶快改进，否则最终还是要把你免下去的。

5. 不盲目创新，才能缩小庞大的机关

庙小一点，方丈减几个，和尚少一点，机关的改革就是这样。总的原则是我们一定要压缩机关，为什么？因为我们建设了 IT。为什么要建设 IT？道路设计时要博士，炼钢制轨要硕士，铺路要本科生。但是道路修好了扳岔道就不要这么高的学历了，否则谁也坐不起这个火车。因此当我们公司组织体系和流程体系建设起来的时候，就不要这么多的高级别干部，方丈就少了。

我们要坚持“小改进，大奖励”。“小改进，大奖励”是我们长期坚持不懈的改良方针。应在小改进的基础上，不断归纳，综合分析。研究其与公司总体目标流程的符合，与周边流程的和谐，要简化、优化、再固化。这个流程是否先进，要以贡献率的提高来评价。我年轻时就知道华罗庚的一句话，“神奇化易是坦途，易化神奇不足提”。我们有些员工，交给他一件事，他能干出十件事来，这种创新就不需要，是无能的表现。这是制造垃圾，这类员工要降低使用。所以今年有很多变革项目，但每个变革项目都要以贡献率来考核。既要实现高速增长，又要同时展开各项管理变革，错综复杂，步履艰难，任重而道远。各级干部要有崇高的使命感和责任意识，要热烈而镇定，紧张而有秩序。“治大国如烹小鲜”，我们做任何小事情都要小心谨慎，不要随意把流程破坏了，发生连锁错误。

6. 规范化管理本身已含监控，它的目的是有效、快速的服务业务需要

我们要继续坚持业务为主导，会计为监督的宏观管理方法与体系的建设。什么叫业务为主导？就是要敢于创造和引导需求，取得“机会窗”的利润。也要善于抓住机会，缩小差距，使公司同步于世界而得以生存。什么叫会计为监督？就是为保障业务实现提供规范化的财经服务，规范化就可以快捷、准确和有序，使账务维护成本低。规范化是一把筛子，在服务的过程中也完成了监督。要把服务与监控融进全流程。我们也要推行逆向审计，追溯责任，从中发现优秀的干部，铲除沉淀层。

7. 面对变革要有一颗平常心，要有承受变革的心理素质

我们要以正确的心态面对变革。什么是变革？就是利益的重新分配。利益重新分配是大事，不是小事。这时候必须有一个强有力的管理机构，才能

进行利益的重新分配，改革才能运行。在改革的过程中，从利益分配的旧平衡逐步走向新的利益分配平衡。这种平衡的循环过程，是促使企业核心竞争力提升与效益增长的必须。但利益分配永远是不平衡的。我们在进行岗位变革也是有利益重新分配的，如大方丈变成了小方丈，你的庙被拆除了，不管叫什么，都要有一个正确的心态来对待。如果没有一个正确的心态，我们的改革是不可以成功的，不可能被接受的。特别是随着 IT 体系的逐步建成，以前的多层行政传递与管理的体系将更加扁平化。伴随中间层的消失，一大批干部将成为富余，各大部门要将富余的干部及时输送至新的工作岗位上去，及时地疏导，才会避免以后的过度裁员。我在美国时，在和 IBM、Cisco（思科）、Lucent（朗讯）等几个大公司领导讨论问题时谈到，IT 是什么？他们说，IT 就是裁员、裁员、再裁员。以电子流来替代人工的操作，以降低运作成本，增强企业竞争力。我们也将面临这个问题。伴随着 IPD、ISC、财务四统一、支撑 IT 的网络等逐步铺开和建立，中间层消失。我们预计我们大量裁掉干部的时间大约在 2003 年或 2004 年。

今天要看到这个局面，我们现在正在扩张，还有许多新岗位，大家要赶快去占领这些新岗位，以免被裁掉。不管是对干部还是普通员工，裁员都是不可避免的。我们从来没有承诺过，像日本一样执行终身雇佣制。我们公司从创建开始就是强调来去自由。内部流动是很重要的，当然这个流动有升有降，只要公司的核心竞争力提升了，个人的升、降又何妨呢？“不以物喜，不以已悲。”因此今天来说，我们各级部门真正关怀干部，就不是保住他，而是要疏导他，疏导出去。

8. 模板化是所有员工快速管理进步的法宝

一个新员工，看懂模板，会按模板来做，就已经国际化、职业化，现在的文化程度，三个月就掌握了。而这个模板是前人摸索几十年才摸索出来的，你不必再去摸索。各流程管理部门、合理化管理部门，要善于引导各类已 经优化的、已经证实行之有效的工作模板化。清晰流程，重复运行的流程，工作一定要模板化。一项工作达到同样绩效，少用工，又少用时间，这才说明管理进步了。我们认为，抓住主要的模板建设，又使相关的模板的流程连结起来，才会使 IT 成为现实。在这个问题，我们要加强建设。

9. 华为的危机，以及萎缩、破产是一定会到来的

现在是春天吧，但冬天已经不远了，我们在春天与夏天要念着冬天的问题。IT 业的冬天对别的公司来说不一定是冬天，而对华为可能是冬天。华为的冬天可能会更冷一些。我们还太嫩，我们公司经过十年的顺利发展没有经历过挫折，不经过挫折，就不知道如何走向正确道路。磨难是一笔财富，而我们没有经过磨难，这是我们最大的弱点。我们完全没有适应不发展的心理准备与技能准备。

危机的到来是不知不觉地，我认为所有的员工都不能站在自己的角度立场想问题。如果说你们没有宽广的胸怀，就不可能正确对待变革。如果你不能正确对待变革，抵制变革，公司就会死亡。在这个过程中，大家一方面要努力地提升自己，一方面要与同志们团结好，提高组织效率，并把自己的好干部送到别的部门去，使自己部下有提升的机会。你减少了编制，避免了裁员、压缩。在改革过程中，很多变革总会触动某些员工的一些利益和矛盾，希望大家不要发牢骚、说怪话，特别是我们的干部要自律，不要传播小道消息。

10. 安安静静地应对外界议论

对待媒体的态度，希望全体员工都要低调，因为我们不是上市公司，所以我们不需要公示社会。我们主要是对政府负责任，对企业的有效运行负责

任。对政府的责任就是遵纪守法，我们去年交给国家的增值税、所得税是18个亿，关税是9个亿，加起来一共是27个亿。估计我们今年在税收方面可能再增加百分之七八十，可能要给国家交到40多个亿。我们已经对社会负责了。媒体有他们自己的运作规律，我们不要去参与，我们有的员工到网上的辩论，是帮公司的倒忙。

我想，每个员工都要把精力用到本职工作上去，只有本职工作做好了才能为你带来更大的效益。国家的事由国家管，社会的事由社会管，我们只要做一个遵纪守法的公民，就完成了我们对社会的责任。只有这样我们公司才能安全、稳定。不管遇到任何问题，我们的员工都要坚定不移地保持安静，听党的话，跟政府走。严格自律，不该说的话不要乱说。特别是干部要管好自己的家属。华为人都是非常有礼仪的人。当社会上根本认不出你是华为人的时候，你就是华为人;当这个社会认出你是华为人的时候，你就不是华为人，因为你的修炼还不到家。

沉舟侧畔千帆过，病树前头万木春。网络股的暴跌，必将对两三年后的建设预期产生影响，那时制造业就惯性进入了收缩。眼前的繁荣是前几年网络股大涨的惯性结果。记住一句话:“物极必反”，这一场网络设备供应的冬天，也会像它热得令人不理解一样，冷得出奇。没有预见，没有预防，就会冻死。那时，谁有棉衣，谁就活下来了。

在华为，人人都是合伙人

——华为常务董事、CFO孟晚舟清华大学演讲实录

2016 年 9 月 26 日，“华为 2017 届校园招聘宣讲会”收官之站在清华大学举行，华为常务董事、CFO（首席财务官）孟晚舟进行了演讲。

以下为孟晚舟讲话全文：

清华的同学们：

你们好！

非常荣幸能有这个机会来清华园和大家交流。

我很幸运，能够在这个伟大时代与华为一同成长；同学们更幸运，因这个伟大的时代才刚刚开始。借用培根的一句话就是：“黄金时代，就在眼前。”

首先，我要向清华的大师们致敬。

梅贻琦校长说过，大学之大，不在大楼，而在大师。华为理念也是一样的，“大学之大在大师，企业之强在强人。”一个企业的强大，不在于收入强，也不在于是不是世界 500 强，而在于它能不能凝聚起全球最顶尖的人才。

清华的校训是“自强不息，厚德载物”，华为也是坚持“艰苦奋斗”“大胜在德”的价值导向。

勇敢不是不害怕，而是心中有信念

常常有人问，华为能够持续成长的原因是什么？

第一条，也是最重要的一条，就是“以客户为中心”。28年来，华为始终坚持为客户创造价值，这也是华为存在的唯一理由。把普世的真理做到了极致，你就已经走在成功的道路上。

在日本地震、尼泊尔地震时，华为人都没有撒腿就跑。你不抛弃客户，不放弃客户，不盯着客户口袋里的钱，才能把钱赚进自己的口袋。

第二，长期坚持艰苦奋斗的精神。德国政治经济学家、社会学家马克斯•韦伯说:“任何一项事业背后，必须存在着一种无形的精神力量。”

2011年，日本9.0级地震，引发福岛核泄露。当别的电信设备供应商撤离日本时，华为选择留下来，地震后一周，我从香港飞到日本，整个航班连我在内只有两个人。在代表处开会，余震刚来时，大家脸色刹变，到后面就习以为常了。与此同时，华为的工程师穿着防护服，走向福岛，抢修通信设备。勇敢并不是不害怕，而是心中有信念。

华为在大机会时代，拒绝机会主义，始终聚焦管道战略。过去28年来，华为抵抗住了很多“赚快钱”的诱惑，拒绝今天的快钱，才能持续赚到钱。

华为从不追求当期利润最大化，保持对未来的持续投入。人们看见我们在经营上的成功，没看见我们在冰山下的努力。2015年，华为研发投入高达596亿元，占销售收入的15%。过去10年，华为累计投入2400亿元进行研发创新，17万员工中研发人员占比高达45%。未来几年，华为每年的研发经费将超过100亿美元，其中15%—30%投入技术研究和创新。用今天的钱，建明天的能力。

在自我创新的同时，华为坚持开放式创新。华为与全球逾百所高校及研究机构合作，与2位诺贝尔奖获得者、100多位院士、数千名学者同行。

华为坚持“财散人聚”的理念，建立了广泛的利益分享机制。对内，创始人任总只留了1.4%股份，其余分享给了员工;对产业链“深淘滩，低作堰”，让利给客户和供应商；未来，华为希望建立一个开放共赢的ICT生态圈，共同做大产业、做大蛋糕，但华为只取1%，其余的都留给广大的合作伙伴们。

我们以客户为中心，坚持艰苦奋斗，聚焦主航道，保持战略投入，开放式创新，坚持利益分享机制。这些都将支撑华为持续成长。

除了胜利，我们别无选择!

ICT技术将驱动人类社会从“物理世界”走向“数字世界”，在向智能社会转型的过程中，将给ICT行业创造15万亿美元的市场空间。

变革，就是勇敢者的新世界!

那么，新世界将由谁来主导呢?

每一代人都对下一代人或多或少看不惯，比如美国“二战”后“婴儿潮”，被称为垮掉的一代。正是这垮掉的一代，改变着科技史的进程。让我们看看垮掉的一代里面都有谁？比尔·盖茨、乔布斯！今天，还有扎克伯格、马斯克也在改变着世界。

钱学森28岁时就已经是世界知名的空气动力学家，牛顿22岁就奠定了微积分的理论基础，爱因斯坦提出相对论时仅26岁。

改变世界的从来都是年轻人!

“70后”觉得“80后”不靠谱，“80后”认为“90后”非主流，“90后”认为“00后”二次元。每一个时代都有鲜明的特点，每一代人也都有自己的价值观和世界观。华为尊重个体差异，不统一思想，只为共同的目标而群体奋斗！我们认为，“90后”不仅不是非主流，而是我们这个时代的弄潮儿!

改变世界的就是你们!

我们需要什么样的人才?

胸怀世界：愿意迎接世界性的问题和挑战，在解决难题、面对挑战的过程中，提升自己的视野和胸怀。“最优秀的人解决最大的问题。”真正的人才，不会愿意在一个平庸、安逸、缺乏挑战的环境中虚度光阴。

坚韧平实：不浮躁，不急切，愿意一步一步走向成功。期望一夜暴富、一夜成名的人，才接受不了我们，我们也接受不了。心态浮躁对ICT行业有极大的破坏力，我们提倡工匠精神。

洞察新知：变革时代，唯一确定的就是不确定性，我们只有不断地学习、发现、认知和理解，才能驾驭这个世界。

英雄不问出处，出处不如聚处

在华为，“英雄不问出处，贡献必有回报。”但我今天要说的是“出处不如聚处”。

“出处不如聚处”是清朝梁同书的名句，是说原产地再好，也要有一个好的聚集地。

人才是因为聚集才产生价值。清华是一个伟大的人才聚集地，在这里，以知识论英雄。华为更是年轻人的好聚处。因为，只要是敢拼、敢闯，听见枪声就想冲锋的年轻人，华为就给予最好的机会；责任结果好，成长潜力大的年轻人，华为就会给予最好的待遇，我们要的就是“首战用我，用我必胜”的精兵强将。

华为的人才观：

第一，打开组织边界：炸开人才金字塔尖。传统战争是机械化集团军作战，现代战争是“班长的战争”。华为的组织架构就是适应现代化作战方式的转型，让听得见炮声的人呼唤炮火。随着华为的组织结构变革的深入，“班长”将有更多的作战能动性和更广的作战半径，以及更高效的炮火支援。

第二，跨越专业边界：人才循环流动。未来世界的创新点将越来越多地出现在边缘科学上，因此，我们也在培养跨界的人才。在华为，我们的人才培养机制是“打破专业界限”“打破岗位界限”，通过人才的有序流动，跨岗轮换，培养面向未来的“之”字形人才。

第三，突破发展边界：以责任结果为导向。不拼爹，不拼妈，一切看贡献和能力。干部选拔没有年龄、资历标准，只以责任结果贡献为考核标准。

金子其实不发光，选择比天赋重要

“是金子总会发光。”同学们知道这句话是何时出现的吗？有人说是尼采说的，如果真是这样的话，世界人民喝这碗心灵鸡汤已经100多年了。

金子并不是发光体，把一块金子放黑屋子里，哪有光辉？清华的同学们，都是精英中的精英，都是学霸中的学霸，在你们面临毕业，在人生的岔路口，选择什么样的平台，往往比天赋本身更重要。

华为如何让金子发光？

首先，在华为，可以让你拥有全球视野。近3年，约有700名全球顶级科学家加入华为。加入华为，你将站在公司的全球化平台上工作与思考，与牛人一起共事，你也可以成长为牛人！

华为把人才放到全球平台去打磨，金子折射阳光的机会就大了。

在华为，我们不论资排辈，年轻也能当将军。现在的华为，60%的部门经理是“85后”，41%的国家总经理是“80后”，我们还有“80后”的地区部总裁。在华为，3年，从士兵到将军，不是神话。

宰相必起于州郡，猛将必发于卒伍。华为在实战中选拔人才，通过训战结合培养人才。华为的英雄都是在泥坑中摸爬滚打出来的。华为不论资排辈，所以华为的英雄“倍”出不是一辈子的辈，而是加倍的倍！

华为用最优秀的人，培养更优秀的人。华为的培训体系十分完善，我们是像战斗一样训练。

新员工培训，帮助你理解公司，快速融入；优秀员工，战略预备队培训，循环积累专业能力；初级、中级管理者，通过干部发展项目，完成管理者的转身；高级管理者，通过研讨班提升视野，理解战略，践行核心价值观。

按价值定薪：牛人年薪不封顶

华为应届生招聘的定位不是招“学徒”，而是招“最优秀”的学生。

我们已经不是来简单地补充人手，而是来招聘潜力无限的战略储备型人才，以应对将来的不确定性。

以前，我们是按学历定薪。从2016年起，华为将按价值定薪。充分考虑优秀学生的潜在贡献价值，特别是牛人年薪也不封顶。简言之，你有多大雄心、有多大能力、有多大潜力，我们就给多大薪酬。

在华为，奋斗越久越划算，工资变成零花钱。华为的薪酬水平高于行业普遍水平，除了工资、奖金以外，长期激励计划的收益，随着你的责任及贡献，将在你的年收入中占很大比例。

到华为，短期暴富是不可能的，但只要你脚踏实地，与华为一起成长，分享成长的收益，并不是难事。

华为坚持“知本”主义，知识就是资本，过去资本雇佣人才，现在人才雇佣资本！

持续奋斗、创造价值是年轻人的责任与义务！

在华为，人人都是合伙人。在华为，你不是为华为打工，你是为自己创造价值。

华为近30年的英雄剧场，上演的正是“个人英雄”与“群体英雄”的交响乐，我们在群体创造、群体奋斗的过程中，共享成功，共享利益。

持续奋斗、创造价值是年轻人的责任与义务！欢迎大家加入华为，与我们一起领跑。

任正非核心管理思想与管理哲学

1. 抓住机会与创造机会是两种不同的价值观，它确定了企业与国家的发展道路。混沌中充满了希望，希望又从现实走向新的混沌。人类历史是由必然王国向自由王国发展的历史。在自由王国里，人类又会在更新的台阶上处于必然王国。因此，人类永远充满了希望，再过 5000 年还会有发明创造，对于有志者来说，永远都有机会。任何“时间晚了”的悲叹，都是无为者的自我解嘲。

——摘自《我们向美国人民学习什么》

2. 以奋斗者为本，其实也是以客户为中心。把为客户服务好的员工，作为企业的中坚力量，以及一起分享贡献的喜悦，就是促进亲客户的力量成长。

在市场工作会议上的讲话，也是以客户为中心。你消耗的一切都从客户来的，你的无益的消耗就增加了客户的成本，客户是不接受的。你害怕去艰苦地区工作、害怕在艰苦的岗位工作，不以客户为中心，那么客户就不会接受、承认你，你的生活反而是艰苦的。当然，我说的长期艰苦奋斗是指思想上的，并非物质上的。我们还是坚持员工通过优质的劳动和贡献富起来，我们要警惕的是富起来以后的惰怠。但我也不同意商鞅的做法，财富集中，民众以饥饿来驱使，这样的强大是不长久的。

——摘自《在华为市场部年中大会上的讲话》

3. 华为公司从不歧视女员工。我们女性员工总人数占公司总人数的25%左右，这个比例是相当高的。我们在安排安全退休金及其他方面，都是体现男女平等的。

华为公司聘用员工的男女比例是遵循客观规律的，不是人为可以改变的，我们去大学招聘科技、技术人员时是没有性别歧视的。

——摘自《在秘书座谈会上的讲话》

4. 人类所占有的物质资源是有限的，总有一天石油、煤炭、森林、铁矿……会被开采光，而唯有知识会越来越多。中国是一个资源贫乏的国家，而又人口众多，人均占有资源量在世界上排名靠后，当然对于她的出路，党中央已提出“科教兴国”，以此提高全民族的素质和基础，同时强调要深化管理，使知识产生价值，以创造民族的财富。

以色列这个国家是我们学习的榜样，它说它什么都没有，只有一个脑袋。一个离散了20个世纪的犹太民族，在重返家园后，他们在资源严重匮乏、严重缺水的荒漠上创造了令人难以相信的奇迹。他们的资源就是他们聪明的脑袋，他们是靠精神和文化的力量创造了世界奇迹。

——摘自《资源是会枯竭的，唯有文化才能生生不息》

5. 我们坚定不移地推行绩效改进的考评体系，坚决实行“减人、增效、涨工资”的政策。随着我们的发展，工作总量越来越大，但人员的增长要低于产值与利润的增长。每一道工序，每一个流程，都要在努力提高质量的前提下，提高效益，否则难以维持现行工资不下降。

——摘自《狭路相逢勇者生》

6. 从华为过去二十多年所取得的成功和挫折经历中总结华为在人力资源管理方面的价值观、思想方法和管理原则，以识别那些未来能够支撑华为长期成功的人力资源管理的关键要素，以及那些未来可能导致华为走向失败的潜在风险。

通过广泛的开放研讨，使这些指导华为成功的管理哲学获得组织内外广泛的理解与共识，深入人心。要通过总结，让未来的接班人学习、理解、传承公司管理思想，以指导和帮助华为继续活下去，实现长治久安。

——摘自《任正非内部讲话》

7. 每个员工都要投入到《华为基本法》的起草与研讨中来，群策群力，达成共识，为华为的成长做出共同的承诺，达成“公约”，以指导未来的行动，使每一个有智慧、有热情的员工，都能朝着共同的宏伟目标努力奋斗。使《华为基本法》融于每一个华为人的行为与习惯中，我们正在强化业务流程重整的力度，用 ISO-9001 来规范每一件事的操作，为后继的开放式网络管理创造条件；用 MRP Ⅱ管理软件将业务流程程式化，实现管理网络化、数据化。进而强化我们公司在经营计划（预算）、经营统计分析与经营（经济）审计上的综合管理。

——摘自《再论反骄破满，在思想上艰苦奋斗》

8. 面对着未来网络的变化，我们要持续创新。为世界进步而创造，为价值贡献而创新。在坚持延续创新的同时，要容忍不同意见和不同创新。创新要有边界，我们要继续发扬针尖战略，用大压强原则，在大数据时代领先突破。要坚持不在非战略机会点，消耗了太多的战略竞争力量。

面对未来大数据的潮流，技术的进步赶不上需求的增长是可能的，我们一定要走在需求的前头。除了力量聚焦外，我们没有别的出路。我们要看看成功的美国公司，大多数是非常聚焦的。难道他们就不能堆出个蚂蚁包？为什么他们不去堆呢？当前，不是我们超越了时代需求，而是我们赶不上，尽管我们已经走在队伍的前面，还是不能真正满怀信心地说，我们是可以引领潮流的。但，只要我们聚焦力量，是有希望做到不可替代的。

——摘自《在市场工作会议上的讲话》

9. 企业就是要发展一批狼，狼有三大特性：一是敏锐的嗅觉；二是不屈不挠、奋不顾身的进攻精神；三是群体奋斗。企业要扩张，必须有这三要素。所以要构筑一个宽松的环境，让大家去奋斗，在新机会点出现时，自然会有一批领袖站出来去争取市场先机。市场部有一个狼狈组织计划就是强调了组织的进攻性（狼）与管理性（狈）。当然，只有担负扩张任务的部门，才执行狼狈组织计划。

——摘自《华为的红旗到底能打多久》

10. 人的才华的外部培养相对而言是比较快的，人的德的内部修炼是十分艰难的。他们是我们事业的宝贵财富、中坚力量，各级干部要多培养、帮助他们，提供更多的机会。我们在大发展的时候，多么缺乏一群像他们那样久经考验的干部。

“烧不死的鸟就是凤凰”，有些火烧得短一些，有些火要烧得长一些；有些是“文火”，有些是“旺火”。它是华为人面对困难和挫折的价值观，也是华为挑选干部的价值标准。

——摘自《不要忘记英雄》

11. 行政管理是综合评价，责任管理是参数评价。逐步探索出对员工工作的评价体系，有利于大大提高效率。

管理中最难的是成本控制。没有科学合理的成本控制方法，企业就处在生死关头。全体员工都要动员起来，优化管理，要减人、增产、涨工资。明年生产要翻一番，但人员不一定要翻一番。从管理中要效益，只有在管理上进步了，我们才可能实现干部与研究、市场同工同酬。

——摘自《再论反骄破满，在思想上艰苦奋斗》

12. 诚信是个人的立身之本，古代圣贤对此早就有深刻的认识。孔子告诫我们“主忠信”，意思是为人处事必须以忠信为主。看到欧美国家建立的诚信社会，市场经济高度发达，跨国企业基业长青，人民生活安居乐业，我们与其临渊羡鱼，不如退而结网，从自身做起。整个社会变得诚信是一个长期的过程，但是我们自身做到诚信则是相对容易的，让我们行动起来，以最高的职业道德来约束自己，做一个诚实而正直的职业人！

——摘自《诚信从我做起》

13. 公司创业之初，根本没有资金，是创业者们把自己的工资、奖金投入到公司，每个人只能拿到很微薄的报酬，绝大部分干部、员工长年租住农民房，正是老一代华为人“先生产，后生活”的奉献，才使公司挺过了最困难的岁月，支撑了公司的生存、发展，才有了今天的华为。

当年他们用自己的收入购买了公司的内部虚拟股，到今天获得了一些投资收益，这是对他们过去奉献的回报。我们要理解和认同，因为没有他们当时的冒险投入和艰苦奋斗，华为就不可能生存下来。我们感谢过去、现在与公司一同走过来的员工，他们以自己的泪水和汗水奠定了华为今天的基础。更重要的是，他们奠定与传承了公司优秀的奋斗和奉献文化，华为的文化将因此生生不息，代代相传。

——摘自《天道酬勤》

14. 公司所有员工是否考虑过，如果有一天，公司销售额下滑、利润下滑甚至会破产，我们怎么办？我们公司的太平时间太长了，在和平时期升的官太多了，这也许就是我们的灾难……

十年来我天天思考的都是失败，对成功视而不见，也没有什么荣誉感、自豪感，而是危机感。也许是这样才使华为存活了十年。我们大家要一起来想，怎样才能活下去，也许才能存活得久一些。失败这一天是一定会到来的，大家要准备迎接，这是我从不动摇的看法，这是历史规律。

——摘自《北国之春》

15. 华为长期坚持的战略，是基于“鲜花插在牛粪上”战略，从不离开传统去盲目创新，而是基于原有的存在去开放，去创新。鲜花长好后，又成为新的牛粪，我们永远基于存在的基础上去创新。在云平台的前进的过程中，我们一直强调鲜花要插在牛粪上，绑定电信运营商去创新，否则我们的云就不能生存。我们首先是基于电信运营商需求来做云平台、云应用。与其他厂家从 IT 走入云有不同。我们做的云，电信运营商马上就可以用，容易促成它的成熟。

我们在云平台上要在不太长的时间里赶上、超越思科，在云业务上我们要追赶谷歌。让全世界所有的人，像用电一样享用信息的应用与服务。

——摘自《在华为云计算研讨会上的讲话》

16. 中国通信产业正飞速向前发展，并形成自己的民族通信工业。未来 3 年将是中国通信工业竞争最为激烈的时期，持续 10 年的中国通信大发展催生了中国的通信制造业，并迅速成长。由于全世界厂家都寄希望于这块当前世界最大、发展最快的市场，而拼死争夺，造成了中外产品撞车、市场严重过剩，形成巨大危机。大家拼命削价，投入恶性竞争，外国厂家有着巨大的经济实力，已占领了大部分中国市场，中国厂家仍然维持现在的分散经营，将会困难重重，是形势迫使必须进行大公司战略。

泱泱十多亿人口的大国必须有自己的通信制造产业，对此，华为作为民族通信工业的一员，已在拼尽全力向前发展，争取进入国家大公司战略系列。

——摘自《在第四届国际电子通信展华为庆祝酒会上的发言》

编 委 会

草原是全人類的財富

时在丁酉夏月於黄河東畔中國書法城

烏海點墨軒主人高英書

高英（内蒙古书协会员、乌海市女子书法家协会秘书长）